重庆水利电力职业技术学院现代学徒制试点教材

物业空间维护与营造管理

主编　王春燕　权凤

天津大学出版社
TIANJIN UNIVERSITY PRESS

图书在版编目(CIP)数据

物业空间维护与营造管理 / 王春燕，权凤主编. --
天津：天津大学出版社，2020.12（2024.1重印）
重庆水利电力职业技术学院现代学徒制试点教材
ISBN 978-7-5618-6833-1

Ⅰ.①物… Ⅱ.①王… ②权… Ⅲ.①物业管理－高
等职业教育－教材 Ⅳ.①F293.347

中国版本图书馆CIP数据核字(2020)第229459号

出版发行 天津大学出版社
地　　址 天津市卫津路92号天津大学内(邮编:300072)
电　　话 发行部:022-27403647
网　　址 www.tjupress.com.cn
印　　刷 北京盛通数码印刷有限公司
经　　销 全国各地新华书店
开　　本 185mm×260mm
印　　张 14.75
字　　数 375千
版　　次 2020年12月第1版
印　　次 2024年1月第3次
定　　价 48.00元

前　言

物业服务已经成为我国发展最快的行业之一。物业服务遍及住宅、写字楼、商业场所、工业区、医院、学校、酒店等，被人们视作现代化城市的朝阳产业。物业管理是一个涉及领域十分广泛的行业，其管理的对象是物，服务的对象是人，从物业管理的对象方面来说，最能使人直接感受到物业管理成效和服务水平的是物业环境的好坏，如物业管理区域的环境是否整齐、洁净，居住区是否存在环境污染，公共场所绿化面积大小和绿化效果如何，治安是否良好，区域交通是否通畅等，这些都是物业空间维护与营造管理的重要内容。物业空间维护与营造管理也是围绕为物业环境服务而展开的，目的是为业主创造一个和谐、洁净、安全、舒适的物业环境空间。

物业空间从狭义上来说就是物业环境空间，包括绿化环境、清洁环境、安全环境等。物业空间维护营造与管理是一项专业性及技术性较强的工作。本书包括物业绿化空间维护与营造管理、物业清洁空间维护与营造管理 2 个模块共 24 个工作任务，工作任务涵盖了物业绿化工程前期介入与接管验收、绿化植物识别与应用、物业绿化空间维护管理工作安排、物业绿化空间日常维护、物业绿化空间专项维护、物业清洁空间维护与营造管理等内容。每个任务中设置学习目标、内容提要、任务导入、知识扩展、测试训练等内容，条理清晰、突出实际应用，以便指导学生实践，提高学生的动手能力。本书广泛收集了国内外物业绿化环境管理、物业清洁环境管理等方面的文献和资料，注重引入最新的科技成果以及来自行业企业一线的成熟高新技术，从物业管理的实际出发，深入浅出，注重实用性、技术性和可操作性。

本书可作为高职高专院校、中等职业技术学校、成人高校等物业管理专业的教材，也可作为物业管理企业的参考用书及职工的职业培训教材。

本书由重庆水利电力职业技术学院王春燕、权凤任担任主编，由重庆水利电力职业技术学院孙华、贺靖、石喜梅、林旭，重庆大学城市科技学院刘鹏担任副主编，编写的具体分工为王春燕编写模块一项目一、项目三，权凤编写模块二项目一至项目四，刘鹏编写模块一项目二，模块二项目五至项目八，孙华编写模块一项目四任务一，石喜梅编写模块一项目四任务二，林旭编写模块一项目四任务三、任务四，贺靖编写模块一项目四任务五。本书编写过程中得到重庆左岸环境服务股份有限公司、重庆长锦园林工程有限公司等单位的大力支持，为本书提供了许多有实践价值的工程案例。本书编写过程中还参阅和引用了有关专家、学者的专著、论文及教材等，在此一并致以最诚挚的谢意！

由于水平有限，书中难免出现错漏或不妥之处，恳请广大读者和同人批评指正。

编　者

2020 年 8 月

目　　录

模块一　物业绿化空间维护与营造管理

项目一　物业绿化工程接管验收

任务一　物业绿化工程前期介入

学习目标

(1)认识物业绿化工程前期介入的重要性。

(2)了解物业绿化工程前期介入的注意要点。

内容提要

做好物业绿化很关键,开展物业绿化前期介入施工时应注意:绿化用地的整理和表土采集、木质园景小品的材质选择、屋顶花园的基础处理、乔灌木的栽植、绿化取水点的设计、绿化工程的施工。

任务导入

居住区的园林区绿化水平已经成为评价商品房档次的重要标准之一。建设者的高价环境包装,使居住区的园林绿化水平日新月异。为了避免日后管理中出现一些不必要的麻烦,物业管理应该提前介入到绿化的设计和施工中。

开展物业园林绿化前期介入工作需要注意以下问题。

1. 小区绿化景观设计及苗木质量监督

(1)了解设计理念和意图。

(2)了解植物的配置和种植规划。

(3)掌握第一手资料,做好接管的准备工作。

(4)做好苗木的质量监督工作,不合格的苗木绝不允许种植。

(5)与施工方密切配合,以使绿化施工建设顺利进行。

2. 绿化用地的整理和表土的采集

很多绿化用地在前期施工时会发生石灰、水泥砂浆、钢渣涂料散落,超大型机械肆意碾压,营养丰富的表土被随意掩埋,各类机械油外漏等现象,这给后期绿化的栽植和养护带来不利影响。建议在对绿化用地进行整理时,尽量防止重型机械进入现场碾压土壤;同时,绿化用地的整理不仅要清理表层的垃圾,拔除杂草,还要对深埋于土壤内的化学废弃物做深翻清理。绿化用地的表土应尽量采用和复原,多用表土少用客土,为绿化植被创造良好的生长环境。

在这一工程中,为督促施工方做好绿地的整理工作,物业公司要做好以下几个方面的工作。

（1）认真检查垃圾的清理工作。

（2）监督施工方做好深埋在土壤中的建筑垃圾的深翻清理工作。

（3）做好种植土更换和复原工作的检查。

（4）加强监督检查，对不达标的地方责令施工方进行整改，以达到使植物良好生长的标准。

3. 园景小品的选择

很多居住区的园景小品设计使用两三年就会出现脏污和变形，有的甚至无法使用。出现这些问题，多由于材料选择不当。户外小品长期受日晒雨淋，风化严重，普通的材料和简单的表层涂料，根本无法抵御外力的侵蚀，以至于昙花一现，后患多多。要延长园景的使用年限，确保小品的观赏效果，物业管理处就要做好选材的监督工作，应注意以下几点。

（1）高度重视小品材料的质量。

（2）督促施工方选用专门用于园景小品的材料。

（3）确保小品的观赏性和使用年限。

4. 乔木、灌木的种植

在绿化施工中，乔木、灌木的种植工作非常重要。植物的搭配以及苗木的质量，都是评价绿化环境质量的标准。同时，绿化施工可能会面临许多不利的条件，这时就需要探究其原因，并尽量避免问题的出现，以使今后的管理更加顺畅。

在乔木、灌木的种植上应注意以下两个方面。

（1）乔木、灌木的种植应尽量避开沟渠及地下井等。根系发达的乔木、灌木延展性强，若栽植在沟渠、地下井及硬质路面处，则会因地理位置限制种植穴的大小，使乔木、灌木的生长受阻。

（2）乔木、灌木的根系不断延伸，有的会穿破沟渠、地下井，顶破路面，甚至长满下水道，造成沟渠破损、管道开裂、排水排污受阻，给后期的管理带来诸多不便。因此，绿化施工之前，要充分考虑这些问题，做好监督和检查工作，施工方在种植中应尽量避开地下井及沟渠。

5. 屋顶花园的基础处理

地下车库的顶部、裙楼及住宅的公用屋顶都是建设屋顶花园的好场所。但因屋顶花园漏水而影响物业使用的事例时有发生，要避免此类问题的发生，关键是要做好屋顶花园的基础处理工作。物业管理者在前期介入中就要提醒并监督建设者。屋顶花园施工注意以下问题。

（1）在屋顶设置的种植槽要预留排水缝，使种植槽的渗水通过屋顶排水系统排出。

（2）屋顶花园防水材料应选用耐腐蚀、抗老化及防止植物根系侵入的材料。

（3）屋顶花园的种植土最好选用防渗的营养土。

（4）种植槽下面使用防腐垫脚木，以充分减轻水分、土壤及植物根系对屋顶的渗透和腐蚀。

6. 绿化用水问题

绿化取水点应方便、安全，无论是喷灌设施还是普通的水龙头，都要考虑周到，以使今后的管理工作更加顺利。这需要做到以下几点。

（1）要便于对各绿化带进行充分浇水。

（2）作为绿化工程的一部分，各取水点的位置应安全和美观，切不可出现喷头或水龙头高高凸起，或将其设置在园林道路上。

（3）物业管理处应尽量参与其中，对不合理的地方提出改进意见，以确保今后工作的顺利开展。

7. 应按先绿化后景观的顺序施工

绿化和景观作为园林工程的重要组成部分，是相辅相成的，施工应按先绿化后景观的顺序进行，否则会出现景观灯饰锈蚀、景观路面脏污等问题，从而影响绿化与景观的整体效果。在这方面，物业管理处应考虑以下三个方面。

（1）在绿化施工中，要尽量先做好基础施工。

（2）栽好树木、花草后，再着手景观工程和景观装饰部分的施工。

（3）要确保灯饰、园景小品、步道砖等景观装饰部分交接时是整洁靓丽的。

知识扩展

物业管理前期介入的意义

物业管理前期介入是指物业公司在前期就参与物业的规划设计、营销的过程，从业主（使用人）及物业管理的角度，通过建议、沟通等规范化的行为，使物业项目的开发最大限度地满足业主的需求和物业管理的需要，并制定相应的物业管理方案。

物业管理前期介入包括在房地产立项决策、规划设计、施工图设计、施工建设、开盘销售、竣工验收数个阶段的物业管理参与工作，现在还延伸到前期项目调研、概念设计、规划方案设计、景观方案设计、设备设施选型、智能化定位施工设计、销售推广等多个方面的指导与配合。

物业管理前期介入对开发商带来的好处如下。

（1）优化智能化布局，更好地控制小区安保。

（2）优化开发进度。

（3）在设备选型上综合评估、提升性能、降低成本。

（4）提高产品的质量。

（5）提升利润。

（6）提升品牌形象，乃至社会效益。

物业管理前期介入对业主带来的好处如下。

（1）提升物业设施、设备的可靠性。

（2）处理好前期开发与后期物业管理之间在安全、交通、环境和设施方面的衔接。

（3）完善售后协调。

（4）了解业主需求，做出有效承诺并予以兑现。

（5）积极推进社区法治建设。

（6）通过适当的定价，保证未来物业管理的正常运营，以及与业主的和谐关系。

物业管理前期介入的具体形式如下。

（1）管理介入。物业公司在将物业交付业主前的各种前期策划和沟通行为，甚至深入开发设计、施工的细节问题中，并全面参与总平设计、图纸会审及变更、工程会验、竣工验收等各个环节。

（2）服务介入。重点在于销售方面的配合，以及对开发商已有物业的分项服务进行规范，比如营销案场、会所、运动中心的营销体验配合以及物业咨询服务。

（3）咨询介入。重点在于物业管理自身工作方面的指导和优化，为物业公司在较长期项目开发与品牌建设中，奠定现代企业科学化管理与营运的制度化基础。

前期介入设计阶段工作要点如下。

（1）物业用房、安保布局、交通布局、停车场（自行车棚）设置的规划建议。

（2）单体设计：提出房屋单体内部及外部（包括单元内及单元前）规划建议。

（3）施工图设计：物业管理能源管理要求、公共区域与私人区域划分、重点部位做法、车位数量及停车场安排、空间与人员流线建议。

（4）智能化设计：智能化系统的位置设置与布点需求，智能化功能确认需求，智慧社区互联网化需求。

（5）景观设计：景观配置、绿化配置建议。

（6）标识设计：园区标识设计及布置建议，设备机房标识设计，地下车库交通标识设计与布点，物业服务中心前台装饰设计。

（7）配套设计：①给排水系统、电气系统及照明系统的规划建议；②垃圾收集点、垃圾转运站、保洁绿化用水点等环境管理规划建议。

今天，各行各业的发展都趋向以客户（业主）为中心，提升用户的体验与感受成为各行各业生存与企业制胜的不二法门。在任何一个社区中，物业管理机构自出现开始，每时每刻都在对自身的价值进行定义与定位。业主作为物业管理行业最重要的客户，他们同相关的其他主体进行着博弈。一个物业管理项目的成功，必然是将房地产项目的设计、开发、施工、营销、成本管理等综合优化后的成果。

测试训练

知识测试

简述物业绿化工程前期介入中对乔木、灌木种植的要求。

任务二　物业绿化工程的接管验收

学习目标

(1)熟悉新建物业绿化工程接管验收内容。

(2)熟悉原有物业新建园林绿化工程接管验收内容。

内容提要

物业绿化工程的接管验收包括新建物业绿化工程接管验收和原有物业新建园林绿化工程接管验收。一般情况下,新建物业绿化工程在正式接管验收之前,承建单位已经进行过预验收或者已经进行过竣工验收,工程的施工质量一般都已得到保证,物业公司在正式验收时,主要是对自检过程中发现的问题与建设单位进行现场复核、咨询。

任务导入

一、新建物业绿化工程接管验收

在接到建设单位或委托单位接管验收的书面验收函后,物业公司应在15天内书面签发验收通知并约定验收时间。在约定时间之前,物业公司应制定好验收方案,组织好相关专业人员提前对验收项目进行自检,自检时对前期介入中发现的问题要重点检查。

(一)物业公司接管前的自检

1. 自检的内容

绿化接管前自检内容如表1-1所示。

表1-1　绿化接管前自检内容

序号	自检项目	自检内容	自检结果
1	园林绿地	(1)清点植物品名、数量和枯死、缺株数; (2)植物的功能与生态搭配情况; (3)有无剩余建筑材料; (4)绿地土壤改良情况; (5)有无残留渣土; (6)有无尚未完工的工程; (7)绿地功能的合理性; (8)绿地特别是草坪的排水情况; (9)植物选用是否合理,是否有毒、有刺; (10)植物与各道路、管线、建筑的距离是否合理; (11)大树的支撑是否有效、合理; (12)植物的生长情况与病虫害情况	

续表

序号	自检项目	自检内容	自检结果
2	园林道路	(1)园路分布的合理性; (2)园路的大小、汀步步宽、阶梯步级等的合理性; (3)园路的排水情况; (4)园路用材及砌制质量; (5)路牙及路面有无剥离; (6)伸缩缝及铺装表面有无剥离; (7)拐弯半径是否合理; (8)有无安全问题	
3	管理及灌溉系统	(1)有无合理的绿化工具房分布; (2)管理用电、取电口分布是否合理,电压是否符合标准; (3)非自动喷灌系统供水口是否分布合理; (4)自动喷灌系统分布及覆盖面是否合理,水压是否正常,各喷头是否正常工作,上升式草地喷头是否已缩入土中; (5)各取水口、开关附近地面是否经合理处理,排水情况如何	
4	水池	(1)水池深度是否合理; (2)驳岸是否完好; (3)深水区有无防护设施; (4)喷水池各喷头运作是否正常; (5)喷水池水泵位置是否合理,运作是否正常; (6)水底排水坡度和排水口、排水去路是否合理; (7)水景植物使用是否合理	
5	护坡	(1)护坡建筑是否有效、合理; (2)护坡植物使用是否合理,植物是否健壮; (3)有无塌方、滑坡迹象; (4)坡地排水沟是否合理; (5)水坝及护坡有无渗漏现象	
6	园林建筑及小品	(1)建筑和园林小品承受风、雨的能力; (2)园林凳、桌和其他园林建筑的安全情况,是否会伤及他人,是否符合绿化功能要求; (3)娱乐和健身设备是否符合安全标准; (4)油漆质量有无问题; (5)有无崩缺和涂污	

2. 接管前自检工作的要求

在接管验收前,一般建议单位要向接管单位介绍工程情况,包括整个工程的整体规划设计情况,如施工土方工程、种植工程、园建工程、园路工程、给排水工程、电气设备工程、喷灌系统工程等。物业公司在听取情况介绍的过程中,要及时提出有疑问的地方,让建设单位解释清楚。

(二)正式验收

1. 验收的内容

(1)工程质量验收。一般情况下,在正式接管验收日之前,承建单位已进行过预验收或者已经进行过竣工验收,工程的施工质量一般都已得到了保障,而物业公司也多在正式验收前进行了自检。所以，物业公司在正式验收的当天主要是对自检中发现的问题与建设单位进行现场复核、咨询。

物业公司进行验收时不应只从工程施工质量方面进行检查，更多是从物业管理的角度，对整个工程的规划设计、施工、材料选用等一切可能影响管理的地方进行检查并提出问题，让建设单位解决好，从而减轻物业公司日后的负担。

（2）植物数量、名称、绿化面积的验收。物业公司在验收中注意统计好植物的数量、大小、品种名（包括俗名、学名、别名等）、各类绿地的绿化面积等，引进新植物品种时还要了解其生活及生态习性、栽培方法等。

（3）资料的验收。这些资料应包括：①工程的总平面设计图；②设计变更通知单及变更图；③竣工图及竣工报告；④竣工验收合格证（复印件）；⑤隐蔽工程验收合格证明；⑥材料、设备、构件的质量合格证书；⑦质量检验评定资料；⑧水、电及设备的试运行、试压报告；⑨设备使用操作说明书；⑩重点植物及新引进植物的名录及习性、养护措施简介等，对于一些新的设备、材料或植物，一定要向施工单位了解产地、采购方法、维修使用方法、保养方法等，并留下联系人的姓名、地址、电话等。

2. 验收的步骤

（1）当接到验收通知书后，物业公司及承建单位应各自组织好专业人员，并按约定时间到指定地点集中，在"验收人员签到簿"上签到。如果是与竣工验收同时进行，那么监理单位的监理工程师也应在场。

（2）由承建单位主要负责人介绍整个工程的建设概况。

（3）由承建单位各工程项目负责人介绍自己所负责项目的情况。

（4）承建单位及物业公司各专业负责人分别分组对本专业工程进行验收。

（5）验收结束后，物业公司根据自检及验收情况将发现的问题归类列出，在1~2个工作日内提交给承建单位，并要求其在规定时间内进行整改，或约定补偿办法。

（6）物业公司对整改部分工作进行再验收。

（7）对验收合格的工程进行资料核对及移交，签订移交协议书。

（8）对工程资料进行归档。

（9）承建单位对物业公司相关人员进行关键技术培训。

3. 验收后存在问题的解决

（1）问题归类并发出整改通知。对于在物业公司自检及正式验收中发现的问题，物业公司归类整理好后，以"验收备忘录"的形式书面通知委托方或相关建设单位，并要求限期整改或以资金补偿的办法解决，补偿的资金用作物业公司整改工作的费用支出。

"验收备忘录"是在验收结束后，物业公司根据各专业验收结果，将存在的问题和验收情况汇总编写而成的。它明确记载了所接管园林绿化的原始情况，是日后出现问题时明确各方责任的有力证明材料。"验收备忘录"的内容及格式如表1-2所示。

表 1-2 验收备忘录

工程名称					
设计单位					
施工承建单位					
委托单位					
物业公司					
参加验收人员					
验收时间					
验收项目的基本情况	面积(绿地面积、园建面积、水体面积、园路面积等)				
	园林建筑和小品情况				
	植物品种和数量				
	古树名木品种、数量和现况				
	植物生长状况				
设备清运和运作情况	设备名称		型号	生产厂家	运作情况
存在的问题和解决办法	严重问题:				
	共性问题:				
	其他一般性问题:				
各方负责人签字:					

“存在的问题和解决办法”中,将涉及安全和重大失误的规划设计与施工问题列入“严重问题”;将多处反复出现的问题列入“共性问题”;将个别地方出现的不涉及安全和重大失误的问题列入“其他一般性问题”。解决方法可在问题处理或协商解决后另外附上,也要有双方签名,对于对方不予解决的问题注明“未解决”。

(2)对限期整改的内容进行再验收。对于限期整改的内容,物业公司应在规定期限后对相关问题进行再验收,确保问题已得到解决。如果委托方既不整改,又不肯用资金补偿,或对一些规划设计合理性进行争论,物业公司也应在“验收备忘录”中注明,以免日后因责任不清而引发争执。

二、原有物业新建园林绿化工程接管验收

原有物业新建园林绿化指的是物业管理处在自己所管辖的物业区域内,征得业主委员会同意后,对较大面积的园林绿化进行较大规模的建造、改造而成的园林绿化。原有物业新建园林绿化一般由物业管理处代表全体业主组织实施,因此物业管理处具有较大的发言权,同时也负有较大的责任。

（一）原有物业新建园林绿化验收要点

在对原有物业新建园林绿化进行验收时，除了按新建物业绿化接管验收的要求验收外，还必须注意以下几点。

（1）新建园林绿化的验收应在园林绿化建成并保养了 3 个月后进行，对个别昂贵的大树、名木要保养 3~6 个月后再进行。

（2）对较大项目的园林工程，验收工作应在监理单位工程师的主持下进行。

（3）认真核对图纸，凡施工不符合设计要求的应限期整改；对不符合合同要求的，管理处有权依照合同扣款。

（4）新建园林绿化的竣工验收主要是施工质量的验收。由于规划设计方案一般由管理处制定，或已经管理处核实通过，因此规划设计方面没有再验收的必要。验收的主要目的是确保施工单位按照规划设计的方案进行，并确保施工质量。

（二）接管验收前的自检

在正式移交验收前，管理处应组织园林绿化专业人员对移交园林绿化进行自检。重点检查原有物业绿化中已被破坏的情况、积水情况、植物生长情况、草坪和花坛的杂草生长情况、植物病虫害情况、园林建筑安全情况和损坏情况、园林设施设备的运作情况和损坏情况等。

对检查中发现的问题要分类记好，待正式接管验收时一并在"验收备忘录"中向委托方提出。

（三）正式接管验收

1. 绿化面积清点验收

由于原有物业绿化资料一般不齐全或已与现状不符，因此应对移交的绿化面积进行测量。

2. 绘制移交现状图

绘制移交原有物业绿化现状图，对已被破坏的地方要在图上注明，移交原单位审核签名后，与其他移交资料一起存档。

3. 清点设备

核对、记录水表、电表读数，清点设施设备。

4. 清点验收原有资料

资料包括产权资料、用地红线图、规划设计图、设施设备清单和运作情况记录、园林图纸、原来保养工作记录或介绍、设施设备维修保养记录；园林建筑、小品、园路、水池、护坡等工程维修保养记录；园林用水用电管线分布图、喷灌系统分布图、园林绿地内其他管线分布图等。

（四）协商存在问题的解决方法

对于委托方不打算解决的问题要记录在"验收备忘录"中，并由双方签字证明。

（五）原有绿化评价和划分等级

在充分分析原有绿化情况后，根据功能重要性和植物生长状况将绿化划分为 1~3 级，方便日后管理。

（六）撰写备忘录

验收后要撰写“验收备忘录”。

（七）资料归档

将委托单位移交的有关资料和“验收备忘录”、接管验收现状图等分类归档，长期保存。

知识扩展

《园林绿化工程施工及验收规范》（CJJ 82—2012）中的相关表格如表 1-3 至表 1-7 所示。

表 1-3　绿化栽植土壤有效土层厚度

项次	项目	植被类型		土层厚度（cm）	检验方法
1	一般栽植	乔木	胸径≥ 20 cm	≥ 180	挖样洞，观察或尺量检查
			胸径 <20 cm	≥ 150（深根） ≥ 100（浅根）	
		灌木	大、中灌木、大藤本	≥ 90	
			小灌木、宿根花卉、小藤本	≥ 40	
		竹类	大径	≥ 80	
			中、小径	≥ 50	
		草坪、花卉、草本地被		≥ 30	
2	设施顶面绿化	乔木		≥ 80	
		灌木		≥ 45	
		草坪、花卉、草本地被		≥ 15	

表 1-4　地形造型尺寸和高程允许偏差

项次	项目		尺寸要求	允许偏差（cm）	检验方法
1	边界线位置		设计要求	± 50	经纬仪、钢尺测量
2	等高线位置		设计要求	± 10	经纬仪、钢尺测量
3	地形相对标高（cm）	≤ 100	回填土方自然沉降以后	± 5	水准仪、钢尺测量每 1 000 m²
		101~200		± 10	
		201~300		± 15	
		301~500		± 20	

表 1-5　栽植土表层土块粒径

项次	项目	栽植土粒径（cm）
1	大、中乔木	≤ 5
2	小乔木、大中灌木、大藤本	≤ 4

续表

项次	项目	栽植土粒径(cm)
3	竹类、小灌木、宿根花卉、小藤本	≤ 3
4	草坪、草花、地被	≤ 2

表 1-6　植物材料外观质量要求和检验方法

项次	项目		质量要求	检验方法
1	乔木、灌木	姿态和长势	树干符合设计要求,树冠较完整,分枝点和分枝合理,长势良好	检查数量:每 100 株检查 10 株,每株为 1 点,少于 20 株全数检查。 检查方法:观察、量测
		病虫害	危害程度不超过树体的 5%~10%	
		土球苗	土球完整,规格符合要求,包装牢固	
		裸根苗根系	根系完整,切口平整,规格符合要求	
		容器苗木	规格符合要求,容器完整、苗木不徒长、根系发育良好,不外露	
2	棕榈类植物		主干挺直,树冠匀称,土球符合要求,根系完整	
3	草卷、草块、草束		草卷、草块长宽尺寸基本一致,厚度均匀,杂草不超过 5%,草高适度,根系好,草芯鲜活	检查数量:按面积抽查 10%,4 m² 为 1 点,不少于 5 点,少于 30 m² 应全数检查。 检查方法:观察
4	花苗、地被、绿篱及模纹色块植物		株形茁壮,根系基础良好,无伤苗,茎、叶无污染,病虫害危害程度不超过植株的 5%~10%	检查数量:按数量抽查 10%,10 株为 1 点,不少于 5 点,少于 50 株应全数检查。 检查方法:观察
5	整型景观树		姿态独特、质朴古拙,株高不小于 150 cm,多干式桩景的叶片托盘不少于 7~9 个,土球完整	检查数量:全数检查。 检查方法:观察、尺量

表 1-7　植物材料规格允许偏差和检查方法

项次	项目			允许偏差(cm)	检查频率		检查方法
					范围	点数	
1	乔木	胸径	≤ 5 cm	±0.2	每 100 株检查 10 株,每株 1 点,少于 20 株全数检查	10	量测
			6~9 cm	±0.5			
			10~15 cm	±0.8			
			16~20 cm	±1.0			
		高度	—	±20			
		冠幅	—	±20			
2	灌木	高度	≥ 100 cm	±10			
			<100 cm	±5			
		冠径	≥ 100 cm	±10			
			<100 cm	±5			

续表

项次	项目			允许偏差（cm）	检查频率		检查方法
					范围	点数	
3	球类苗木	冠径	<50 cm	0	每100株检查10株，每株为1点，少于20株全数检查	10	量测
			50~100 cm	±5			
			110~200 cm	±10			
			>200 cm	±20			
		高度	<50 cm	0			
			50~100 cm	±5			
			110~200 cm	±10			
			>200 cm	±20			
4	藤本	主蔓长	≥ 150 cm	±10			
		主蔓茎	≥ 1 cm	0			
5	棕榈类植物	株高	≤ 100 cm	0	每100株检查10株，每株为1点，少于20株全数检查	10	量测
			101~250 cm	±10			
			251~400 cm	±20			
			>400 cm	±30			
		地径	≤ 10 cm	±1			
			11~40 cm	±2			
			>40 cm	±3			

测试训练

知识测试

（1）简述新建物业绿化工程接管验收内容。

（2）简述原有物业新建园林绿化工程接管验收内容。

技能测试

编制物业绿化工程接管验收方案。

项目二　认识绿化植物

任务一　绿化植物的分类与识别

学习目标

（1）掌握绿化植物分类的背景知识。

（2）能够进行景观植物应用上的分类与识别。

内容提要

植物分类学是一门主要研究整个植物界不同类群的起源、亲缘关系、进化发展规律的基础学科，也就是把纷繁复杂的植物界分门别类一直鉴别到种，并按系统排列起来，以便于人们认识和利用植物。

任务导入

全世界有许多品种的植物，有的可能还没有被发现，要对这些品种一一分类并不是件简单的事，因此有了一门主要研究整个植物界不同类群的起源、亲缘关系、进化发展规律的基础学科——植物分类学，以便人们对植物进行了解。

第一节　植物系统分类法

一、植物系统分类法的背景知识

植物分类学是发展较早的一门学科，它不仅要识别物种、鉴定名称，而且还要阐明物种之间的亲缘关系和分类系统，进而研究物种的起源、分布中心、演化过程和演化趋势。因此，它是一门既有实用价值又富有理论意义的学科。

植物系统分类法依据植物亲缘关系的亲疏和进化过程，把所有植物种类排列到一个由界、门、纲、目、科、属、种等由高到低的分类等级单元组成的阶层系统中。

为了对植物类群进行分类，人们根据植物类群范围大小和等级高低给它一定的名称，这就是分类的等级单位。按照国际植物命名法规（The International Code of Botanical Nomenclature，ICBN）规定，有关绿色植物命名（包括真菌）共包括12个主要等级（阶元，Category）。主要分类阶元如下。

（1）界（Kingdom）。

（2）门（Phylum）。

(3)纲(Class)。

(4)目(Order)。

(5)科(Family)。

(6)属(Genus)。

(7)组(Section)。

(8)系(Series)。

(9)种(Species)。

(10)亚种(Subspecies)。

(11)变种(Variety)。

(12)变型(Form)。

二、绿化植物的基本类群

1. 低等植物

低等植物植物体无根、茎、叶的分化,没有中柱,多为异养植物,不含叶绿体,多为无性繁殖,包括藻类植物门、细菌植物门、真菌植物门、黏菌植物门、地衣植物门。

2. 高等植物

高等植物植物体有根、茎、叶的分化,有中柱,含叶绿体,能进行光合作用,制造有机物供自身生长需要,包括苔藓植物门、蕨类植物门和种子植物门。种子植物门的进化程度最高,器官最发达,以种子繁殖,各种乔木、灌木和草本都属于这一门。按有无果皮包被种子可分为裸子植物和被子植物两个亚门,裸子植物叶形小,多为针形、条形或鳞形,俗称针叶树;被子植物叶片较宽,一般称为阔叶树。

三、园林植物的分类和命名

1. 园林植物分类

园林植物种类繁多,不论从研究和认识的角度,还是从生产和消费的角度,都需要对这么多的种类进行归纳。

人们根据植物进化规律和亲缘关系,将具有相似的形态构造、有一定生物学特性和分布区的个体总和定为种,相近似的种归纳为一属,相近似的属归纳为一科,由此建立了分类系统。常用的单位为界、门、纲、目、科、属、种,并可根据实际需要,再加划中间的单位,如亚门、亚纲、亚科、亚属、变种、变型等。

界是最高级的单位,种是最基本的单位。如马尾松在分类系统中的地位:植物界—种子植物门—裸子植物亚门—球果纲—松杉目—松科—松属—马尾松。

全世界的植物有40多万种,其中高等植物有30多万种,归属300多个科,被子园林植物中重要的科有十字花科、蔷薇科、豆科、菊科、茄科、芸香科、百合科、葡萄科、苋科、唇形科、禾本科、石蒜科、鸢尾科、兰科、毛茛科、仙人掌科、景天科、虎耳草科、木樨科、旋花科、芭蕉科、天南星科、棕榈科、凤梨科、桑科、山茶科、杜鹃花科、石竹科、睡莲科、漆树科、无患子科、锦葵科、报春花科、杨柳科、木兰科;蕨类植物、裸子植物中也有一些重要的园艺作物,如银杏、铁线蕨、油松、雪松、水杉、圆柏等,分别归属不同的科。

2. 园林植物的命名

在现实生活中，不同地方、不同人群对植物的认识不同，造成了植物同物多名或同名异物的现象。为此，瑞典植物学家林奈提倡用双名法来命名，得到世界的认可。林奈双名法用拉丁文命名，由属名和种加词组成，用拉丁文书写，印刷时用斜体字，属名首字母大写，种名首字母小写，其余字母小写。种名之后是命名者的姓，用正体字，首字母大写，若该学名更改过，则原定名人的姓外要加圆括号。

第二节　园林植物应用上的分类与识别

园林植物的分类与识别如表 1-8 所示。

表 1-8　园林植物的分类与识别

应用形式		植物类型		植物特征	
应用类型	共同特征	名称	科属	生态特征	形态特征
行道树类	树冠整齐，冠幅较大，树姿优美，树干下部及根部不萌生新枝，抗逆性强，对环境的保护作用大，根系发达，抗倒伏，生长迅速，寿命长，耐修剪，落叶整齐，无恶臭或其他凋落物污染环境，大苗栽种容易成活	银杏	银杏科 银杏属	喜光，耐寒，耐干旱，适应性强，深根，不耐积水，初期成长较慢，萌蘖性强，寿命长	形：落叶乔木，树皮灰褐色，老干深纵裂，多分枝，有长枝和短枝。 叶：扇形，先端 2 裂，在长枝上互生，在短枝上簇生。 花：雌雄异株，花球状。 果：种子核果状，外种皮肉质，熟时黄色或橙黄色，外被白粉
		水杉	杉科 水杉属	喜光，喜温暖湿润气候，较耐寒，不耐阴，适应性强，在酸性、轻盐碱土壤中均能生长；寿命长	形：落叶乔木，树皮灰褐色，浅纵裂，条状剥落，大枝不规则轮生，小枝下垂对生。 叶：对生，线形，柔软，淡绿色，羽状排列。 果：球果长 1.8~2.5 cm，当年成熟
		鹅掌楸	木兰科 鹅掌楸属	偏阴性，喜温暖湿润气候，在湿润、深厚、肥沃、疏松的酸性、微酸性土上生长良好，不耐干旱、贫瘠，忌积水，生长较快，寿命较长	形：落叶乔木，树皮灰褐间白色。 叶：互生，马褂状，又似鹅掌。 花：单生枝端，杯状，黄绿色，花被片 9，清香，花期 5 至 6 月。 果：聚合果纺锤形
		悬铃木	悬铃木科 悬铃木属	喜光，喜温暖，耐修剪，生长迅速	形：枝条开展，树冠广阔，树皮灰绿色。 叶：宽卵形，边缘锯齿。 花：雌雄同株，头状花序。 果：球果下垂，通常 2 球一串，9~10 月果熟，坚果基部有长毛

续表

应用形式		植物类型		植物特征	
应用类型	共同特征	名称	科属	生态特征	形态特征
行道树类	树冠整齐，冠幅较大，树姿优美，树干下部及根部不萌生新枝，抗逆性强，对环境的保护作用大，根系发达，抗倒伏，生长迅速，寿命长，耐修剪，落叶整齐，无恶臭或其他凋落物污染环境，大苗栽种容易成活	白桦	桦木科 桦木属	喜光，速生，耐寒，耐干旱瘠薄	形：落叶乔木，树皮白色，光滑，多层纸状剥落，皮孔黄色，小枝红褐色，被白色蜡层。 叶：互生，三角状卵形、菱形或三角形。 花：雌雄同株，雄花序柔软。 果：果序圆柱形，坚果小而扁，椭圆形具翅
		梧桐	梧桐科 梧桐属	喜光，喜温暖湿润气候，不耐寒，适生于肥沃湿润的沙质土壤，根肉质，不耐水湿，深根性，萌芽力弱，生长快，寿命达百年以上	形：落叶乔木，树干直挺，树皮绿色，平滑。 叶：互生，裂片全缘。 花：单性或杂性，圆锥花序顶生，黄绿色。 果：蒴果成熟前开裂，种子形如豌豆
		樱花	蔷薇科 李亚科 李属	喜光，喜肥沃、深厚而排水良好的微酸性土壤，较耐寒抗旱，根系较浅，忌积水与低湿。对烟尘和有害气体的抵抗力较差	形：树皮暗栗褐色，光滑，具横纹状光泽，小枝红褐色。 叶：互生，卵状椭圆形，先端尾尖，缘具芒齿。 花：伞房花序或总状花序，先叶开放，单瓣或重瓣，下垂，白色或粉红色。 果：核果近球形，熟时紫褐色
		凤凰木	豆科 云实亚科 凤凰木属	喜光，喜温暖多湿气候，有板根，不耐干旱贫瘠，不耐寒	形：树冠伞形，树皮灰褐色。 叶：二回羽状复叶。 花：伞房式总状花序顶生和腋生
孤散植类	姿态优美，开花配果茂盛、四季常绿、夜色秀丽、抗逆性强的阳性树种更为适宜	海桐	海桐科 海桐属	喜光，喜温暖湿润气候，不耐寒，对土壤要求不严，耐盐碱，萌芽力强，耐修剪	形：常绿灌木，树冠球形。 叶：互生，常集生枝顶。 花：聚伞花序顶生。 果：蒴果卵球形，有棱角
		九里香	芸香科 九里香属	喜光，喜温暖湿润气候，较耐阴，不耐寒，稍耐干旱，忌积涝	形：常绿灌木或小乔木，多分枝。 叶：羽状复叶互生。 花：聚伞花序。 果：浆果近球形，肉质红色
		鸡爪槭	槭树科 槭树属	喜光，喜温暖湿润气候，适生于半阴环境，要求疏松、肥沃之地，不耐水涝，较耐燥，耐寒性不强	形：落叶灌木或小乔木。 叶：掌状深裂。 花：伞房花序顶生，紫红色。 果：翅果初为紫红色，熟后棕黄色，两翅开展成钝角

续表

应用形式		植物类型		植物特征	
应用类型	共同特征	名称	科属	生态特征	形态特征
孤散植类	姿态优美，开花配果茂盛、四季常绿、夜色秀丽、抗逆性强的阳性树种更为适宜	小叶丁香	木樨科 丁香属	喜光，喜深厚、湿润、排水良好的土壤，耐寒，耐旱	形：落叶灌木，幼枝灰褐色，被柔毛。 叶：对生，全缘。 花：圆锥花序疏松侧生。 果：蒴果小，有瘤状突起
		棕榈	槟榔科 贝叶棕亚科 棕榈科	喜温暖湿润气候，稍耐阴，不耐寒	形：常绿乔木，单干直立。 叶：顶生，近圆形，掌状深裂，质硬。 花：雌雄异株，小花黄色。 果：核果肾形，淡蓝黑色，有白粉
		槟榔	槟榔科 槟榔亚科 槟榔属	喜温，好肥，忌积水，喜土层厚、富含有机质的沙壤土，理想底土为红壤或黄壤	形：常绿乔木，单干直立，干有环状裂痕。 叶：丛生茎顶，羽状复叶。 花：雌雄同株。 果：坚果，卵圆形
		散尾葵	槟榔科 散尾葵属	喜温暖、湿润，半阴且通风良好的环境，不耐寒，畏烈日，喜疏松、排水良好、富含腐殖质的土壤	形：常绿灌木，茎干光滑如竹。 叶：羽状全裂。 花：圆锥状肉穗花序腋生。 果：近圆形，橙黄色
		佛肚竹	乔木科 竹亚科	喜光，喜温暖气候，不耐寒也不耐旱，宜在肥沃疏松的沙壤土中生长	形：丛生，杆二型。 叶：条状披针形，背面被柔毛
		迎春	木樨科 茉莉属	喜光，喜温暖湿润气候，怕严寒，稍耐阴，较耐旱，忌涝，喜排水良好、肥沃的酸性沙壤土	形：落叶蔓性小灌木。 叶：三出复叶对生。 花：单生，先花后叶，花冠黄色。 果：浆果紫黑色
		水蜡	木樨科 女贞属	喜光，耐寒，耐旱，对土壤要求不严	形：落叶或半常绿灌木。 叶：对生，椭圆形至倒卵状长圆形。 花：圆锥花序顶生。 果：核果椭圆形，紫黑色
绿篱类	通常以耐密植，耐修剪，养护管理简便，有 定观赏价值的木本观赏种类为主	矮子杉	红豆杉科 红豆杉属	耐寒耐阴，浅根性，侧根发达，喜富含有机质的湿润土壤，生长迟缓	形：紫杉栽培变种，常绿灌木，树冠半球形。 叶：条形，有光泽，主枝上叶螺旋状排列。 花：雌雄异株。 果：种子坚果状

续表

应用形式		植物类型		植物特征	
应用类型	共同特征	名称	科属	生态特征	形态特征
绿篱类	通常以耐密植，耐修剪，养护管理简便，有一定观赏价值的木本观赏种类为主	火棘	蔷薇科 苹果亚科 火棘属	喜光，不耐寒，对土壤的要求不高	形：常绿灌木，枝拱形下垂。 叶：互生，倒卵状椭圆形，全缘。 花：复伞房花序，小花白色。 果：梨果红色
		红千层	桃金娘科 红千层属	喜温热气候，不耐寒不耐阴，喜肥沃潮湿的酸性土壤，生长缓慢，萌芽力强	形：常绿灌木。 叶：互生，条形，中脉明显，坚硬，有透明腺点。 花：穗状花序顶生，似瓶刷，无花柄，苞叶小。 果：瓠果半球形
		冬青卫矛	卫矛科 卫矛属	喜光，较耐阴，喜温暖湿润气候，喜肥沃疏松的沙壤土，极耐修剪整形	形：常绿灌木或小乔木，小枝近四棱形。 叶：对生，倒卵状椭圆形。 花：聚伞花序花腋生，绿白色。 果：蒴果近球形
		小叶黄杨	黄杨科 黄杨属	喜光，喜温暖湿润气候，稍耐寒，较耐阴，适生于肥沃疏松湿润之地，酸性土、中性土或微碱性土	形：常绿灌木或小乔木，茎和小枝四棱形。 叶：对生，革质，近椭圆形。 花：簇生叶腋或枝端，淡黄绿色。 果：蒴果球形
		一品红	大戟科 大戟属	喜温暖阳光充足，土壤湿润肥沃、pH值为6左右适宜	形：落叶灌木。 叶：互生，提琴状，全缘或浅波状。 花：花序顶生，下方叶片呈朱红色
		五色梅	马鞭草科 马缨丹	喜光，喜温暖湿润气候，适应性强，耐干旱贫瘠，不耐寒，在疏松肥沃排水良好的沙壤土上生长较好	形：常绿半藤状灌木，有强烈臭气。 叶：对生，卵形或长圆形卵形。 花：四季开花，头状花序腋生。 果：核果球形，肉质
		珊瑚树	忍冬科	喜温暖干燥和阳光充足的环境，较耐寒，耐半阴，耐干旱，要求肥沃、排水良好的沙壤土	形：常绿灌木或小乔木，树皮灰褐色。 叶：对生，长椭圆形至披针形。 花：圆锥花序顶生，萼筒状。 果：核果卵状矩圆形
		黄花夹竹桃	夹竹桃科 夹竹桃属	喜光，喜温暖湿润气候，耐半阴	形：常绿灌木或乔木，树皮暗褐色，枝条具乳汁。 叶：互生，狭披针形。 花：单生或聚伞花序。 叶：核果扁三角形，肉质，淡黄色

续表

应用形式		植物类型		植物特征	
应用类型	共同特征	名称	科属	生态特征	形态特征
绿篱类	通常以耐密植，耐修剪，养护管理简便，有一定观赏价值的木本观赏种类为主	凤尾兰	百合科 丝兰属	喜温暖湿润和阳光充足的环境，耐寒，耐阴，耐旱，较耐湿，对土壤要求不高	形：常绿灌木，茎短，有时分枝。 叶：簇生，剑形，质坚硬。 花：圆锥花序，乳白色，杯状下垂。 果：蒴果卵状椭圆形
垂直绿化类	主要根据藤蔓植物的生长特性和绿化应用对象来选择树种，用于墙面绿化、棚架绿化、陡岩坎绿化等	西洋常春藤	五加科 常春藤属	喜温暖湿润的气候，喜阴，稍耐寒，喜肥沃湿润而排水良好的土壤，不耐盐碱和干旱	形：常绿攀缘藤本，有气生根。 叶：二型，互生，全缘。 花：伞形花序，花小，黄白色或绿白色。 果：球形，浆果状
		龙吐株	马鞭草科 帧桐属	喜温暖湿润和阳光充足的环境，不耐寒，喜肥沃疏松和排水良好的沙壤土	形：攀缘形常绿灌木。 叶：对生，卵形，先端尖，全缘。 花：聚伞花序顶生或腋生，裂片白色
		炮仗花	紫葳科 炮仗花属	喜日照足、通风良好的环境和肥沃湿润的酸性土壤，生长迅速	形：常绿木质大藤本。 叶：卵状至卵状矩圆形，先端渐尖。 花：圆锥花序，橙红色，萼钟形，有腺点；花冠厚、反转，有明显的白色绒毛
		金银花	忍冬科 忍冬属	喜光，耐阴，耐寒，耐水湿，根系繁密，萌蘖性强	形：半常绿木质藤本。 叶：对生，卵形至长卵形。 花：成对腋生，花冠二唇形。 果：浆果球形，黑色
		铁线莲	毛茛科 铁线莲属	喜肥沃排水良好的碱性壤土，忌积水或干旱，耐寒性强	形：落叶藤本。 叶：二回三出复叶，小叶卵形至卵状披针形。 花：单朵腋生
		紫藤	豆科	喜光，耐寒，喜深厚肥沃排水良好和疏松的土壤，较抗旱，寿命较长	形：落叶攀缘灌木，大藤本。 叶：羽状复叶互生，卵状长椭圆形。 花：总状花序下垂。 果：荚果倒披针形
		南蛇藤	卫矛科 南蛇藤属	强健，耐寒	形：落叶藤本，小枝圆柱形。 叶：互生，倒卵形或卵圆形。 花：聚伞花序，花黄绿色。 果：蒴果近球形，黄色

续表

应用形式		植物类型		植物特征	
应用类型	共同特征	名称	科属	生态特征	形态特征
垂直绿化类	主要根据藤蔓植物的生长特性和绿化应用对象来选择树种，用于墙面绿化、棚架绿化、陡岩坎绿化等	美国地锦	葡萄科 爬山虎属	喜光，喜湿润肥沃的土壤，稍耐阴，速生，抗性强，栽培管理比较粗放	形：落叶藤本，卷须顶端有吸盘，幼枝紫红色。 叶：掌状复叶。 花：圆锥花序。 果：浆果球形，蓝黑色
		绿萝	天南星科 喜林芋属	喜高温、多湿、半阴环境，不耐寒，忌阳光直射	形：常绿草质藤本，藤长数米，节间有气根。 叶：互生，少数叶片会略带黄色斑驳，心形，全缘
		牵牛花	旋花科 牵牛属	喜气候温和、光照充足，通风适度，对土壤适应性强，较耐干旱、盐碱，不怕高温酷暑，深根	形：一二年生蔓性缠绕草本花卉。 叶：互生全缘和具叶裂。 花：聚伞花序腋生，花冠喇叭样，花色鲜艳美丽。 果：蒴果球形
花坛花境类	露地栽培，用于布置花坛花境或点缀园景	虞美人	罂粟科 罂粟属	喜阳光充足的环境，耐寒，怕暑热，喜排水良好、肥沃的沙壤土，不耐移栽，能自播	形：一二年生直立草本，分枝纤细，有乳汁。 叶：羽状深裂或全裂，裂片披针形，边缘有不规则的齿。 花：单生，有长梗，未开放时下垂。 果：蒴果，杯形
		三色堇	堇菜科 堇菜属	喜凉爽通风环境，略耐半阴，较耐寒，耐贫瘠	形：多年生草本，多分枝，丛生。 叶：基生叶有长柄，叶片近圆心形。 花：花瓣近圆形，假面状，覆瓦状，距短而钝
		报春花	报春花科 报春花属	喜冷凉、半阴和湿润的环境，喜排水良好、富含腐殖质的土壤，不耐高温和强烈的直射阳光	形：多年生宿根草本植物。 叶：基生成莲座状，椭圆形至长椭圆形状。 花：伞形花序、总状花序、头状花序或单生于叶丛中
		彩叶草	唇形花科 彩叶草属	喜温暖、湿润、阳光充足，要求疏松肥沃的土壤，适应性强	形：多年生草本。 叶：对生，阔披针形至卵形，夜色娇艳多彩。 花：圆锥花序，花白色或淡蓝色
		百日草	菊科 百日菊属	喜光，喜温暖，不耐寒，怕酷暑，耐干旱，忌连作，要求排水良好、疏松肥沃的土壤	形：一年生草本，茎直立。 叶：对生，呈卵圆形或椭圆形，叶基抱茎。 花：头状花序顶生。 果：瘦果，品种繁多

续表

应用形式		植物类型		植物特征	
应用类型	共同特征	名称	科属	生态特征	形态特征
花坛 花境类	露地栽培，用于布置花坛花境或点缀园景	矢车菊	菊科 矢车菊属	喜光，不耐阴湿，较耐寒，要求疏松肥沃、排水良好的土壤，根系较发达	形：一二年生草本。 叶：线形，全缘，茎叶具白色绵毛。 花：头状花序顶生，边缘舌状花为漏斗状，花瓣边缘带齿状，中央花管状
		花叶万年青	天南星科 花叶万年青属	喜高温多湿的半阴环境，忌强烈日光，要求疏松肥沃、排水良好的土壤	形：多年生常绿亚灌木状草本，茎干直立，粗壮，少分枝，表皮灰绿色。 叶：大而集生茎端。 花：佛焰苞卵圆形
		美人蕉	美人蕉科 美人蕉属	喜光，喜温暖、湿润的环境，不耐寒，要求土壤深厚肥沃，盆栽要求土壤疏松、排水良好	形：多年生草本，根茎肥大。 叶：阔椭圆形。 花：总状花序顶生，花瓣直伸
		大丽花	菊科 大丽花属	喜光，喜温暖凉爽的气候，不耐高温和干旱，但又畏涝，适宜肥沃疏松的中性沙壤土	形：多年生宿根草本，有粗大锤状肉质块根。 叶：对生，1~3 回羽状分裂。 花：顶生，单瓣或重瓣，花形多，花色也多
		德国鸢尾	鸢尾科 鸢尾属	耐寒，耐干燥，宜在排水良好、阳光充足的地方生长，喜黏性石灰质土壤	形：多年生宿根草本，根状茎肥厚，生多数肉质须根。 叶：基生叶剑形，直立或稍弯曲。 果：蒴果三棱状圆柱形

知识扩展

目前国内就有“花伴侣”“形色”“发现识花”和“微软识花”等植物识别软件，百度浏览器也增加了识花功能，甚至还有专门识别“多肉”植物的手机应用程序。这些程序除了能够帮助人们认识植物花卉外，有的还加入了更多信息，包括赏花诗词、花语和植物养护知识、趣味故事等。

测试训练

知识测试

（1）简述植物分类的依据和意义。

（2）常见的大乔木、小乔木、灌木、花本、地被植物有哪些？

技能训练

实训 2-1　认识常见植物，了解常见植物的基本特征

一、目的要求

了解各种植物的特征和园林植物在园林景观中的功能、生长习性，每种植物的作用和运用价值。

二、材料及用具

地点为当地的公园、街道、广场、居住小区等。拍照工具为相机、手机等。

三、内容与方法

(1)园林植物创造的观赏景点。

(2)园林植物形成的地域景观特色。

(3)园林植物作为行道树。

(4)园林植物的经济用途。

(5)园林植物作为观花地被植物。

(6)园林植物作为观叶地被植物。

四、作业

写出调查报告。

任务二　绿化植物造景与空间营造

学习目标

(1)掌握绿化植物造景的艺术特征。

(2)掌握绿化植物的空间营造特色。

内容提要

园林植物造景不仅可以改善生活环境，为人们提供休息和进行文化娱乐活动的场所，还可以为人们创造游览、观赏的艺术空间。它给人以美的享受，是自然风景的再现和空间艺术的展示。园林植物除有净化空气，降低噪声，减少水土流失，改善环境、气候，防风，庇荫的基本功能外，还具有明显的景观特色。

任务导入

植物造景，就是运用乔木、灌木、藤本及草本植物等，通过艺术手法，充分发挥植物的形体、线条、色彩等自然美(也包括把植物整形修剪成一定形体)来创作植物景观。它是一门综合性很强的艺术，涉及美学、植物学等众多学科，既是诸多学科的应用，又是综合性的创造，既要考虑科学性，又要讲究艺术效果，同时还要符合人们的生活习惯。

第一节　绿化植物造景艺术

植物造景又叫软景设计，植物配置。它以植物材料为主体进行园林景观建设，运用乔木、灌木、藤本和草本植物等素材，通过艺术手法，综合考虑各种生态因子的作用，充分发挥植物本身的形体、线条、色彩等自然美，创造出与周围环境相适宜、相协调并表达一定意境或具有一定功能的艺术空间，供人们观赏。植物是园林要素的重要组成部分，作为唯一具有生命力特征的园林要素，能使园林空间充满生命的活力，富于四时的变化。

一、绿化植物景观配置基本要素

植物景观配置根据景观设计需要，在满足植物生态习性及符合园林艺术审美要求的基础上，把植物材料合理搭配起来，组成一个相对稳定的人工栽培群落，创作出赏心悦目的园林景观。

植物景观配置的基本要素包括颜色、大小、形态、线条等。根据这些基本要素的特征，植物被划分为个体或归并为类组。这些要素不是彼此独立的，而是通过交互作用成为一个整体。另外，要素特征的表述本身就与创作手法、创作原则密不可分，从植物要素特征出发，利用一定的组织编排手法（重复、对比、对称、变化等），将其组合成与自然或人造硬质环境相融，具有一定美感、满足一定功能的整体植物景观画面，这幅画面是随时间与空间动态变换的。

1. 植物颜色

在植物配置的要素特征中，颜色是植物十分重要的标识之一。颜色可以改变真实物体的三维视觉大小，引导人们的视线，增加园林景观深度。植物的色彩主要源于植物的花、叶、果、枝、干皮，而植物的花、果、叶又随季节变化，色彩持续时间短；干皮和枝条也随年龄变化，色彩持续时间较长。一般来说，植物的花、果、叶是植物配置和造景必须要考虑的，尤其是花果的瞬间季相变化一定要抓住。

2. 植物大小

植物大小即植物三维所占据的大小，是植物要素特征中最直接、最现实的空间特征，它直接关系着园林景观空间的占据与划分，也关系到园林景观建造的时效与经济性问题。植物大小是一个具有变化特性的要素。

3. 植物形状与形态

植物形状具有更多美化效果。植物可以带给园林景观丰富自然的形态，植物间也存在形态协调问题，有些植物跟别的植物很难搭配，适宜单独配置，比如说垂柳，这与垂柳比较特殊的形态有关；有的植物很容易跟别的植物搭配，如大多数松树、草类等。植物景观配置在形态要素上不仅要协调，还要有变化，但变化最好是采用渐变方式呈现，除非有足够的空间间隔，否则剧烈的变化会导致不协调。

关于几何线条的形状，与其作为一种植物要素特征来解释，还不如说是一种植物景观配置的组织手法。直线表现强烈的方向性、运动性，因此人们常用竖直或水平线状的植物群植将人们的视线引导到一个有趣点。曲线使景观带有更多自然、温和、飘逸的效果。不规则直线会使作品显得精神十足。需要说明的是，直线多用于建筑之中，如路基、步道，通道等。

二、绿化植物景观配置基本原则

植物配置的基本原则有功能性原则、艺术性原则和生态原则。

1. 功能性原则

植物配置首先应明确设计的目的和功能。例如高速公路中央分隔带的种植设计，为了达到防止眩光的目的，确保司机的行车安全，对中央分隔带中植物的密度和高度都有严格的要求；城市滨水区绿地中植物的功能之一就是过滤、调节由陆地生态系统流向水域的有机物和无机物，进而提高河水质量，保证水景质量；陵园的种植设计为了营造庄严、肃穆的气氛，在植物配置时常常选择青松翠柏，对称布置；儿童公园一般选择无毒无刺、色彩鲜艳的植物进行自然式布置，与儿童活泼的天性一致。

2. 艺术性原则

植物配置不是绿色植物的堆积，而是在审美基础上的艺术配置，是园林艺术的进一步发展和提高。植物配置应遵循统一、调和、均衡、韵律等基本美学原则。这就需要在进行植物配置时，熟练掌握各种植物材料的观赏特性和造景功能，整体把握植物配置效果，根据美学原则和人们的观赏要求进行合理配置，丰富群落美感，提高观赏价值，渲染空间气氛。

3. 生态原则

植物配置应按照生态学原理，充分考虑物种的生态位特征，合理选配植物种类，避免种间直接竞争，形成结构合理、功能健全、种群稳定的复层人工植物群落结构。同时根据生态学上物种多样性导致群落稳定原理，植物配置时应提高生物的多样性。物种多样性是群落多样性的基础，它能提高人工植物群落的观赏价值，增强人工植物群落的抗逆性和韧性，有利于保持群落的稳定，避免有害生物的入侵。只有丰富的物种种类才能形成丰富多彩的人工植物群落景观，满足人们不同的审美要求；也只有保证多样性的物种种类，才能构建不同生态功能的人工植物群落，更好地发挥人工植物群落的景观效果和生态效果。

第二节　绿化植物空间营造

一、植物空间的建造功能

植物对室外空间的形成起着非常重要的作用，它是室外空间形成的重要介质，在种植设计中建造功能是最先要考虑的，其次才是观赏特性和其他因素。

1. 室外空间形成

室外空间是由地平面、垂直面及顶平面单独或共同组合成的实际存在的或暗示性的范围围合。

（1）地平面：以不同高度不同种类的地被和矮灌木来暗示空间。如草坪和地被之间的交界虽然没有植物实体对视线的屏障作用，但却有空间范围的暗示作用。

（2）垂直面：树干以暗示的方式形成空间分割，其空间封闭程度随树干的大小、疏密及种植形式不同而不同，树干越多，围合感越强。如自然界的森林、有行道树的道路、植篱和林地。

（3）顶平面：植物的枝叶好像室外空间的天花板，限制了向天的视线，影响着垂直面上的尺度和感受。季节、枝叶密度以及树木本身的种植形式会影响顶平面的形成效果。

植物还能建造密林、行道树、绿篱等多样空间。

二、植物形成的典型空间类型

以时间这一维度为基础，植物空间由基面、垂直分隔面和覆盖面三个构成面通过多种不同的方式组合成各种不同的空间类型，具体内容如下。

1. 开敞植物空间

开敞植物空间是指在一个特定的区域范围内，人们的视线高出植物景观的空间。这个空间没有覆盖面的限制，其大小空间形式只是由基面和垂直分隔面来决定的，但在这个空间内，垂直分隔面只以地被植物和较为低矮的灌木作为空间的限制因素。身处其中，视线开阔，心情舒畅，人们容易放松从而得到满足。现代景观设计除了使用草坪和一、二年生草本花卉外，应该推进具有较强生命力，易于维护和管理的地被植物的使用。

2. 半开敞植物空间

半开敞植物空间是在一定的区域范围内，四周并不完全开敞，部分视角被植物阻隔，是开敞空间向封闭空间的过渡，是出现在园林中最多的空间类型。它还可以通过将地形、岩石和小品等景观元素和植物配置在一起来实现。半开敞的植物空间可以阻隔人们的视线，以指导空间的方向，实现“障景”的效果。在现代景观设计中封闭的那一面，可以使用大、小乔木，灌木和草本植物三层配置模式，这样能够带来更好的生态效应。

3. 覆盖植物空间

覆盖植物空间通常位于树冠与地面之间，通过枝干的分枝点高度和密集的树冠形成空间的感觉。大型乔木是形成覆盖植物空间的好材料，这种植物分枝点较高，树冠一般较大，具有很好的庇荫效果，无论是孤植还是群植，均可以为人们提供更大的活动空间和遮阴休息区，这种植物空间的营造是现代景观设计的主要任务。此外，藤本或攀缘植物利用花架、拱门作为攀附的载体，也可以有效构成覆盖空间。

4. 纵深植物空间

狭长的纵深空间因为两侧的景物不可见，更能引导人们的方向，人们的视线会被引向空间的一端。在现代景观设计中，用植物材料兴建的纵深空间十分常见，如溪流峡谷等两边种植着高大的乔木形成密林，道路两旁整齐地种植着高大挺拔的行道树。营造这种空间时选择枝繁叶茂的大型乔木最佳，这使得在纵深感有所加强的同时，生态效益也得到提高。

5. 垂直植物空间

垂直面被植物封闭起来，顶平面开敞，中间空旷，便能形成向上敞开的植物空间。分枝点低、树冠紧密的小型和中型的乔木形成的树列，修剪整齐的高大绿篱，都可以构成一个垂直植物空间。这种空间只有上方是开放的，使人仰视，人的视线被导向空中，可以给人以强烈的封闭感和隔离感。纪念花园中经常出现这种空间。

6. 封闭植物空间

垂直植物的株型能构成竖向紧密的空间边界，当这种植物和低矮型平铺生长的植物或者灌木搭配使用时，人们的视线被完全锁闭，围合感更为强烈，再以大型乔木作为上层的覆盖物，整个空间就变成了完全封闭的空间。这种空间类型在风景名胜区、森林公园或植物园中最为常见。在现代景观设计中，这种植物空间具有最复杂的群落结构、最丰富的植物物种和最明显的生态效益。

三、植物空间序列的形成

植物空间序列就像建筑中的通道、门、墙、窗，引导游人进出一个个空间。如利用植物改变顶平面，同时有选择性地引导和组织空间的视线，就能有效缩小空间和放大空间。空间的节奏需在设计时进行控制，如曲径通幽、柳暗花明等，具体内容如下。

（1）围合：完善由建筑和墙所构成的空间范围。当一个空间的两面或三面是建筑或墙时，剩下的开敞面可由植物围合形成一个完整的空间。

（2）连接：用植物将景观中其他孤立的因素连接成一个完整的室外空间，同时形成更多的围合面。连接多用线性的种植形式，当然植物也可以在更大范围内进行山水、建筑的联系，使人工和自然要素统一在绿色中。

（3）装饰和软化：沿墙面种植乔木、灌木或攀缘植物，以植物来装饰没有生机的背景，使其自然生动，高低疏密的植物形成变换的空间。

（4）加强与削弱：植物与地形结合可以强调或弱化由平面上地形变化形成的空间。将植物置于凸地形或山脊上，能明显增加凸地形的高度，随之增强相邻凹地或谷底的封闭感。相反，若将植物种植在凹地的底部或周围的斜坡上，将减弱或消除地形所形成的空间。

（5）控制私密性：常用于花园和别墅庭院设计中。

（6）夹景：植物成行排列种植、遮蔽两侧，创造出透景空间，给人以深邃的感觉。

四、植物景观表现时序变化

植物景观表现时序变化不胜枚举，如拙政园的“海棠春坞”、狮子林的“向梅阁”，都是表现春花烂漫的春景；留园的“荷花厅”、拙政园的“荷风四面亭”则是侧重渲染荷盖摇风的夏景；网师园的“小山丛桂轩”、留园的“闻木樨香轩”和“土山枫林”以秋色桂香的秋景为主；拙政园的“雪香云蔚亭”边广植蜡梅、竹子、蜡瓣舒香和丝竹玉树，以冬景为主。

在城市景观中，植物是季相变化的主体。设计者要掌握当地植物的基本习性，掌握其物候，特别是其季相的变化。例如北京植物春有玉兰、碧桃、榆叶梅、连翘、迎春、丁香类、绣线菊类、黄刺玫、海棠类、蜡梅、山杏、山桃、锦带花、牡丹、樱花等；夏有荷花、合欢、栾树、美国凌霄、紫薇、木槿、珍珠梅等；秋有海州常山、糯米条、荻、月季、茑萝等。秋季叶树种极为丰富，有黄栌、五角枫、茶条槭、黄连木、白蜡、银杏、栎属、火炬树、红瑞木、天目琼花、紫叶李、紫叶小檗、山楂叶悬钩子、地锦等；冬季松柏常青，白皮松、毛白杨等树种的树干极富特色。四季分明的植物景观季相显示了强烈的北国植物景观特色。

知识扩展

1. 利用植物色彩搭配营造空间意境

色彩是意境创造的灵魂，马克思说：色彩的美感是一般美感中最大众化的形式。也就是说人们对色彩的情感反应是最为直接也是最为普遍的。

植物色彩是空间情感意境营造的核心元素，它以不同的色彩搭配构成瑰丽多彩的景观并赋予环境不同的性格，冷色代表宁静，暖色代表温暖，最终形成热烈奔放、朴素合宜、恬淡雅致、含蓄隽永等不同风格的意境。

园林植物色彩表现的形式是多样的，包括同色系、互补色、邻近色色彩组合等。同色系的组合色彩协调统一；互补色的组合能产生对比的艺术效果，给人强烈醒目的美感；而邻近色的组合就较为和谐，给人舒缓的感觉。

园林植物色彩的另一种表现形式是由明度、彩度变化所产生的效果，整体色域的不同配置可以直接影响对比与协调，明度和彩度的双重变化是最能表现色彩效果的手段，而色域的整体配置又决定了园林的形式美。

色相环上相对色彩（互补色）的植物搭配，能产生让人兴奋的色彩效果；色环上相近（邻近色）的植物搭配，能营造协调的效果。

以橙色加黑白为例，产生不同明度、彩度的色域变化，如图 1-1 所示。

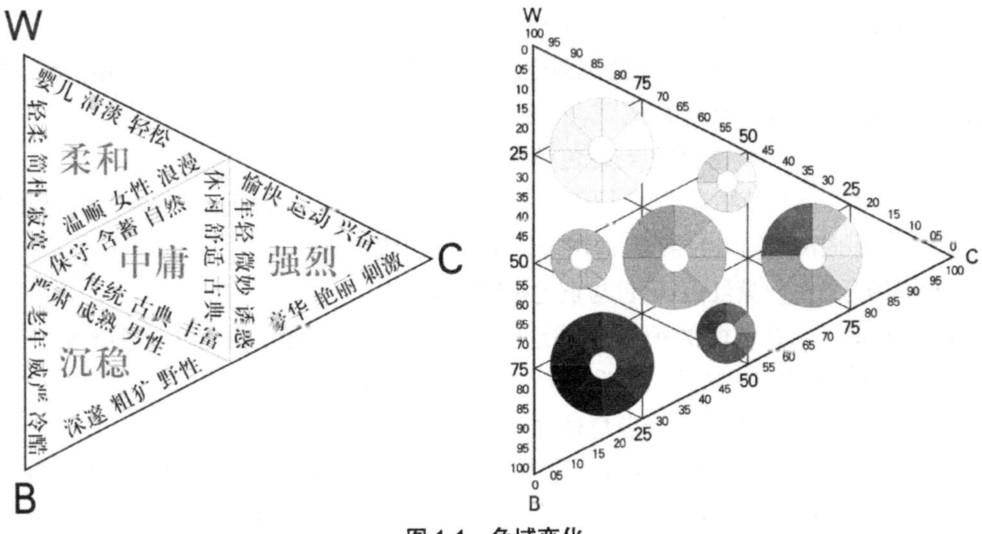

图 1-1　色域变化

颜色配置趋向于 W 区间，明度越高彩度越低，情感偏柔和。

颜色配置趋向于 C 区间，彩度越高，情感越强烈。

颜色配置趋向于 B 区间，明度越低彩度越低，情感偏沉稳。

颜色配置处于中间灰度区域，情感则中庸、自然。

2. 植物空间情感意境的营造

（1）安宁祥和——黄绿色与淡黄色植物的搭配。

黄绿色与淡黄色植物的搭配，色域范围为中高明度。柔美的中层次植物与黄绿色的地被草坪搭配，如针茅与地苔的结合，能形成安宁祥和的情感氛围，适用于庭院休憩空间。

(2)奔放热烈——黄色与橙色、红色植物搭配。

黄色与橙色、红色植物的搭配，色域范围为中高明度高彩度。如菊花与美人蕉，在空间上拉开层次，形成奔放、热烈的氛围，适用于主行道两旁或娱乐园区。

(3)雅致自然——淡紫色、淡黄色与绿色植物搭配。

淡紫色、淡黄色与绿色植物搭配，色域范围为中高明度中彩度。如红千蕨菜和绿植搭配，能形成自然、雅致的氛围，适用于公园和生活庭院空间。

(4)愉悦轻松——灰绿色、米黄色与红色植物搭配。

灰绿色、米黄色与红色植物搭配，色域范围为中明度中彩度。如红花萱草与草类植被高矮配植，能形成愉悦、轻松的氛围，适用于休闲公园和庭院空间。

(5)清新自然——黄绿色同色系植物搭配。

黄绿色同色系植物搭配，色域范围为中高明度中彩度。如细叶针茅与苔藓类草被植物的搭配，色彩接近，能形成清新自然、闲适洒脱的氛围，适用于休闲绿地空间。

(6)灵动雀跃——绿色与紫色植物搭配。

绿色与紫色植物搭配，色域范围为中高明度高彩度。如大绒球和修剪规整的绿植搭配，能形成紧张活跃的氛围，适用于庭院、广场和公园绿地空间。

(7)温馨欢快——粉红色与绿色植物搭配。

粉红色与绿色植物搭配，色域范围为中高明度中彩度。如粉色郁金香和绿植搭配，能形成温馨欢快的氛围，适用于公园、庭院、广场空间。

(8)鲜明醒目——紫色、粉色与绿色植物搭配。

紫色、粉色与绿色植物搭配，色域范围为中高明度中彩度。如千屈菜、飞燕草和波斯菊、桔梗搭配，能形成情调鲜明的氛围，适用于休闲公园、庭院空间。

(9)张扬奔放——紫红色、橙色与黄色植物搭配。

紫红色、橙色与黄色植物搭配，色域范围为中高明度高彩度。如各色品种的郁金香组合，能形成张扬、奔放、热烈的氛围，适用于公园、广场空间。

(10)静谧含蓄——紫色与灰蓝色植物搭配。

紫色与灰蓝色植物搭配，色域范围为中明度低彩度。如形态飘逸洒脱的茅草和色彩独特的黑法师搭配，能形成静谧、含蓄的氛围，适用于休闲公园、生活庭院空间。

(11)清爽恬静——灰蓝色与黄绿色植物搭配。

灰蓝色与黄绿色植物搭配，色域范围为高明度低彩度。如蓝羊草和黄绿色绿植搭配，能形成惬意、清爽、恬静的氛围，适用于道路绿篱、公园绿地和街头绿地等空间。

英国造园家克劳斯顿说："园林设计归根结底是植物材料的设计，其目的就是改善人类的生态环境，其他的内容只能在一个有植物的环境中发挥作用。"

植物色彩搭配，不仅能够改善我们的生活环境，丰富休憩、娱乐场所的景观环境，同时也形成给人带来无限遐想的艺术空间。

测试训练

知识测试

（1）简述绿化植物造景的艺术特征。

（2）简述绿化植物的空间营造特色。

技能训练

实训 2-2 广场植物配置分析

一、目的要求

本次实训让学生了解广场是怎么运用乔木、灌木、藤本及草本植物等题材，通过艺术手法，充分发挥植物的形体、线条、色彩等自然美来创作植物景观的。

二、材料及用具

调查分析表格、笔、纸。

三、方法和步骤

（1）打开笔记回顾广场植物配置的学习内容，如广场植物的选择原则及配置要点。

（2）现场调查重庆市沙坪坝三峡广场，拍照并分析广场是怎么运用乔木、灌木、藤本及草本植物等，通过艺术手法充分发挥植物的形体、线条、色彩等自然美来创作植物景观的。

（3）根据现场拍照、记录，写出分析报告。

四、实训提示

1. 植物配置关系

（1）先面后点。先从整体考虑，从大局下手，然后再考虑局部穿插细节，做到“大处添景，小处添趣”。

（2）先主后宾。在一个景区里，树木配置要主宾分明，先定主景树种，再选择配景树种。

（3）远近结合。树木配置不但要考虑一个景区内的树木搭配，还要与相邻空间或远处的树木、背景及其他景物相呼应，才能实现园林空间艺术构图的完整性。

（4）高低结合。一般说在一个园林空间或一个树丛、树群内，乔木是骨干。配置时要先乔木，后灌木，再草花。要先定乔木的树种、数量和分布位置，再由高到低分层处理灌木和草花，这样才能有完美的立体轮廓线。

（5）近期与远期效果相结合，即应考虑长期、稳定的效果。

2. 园林植物造景艺术

（1）用植物作为造园主题创造主景。

（2）用植物作对景、障景和隔景。

（3）用植物作山石建筑广场道路水体等的配景。

（4）用植物作其他景物的背景。

(5)用植物增加园林空间层次的夹景框、漏景、添景。

(6)用植物造成园林空间的变化。

(7)用植物形成点、线、面等形态特征,创造具有现代美感的园林景观。

(8)运用植物造景创造园林意境。

五、作业

写出调查报告。

任务三 绿化植物生长发育规律

学习目标

(1)了解绿地植物生长发育规律。

(2)学会物候观测方法并能灵活运用在工作中。

内容提要

绿化植物在整个一生中既有生命周期(即种子萌芽、幼期、成熟、衰老和死亡的过程)的变化,也有年周期(即生长、开花、结果、停止生长或休眠)的变化,要利用好绿化植物,就要了解植物生长发育规律,要了解它们的营养生长和生殖生长的特点和规律,以整体和系统的方法考虑植物体内各器官之间的相关性,考虑植物生长发育与环境之间的相关性。

任务导入

一、园林树木的生长发育

1. 概念

(1)生长——植物通过细胞分裂、分化和生长,导致体积和质量不可逆的增加(量变)。

(2)发育——在细胞、组织、器官分化基础上的结构和功能的变化(质变)。

2. 二者的关系

生长是发育的基础,生长永恒,发育伴随生长,密不可分,二者均不可逆。

3. 树木生长发育的调节

研究树木的生长发育规律,对于正确选用树种和栽培技术,有预见性地调节和控制树木的生长发育,做到快速育好苗,使其在移植成活并健壮长寿的基础上充分发挥园林绿化功能,有十分重要的意义。

二、园林树木生长发育周期

树木的生命周期指树木繁殖成活后经过生长、开花结果、衰老更新,直至生命结束的全过程。树木在不同的年龄时期,都有其生长发育特点,对外界环境和栽培管理都有一定要求,研究树木不同年龄时期的生长发育规律,采取相应的栽培措施,促进或控制各年龄时期的生长发育规律,可实现幼树适龄开花结实,延长盛花盛果的观赏期,延缓树木衰老进程等园林树木栽培目的。

树木的年生长周期指树木在一年中随环境周期变化而出现形态和生理机能的规律变化。

(一)园林树木的生命周期

个体树木生长大周期:个体树木的生长发育过程一般表现为“慢—快—慢”的生长规律,即开始阶段的生长比较缓慢,随后生长速度逐渐加快,直至生长速度达到高峰,随后会逐渐减慢,最后完全停止生长而死亡。

不同树木在其一生的生长过程中,各个生长阶段出现的早晚和持续时间的长短会有很大差别。相对来说,阳性速生树种的生长高峰期出现较早,持续时间较短,而耐阴树种的生长高峰期出现较晚,但延续期较长。园林树木可根据树高加速生长期出现的早晚分为速生树种、中生树种和慢生树种。

1. 树木的生命周期

(1)种子期(胚胎期)——卵细胞受精形成合子。

(2)幼年期——种子发芽,该期长短因植物种类而异。紫薇、月季1年,桃3年,李4年,杏5年,银杏20~30年。遗传性尚未稳定,易受外境影响,可塑性较大,可进行引种栽培、驯化、定向培育。

(3)青年期。①第一次开花、花果性状逐渐稳定、植株逐渐长大、生命力旺盛。②此期植株尚未充分表现出该种或品种的标准性状,年年开花结实,但数量很少。

(4)成熟期(成年期)。

①植株各方面已经成熟,花果性状稳定,开花结实数量多,达到生产最高峰。

②观赏盛期,经济效益最高,对不良环境的抗性较强,遗传保守性很强,不易动摇。

③采种、采花的最佳时期。

④加强管理,防止早衰,控制花果数量,延长成年期。

(5)衰老期(老年期)。①植株生长量逐年下降,开花结实减少且品质低下,对外界不良环境抵抗力差,易生病虫害,最后死亡。②有些观赏效果好。

2. 树木生命周期变化的规律性

1)离心生长与离心秃裸

(1)离心生长——以根茎为中心,根向地性,地上芽背地性,由根茎向两端不断扩大其空间的生长。树木自繁殖成活后,以根茎为中心生长,根具有向地性,向纵深发展,在土中逐年生长并形成各级骨干根和侧生根;地上芽具背地性,向空中发展,形成各级骨干枝和侧生枝。树木因受遗传性、树体生理和所处土壤条件等方面的影响,其离心生长是有限的,即根系和树冠只能达到一定的大小和范围。

(2)离心秃裸——以离心方式出现的根系“自疏”和根冠的“自然打枝”。树体的茎枝在不断离心生长过程中,外围生长点增多,枝叶茂密,使树木内膛光照恶化,壮枝竞争养分的能力强,内膛骨干枝上早年形成的侧生小枝得到的养分较少、长势较弱,虽然开花结实较早,但寿命短,逐年由骨干枝基部向枝端方向出现枯落,这种现象称为“自然打枝”。同样,根系在离心生长过程中,随着年龄的增长,骨干根上早年形成的须根,由基部向根端方向出现衰亡,这种现象称为“自疏”。

2)向心更新与向心枯亡

随着树龄的增长,由于离心生长与离心秃裸,造成地上部分的大量枝芽生长点及其产生的叶、花、果都集中在树冠外围,由于受重力的影响,骨干枝角度变得开张,枝端重心外移,甚至弯曲下垂。离心生长造成分布在远处的吸收根与树冠外围枝叶间的运输距离增大,使枝条生长势减弱。当树木生长至接近在该环境所能达到的最大树体时,某些中心干明显的树种的中心干延长枝发生分叉或弯曲,称为“截顶”或“结顶”(因离心生长与离心秃裸,枝端重心外移、下垂,生长点离中心越来越远,运输距离长,生长势慢,中心干延长枝分叉或弯曲)。

当离心生长日趋衰弱时,具长寿潜伏芽的树种,常于主枝弯曲高位处萌生直立旺盛的徒长枝,开始进行树冠的更新。徒长枝仍按离心生长和离心秃裸的规律形成新的小树冠,俗称“树上长树”。随着徒长枝的扩展,主枝和中心干的先端加速出现枯梢,全树由许多徒长枝形成新的树冠,逐渐代替原来衰亡的树冠。新树冠在达到其最大限度以后,同样会出现先端衰弱、枝条开张而引起的优势部位下移,从而又可萌生新的徒长枝来更新。这种更新和枯亡的发生,一般都是由外(冠)向内(膛)、由上(顶部)而下(基部),直至根茎部进行的,故称为“向心更新”和“向心枯亡”。

离心秃裸的快慢,向心更新的特点与树种、环境条件和栽培技术等有关。

(二)园林树木的年周期与物候期

年生长周期指树木在一年中随环境周期变化而出现形态和生理机能的规律变化。物候指植物在年周期生长中,随季节变化按一定规律进行生长、发育的生物活动现象。外观形态的变化是树木年周期的直观表现,是树木年周期划分的重要依据。

生物在进化过程中,由于长期适应周期性变化的环境,形成与之相适应的形态和生理机能有规律变化的习性,即生物的生命活动能随气候变化而变化。人们可以通过其生命活动的动态变化来认识气候的变化,所以称为生物气候学时期,简称物候期。物候期是研究地理气候、栽培树木的区域规划以及为特定地区制定树木科学栽培措施的重要依据。

树木物候期的基本规律如下。

(1)顺序性。树木物候期的顺序性是指树木各个物候期有严格的时间先后次序的特性。例如,只有先萌芽和开花,才可能进入果实生长和发育时期;先有新梢和叶子的营养生长,才有可能出现花芽的分化。树木进入每一物候期都是在前一物候期的基础上进行与发展的,同时又为进入下一物候期做好了准备。树木只有在年周期中按一定顺序顺利通过各个物候期,才能完成正常的生长发育。不同树种的不同物候期通过的顺序不同,比如有的树种先花后叶,有的树种先叶后花等。

(2)不一致性。树木物候期的不一致性,或称不整齐性,是指同一树种不同器官物候期通过的时期各不相同,如花芽分化、新梢生长的开始期、旺盛期、停止生长期各不相同。此外,树木在同一时期,同一植株上可同时出现几个物候期。如贴梗海棠在夏季果实形成期,大部分枝条上已经坐果,但仍有部分枝条上开花。

（3）重演性。指在外界环境条件变化的刺激和影响下，如自然灾害、病虫害、栽培技术不当，树木某些器官发育终止而刺激另一些器官的再次活动，如二次开花、二次生长等。这种现象反映出树体代谢功能的紊乱与异常，影响树体正常的营养积累和翌年正常的生长发育。

测试训练

知识测试

一、名词解释

生长　发育　树木的生命周期　园林树木的年生长周期　物候　物候期

二、单项选择题

（1）从种子萌发时起，到具有开花潜能之前的一段时期，叫作（　　）。

A. 幼年期　　B. 青年期　　C. 壮年期　　D. 衰老期

（2）生长在北方的常绿针叶树类中，每年都发枝，它们的老叶多在（　　）间脱落。

A. 夏季　　B. 秋季　　C. 夏秋季　　D. 冬春季

（3）园林树木地上部进入休眠状态最晚的组织或器官是（　　）。

A. 主枝　　B. 主干　　C. 根茎　　D. 侧枝

（4）园林树木采种的最佳时期是（　　）。

A. 幼年期　　B. 青年期　　C. 壮年期　　D. 衰老期

技能训练

实训 2-3　绿化植物的物候观测

一、目的要求

绿化植物物候观测是对绿化植物的生长发育过程进行观测记载，从而了解本地区的树种与季节的关系和一年中植物展叶、开花、结果和落叶休眠等生长发育规律。

二、材料及用具

校园内树种 6 个（学生自选）、记录本、记录夹、笔等。

三、方法和步骤

（1）在校园内选择 6 个树种，其中，落叶乔木 2 种、花灌木 2 种、藤本 1 种、常绿树 1 种。

（2）观测并做好记录，填写表 1-9。

四、实训提示

（1）园林植物物候期包括休眠期和生长期。观测的内容应该包括根系的生长周期、树液流动开始期、萌芽期、展叶期、开花期、新梢生长期、果实发育期、秋色叶变色期、落叶期等。

（2）各个物候期的观测标准和观测方法如下。

①树液流动开始期：以新伤口出现水滴状分泌物为准，可通过折枝观测。

②萌芽期：是植物由休眠期转入生长期的明显标志。

a. 芽膨大期：具芽磷者，当芽磷开始分离，侧面显露出浅色的线形或角形时，即为芽开始膨大。对于较大的芽，可在其上涂抹红漆，当芽膨大后，漆膜分开露出其他颜色，即可确认为芽开始膨大。对于较小的芽，则应用放大镜观察。

b. 芽绽放期：当鳞片裂开，芽顶部出现幼叶或花蕾的新鲜颜色时，即为芽开始绽放。

（3）展叶期：从树体上开始展叶至叶子全部展开为止。

a. 放叶：芽出现 1~2 片叶片、平展。

b. 全叶：全树有半数以上枝条的小叶完全平展。

c. 春色叶呈现期：以春季所展之新叶整体上开始呈现有一定观赏价值的特有色泽时为准。

（4）开花期：从植株上开始有 5% 的花开放至树体上留有 5% 的花为止。

（5）果实发育期：从坐果开始到果实成熟直至脱落为止。

a. 初熟（果实着色期）：指树体上大部分果实着色，少数果实（或种子）成熟变色时。

b. 全熟期：指树体上大部分果实呈现成熟特征的时期。绝大部分果实（或种子）出现成熟颜色，但未脱落，一般为黄褐色、褐色、紫褐色。蒴果往往尖端开裂，核果、柑果等往往出现该品种的各种标准果色。

c. 落果期：果实或种子脱落。杨、柳等往往飞絮；荚果往往开裂，种子散弹出去；也有不脱落的，则记宿存。

（6）秋色叶变色期：由正常的季节变化而引起叶子的变色，并且变色之叶在不断增多至全部变色为止。

（7）秋色叶观赏期：从树体上有 30%~50% 的叶片呈现秋色叶，有一定观赏效果起，至树体上还残留有 30% 的秋色叶时为止。

（8）落叶期：从树体开始落叶至叶子全部脱落为止。指秋冬季自然落叶而言，因旱、病虫等原因落叶除外。

a. 初期：无风时，树叶自然落下或用手轻摇树枝有 3~5 片叶落下。

b. 盛期：有半数以上叶片自然脱落。

c. 末期：全部或绝大部分叶片脱落。

秋叶变色与落叶期见表 1-9。

五、作业

写出调查报告。

表 1-9　绿化植物物候观测记录表

观测单位　　　　　　观测者

编号　　观测地点　　省（市）　　县（区）　　北纬　　东经　　海拔　　m

生境　　地形　　土壤　　同生植物　　小气候　　养护情况

树种	树液流动开始期	萌芽期				展叶期				开花期							果实发育期						新梢生长期						秋叶变色与落叶期							备注
		花芽膨大开始期	花芽绽放期	叶芽膨大开始期	叶芽绽放期	展叶开始期	展叶盛期	春色叶变色期	春色叶变绿期	开花始期	开花盛期	开花末期	最佳观花起止日	再度开花期	二次梢开花期	三次梢开花期	幼果出现期	生理落果期	果实成熟期	果实开始脱落期	果实脱落末期	可供观果起止日	春梢始长期	春梢停长期	二次梢始长期	二次梢停长期	三次梢始长期	三次梢停长期	秋叶开始变色期	秋叶全部变色期	落叶开始期	落叶盛期	落叶末期	可供观秋色叶期	最佳观秋色叶期	

任务四 室内花卉应用与装饰

学习目标

（1）了解常见室内花卉的名称和种类。

（2）掌握室内花卉的用途，并能进行品种的选择。

（3）能够进行室内各空间花卉的装饰、搭配和应用。

内容提要

随着人们物质文化生活水平的提高，花卉已走进千家万户。人们爱花、养花、赏花，用花卉装饰环境，美化生活，开展礼仪活动，发展人际关系。这已成为世界性的新时尚。但是，要想把家庭居室和环境用花卉装饰起来，使之清幽悦目，独具风采，还需要有一定的美学鉴赏能力。在这种情况下，就需要对花卉美的特点以及花卉装饰的各种艺术形式、技巧等，都有比较系统的了解。

任务导入

现在很多人都喜欢在室内放些花卉，那么室内花卉的名称和种类有哪些呢？花卉的摆放方式及艺术特点是什么呢？你家的花怎么摆放才好看呢？

一、常见室内花卉

室内花卉是从众多的花卉中被选择出来的，具有很高的观赏价值，比较耐阴且喜温暖，对栽培基质水分变化不过分敏感，适宜在室内环境中较长期摆放的一些花卉。室内花卉能够起到装扮空间、美化室内环境的作用。

室内花卉分为观叶类、观花类、观果类、香花类等。

（1）观叶类：蕨类植物、万年青、龟背竹、花叶芋、绿萝、彩叶草、文竹、吊兰、竹节海棠、花叶常春藤、苏铁、虎须菖蒲、含羞草等。

（2）观花类：月季、杜鹃、山茶、君子兰、菊花、寿星桃、龙吐珠、四季海棠、天竺葵、蟹爪兰、扶桑、旱金莲、四季樱草、水仙花，还有雏菊、金盏菊等一、二年生草本花卉。

（3）观果类：金橘、四季橘、代代橘、石榴、珊瑚枝、观赏辣椒、金银茄、南天竹以及矮化砧苹果等。

（4）香花类：米兰、珠兰、兰花、桂花、含笑、茉莉、鸳鸯茉莉、瑞香、蜡梅等。

此外，仙人球类、竹类以及用五针松、黑松、雀梅、榆树、枷椤木等材料制作的树桩盆景，都可以进行室内美化装饰。上述列举的常见花卉在花店、花摊上都比较容易买到。

二、室内花卉的用途

随着生活水平的提高，人们利用绿色植物进行居室绿化及装饰已成为一种时尚。常青的观叶植物以及绿色开花植物中，很多都有消除建筑物内有毒化学物质的作用。植物不光是靠叶子吸收有害物质，它的根和土壤里的细菌在清除有害物质方面也功不可没，具体作用如下。

1. 净化空气

芦荟、吊兰、虎尾兰、一叶兰、龟背竹是天然的清道夫，可以清除空气中的有害物质。有研究表明，虎尾兰和吊兰可吸收室内 80% 以上的有害气体，吸收甲醛的能力超强。芦荟也是吸收甲醛的好手，可以吸收空气中所含的 90% 的甲醛。

常青藤、铁树、菊花、金橘、石榴、半支莲、月季花、山茶、米兰、雏菊、蜡梅、万寿菊等能有效清除二氧化硫、氯、乙醚、乙烯、一氧化碳、过氧化氮等有害物。兰花、桂花、蜡梅、花叶芋、红背桂等是天然的除尘器，其纤毛能截留并吸滞空气中的飘浮微粒及烟尘。

2. 驱蚊虫

每当天气转暖，能驱蚊的植物就成了人们关注的焦点。蚊净香草就是这样一种植物。它是被改变了遗传结构的芳香类天竺葵科植物，从澳大利亚引进。该植物耐旱，半年内就可生长成熟，养护得当可活 10~15 年，且其枝叶的造型可随意改变，有很高的观赏价值。蚊净香草散发出一种清新淡雅的柠檬香味，在室内有很好的驱蚊效果，对人体没有毒副作用。温度越高，其散发的香味越多，驱蚊效果越好。据测试，一盆冠幅 30 cm 以上的蚊净香草，可将面积 10 m^2 以上房间内的蚊虫赶走。另外，一种名为除虫菊的植物含有除虫菊酯，也能有效驱除蚊虫。

3. 杀病菌

玫瑰、桂花、紫罗兰、茉莉、柠檬、蔷薇、石竹、铃兰、紫薇等芳香花卉产生的挥发性油类具有显著的杀菌作用。紫薇、茉莉、柠檬等植物 5 min 内就可以杀死白喉菌和痢疾菌等原生菌。蔷薇、石竹、铃兰、紫罗兰、玫瑰、桂花等植物散发的香味对结核杆菌、肺炎球菌、葡萄球菌的生长繁殖具有明显的抑制作用。

4. 净化空气

仙人掌等原产于热带干旱地区的多肉植物，其肉质茎上的气孔白天关闭，夜间打开，在吸收二氧化碳的同时，制造氧气，使室内空气中的负离子浓度增加。虎皮兰、虎尾兰、龙舌兰、褐毛掌、伽蓝菜、景天、落地生根、栽培凤梨等植物也能在夜间净化空气。在家居周围栽种爬山虎、葡萄、牵牛花、紫藤、蔷薇等攀缘植物，让它们顺墙或顺架攀附，形成一个绿色的凉棚，能够有效减少阳光辐射，大大降低室内温度。丁香、茉莉、玫瑰、紫罗兰、薄荷等植物可让人放松、精神愉快，有利于睡眠，还能提高工作效率。

三、室内花卉植物的选择原则

1. 根据房间大小选择花卉

在较宽敞的居室里，宜选用体大、叶大、色艳的观叶植物，以给人壮观大方的感受；较小的居室，宜选择体形较小的花卉，这样会有与空间比例匹配的感觉。一般室内空间的绿化比例以不超过室内空间的 1/10 为宜。

2. 根据摆放位置选择花卉

室内布置花卉所选植株的大小，还与摆放的位置有关。布置在墙角或沙发旁边地面上的花卉，宜选择橡皮树、富贵竹等大中型植物；摆放在几架、窗台或家具上的花卉，宜选择兰花、四季海棠、非洲紫罗兰等中小型花卉,摆放在茶几、书桌或组合柜上面的花卉,宜选择株形细小的植物,如小盆文竹、翡翠珠,便于人们就近仔细观赏。

3. 根据具体需要选择植物

新装修的房间,室内会残留一些有害物质,可以选择芦荟或者菊花消除或减少苯的危害,选择雏菊或者万年青消除居室的三氟乙烯污染,选用月季或蔷薇减轻硫化氢的危害等。

四、室内花卉装饰应用

1. 室内花卉装饰手法

(1)整体要和谐。根据室内原有陈设物的数量、色彩等不同情况进行全面考虑,做到合理布局。避免在各个布局中出现同类植物或等量的重复,以形成一个富有变化和韵律感的自然景观。

(2)主次要分明。绿化装饰要有主景及配景。主景是装饰布置的核心,必须突出,而且要有艺术魅力,能给人留下深刻的印象。配景是从属部分,有别于主景,但又必须与主景相协调。

(3)中心要突出。主景在选材上通常利用珍稀植物或形态奇特、姿态优美、色彩绚丽的植物种类,以加强主景的中心效果。在一个家庭居室中,有卧室、厨房、卫生间及客厅等许多空间,可重点装饰。

(4)比例要协调。观赏植物的室内装饰布置,植物本身和室内空间及陈设之间应有一定的比例关系。大空间里只装饰小的植物,就无法烘托出气氛,也很不协调;小的空间装饰大的植物,则显得臃肿闭塞,缺乏整体感。装饰布置应根据室内空间大小及内部设施情况合理进行,使其比例恰当、色彩和谐、富有节奏感及整体感。

(5)选材要适当。室内空间有限,光照弱、通风差的情况下,应选择那些抗逆性强、栽培容易、管理方便、观赏效果好(叶形奇特、叶色艳丽等),并能适于室内长期摆放的观叶植物,如袖珍椰子、龟背竹、文竹、一叶兰、金边虎皮兰、假槟榔、散尾葵、巴西木、发财树等。插花种类也应选择那些色彩明快、耐瓶插的类型,如菊花、康乃馨、满天星等。

(6)布置手法要多样。室内花卉装饰以不占用太多空间为准则,没有一定的模式,不可千篇一律。方式大致有以下几种。

①规则式(按几何图案布置)。

②自然式(按自然景观设计)。

③镶嵌式(以特制的半圆形盆固定于墙壁栽培)。

④悬垂式(利用吊盆栽植悬垂性花卉,点缀立体空间)。

⑤组合式(多种手法灵活搭配在一起,构成一幅优美画面)。

⑥瓶栽式(利用大小不同、形态各异的玻璃瓶、金鱼缸或水族箱栽培各种矮小植物,形成景观园艺,也称作袖珍花园或玻璃瓶花园)。

2. 室内花卉空间应用形式

花卉装饰手法层出不穷,基本手法可大致归纳为摆放式、悬垂式和壁挂式三种。现以卧室、书房、餐厅为例来讲述具体的应用。

（1）卧室的主要功能是睡觉休息，花卉的应用形式多为摆放式。由于卧室家具较多，空间显得拥挤，所以花材的选用以小型、淡绿色为佳。可在案头、几架上摆放文竹、百合、夜来香等。如果空间允许，地面也可摆上造型规整的花卉植物，如心叶喜林芋、巴西铁等。推荐植物为文竹、铁线蕨、凤梨、仙人掌（图 1-2）。

图 1-2　卧室花卉表现

（2）书房布置格调，要突出明净、清新、雅致的气氛，花卉装饰应以观叶植物为主，应用形式也多为摆放式。写字台上宜摆放一小盆叶形秀丽的文竹或娇小雅致的碗莲，或一盆五针松、六月雪等微型盆景，或一瓶精巧别致的插花。临窗处，再悬吊一盆金边吊兰。推荐植物为吊兰、君子兰、洋常春藤等（图 1-3）。

（3）餐厅花卉的应用形式比较丰富。它是家人团聚的地方，应配置一些开放着艳丽花朵的盆栽，如秋海棠和圣诞花之类，增添欢快的气氛。推荐植物为番红花、仙客米、四季秋海棠、常春藤等（图 1-4）。

图 1-3　书房花卉表现

图 1-4　餐厅花卉表现

知识扩展

一、室内花卉装饰技巧

摆放绿植就是为了美化环境，点缀单调的室内空间，缓解视疲劳，使紧绷的神经得到放松，创造良好的家居室内环境。不同的花卉造型，摆放在不同的位置，营造的氛围也不一样。

1. 花卉灯

将花卉与灯搭配用来装饰空间，实用、简单、美观的设计艺术感陡然上升(图 1-5)。

图 1-5　花卉灯

2. 苔藓浴室毯

苔藓浴室毯可以吸收浴室的水分，又不用时常费心清洁，而且还能让浴室多一点绿意，堪称一举多得(图 1-6)。

图 1-6　苔藓浴室毯

3. 绿植墙

大量的墙体植物可以改善空气质量，增加室内空气湿度（图 1-7）。

图 1-7 绿植墙

4. 吊挂绿植

吊挂绿植吊挂于窗前、檐下、房中，构成多层次化的绿植，别具韵味，引人入胜（图 1-8）。

图 1-8 吊挂绿植

5. 排(摆)放绿植

用红陶盆栽种的盆栽，组合一些台灯和闹钟，会显得特别有格调(图 1-9)。

图 1-9 排放绿植

6. 艺术创意

艺术创意适用于个性空间，通过选材、构图的变化，营造出独特的艺术意境(图 1-10)。

图 1-10 艺术创意

测 试 训 练

知识测试

一、填空题

1. 室内花卉分为观叶类、______、______、______等。

2. 室内花卉装饰以不占用太多空间为准则，没有一定的模式，不可千篇一律。方式大致有规则式、______、______、______、______、______。

二、简答题

1. 常见的室内花卉种类有哪些？

2. 室内花卉的用途有哪些？

3. 简述室内花卉装饰手法。

技能训练

实训 2-4　室内花卉识别

一、目的要求

熟悉室内花卉种类，掌握各植物的基本形态、观赏特征和习性。

二、组织安排

以基本班为单位，每班一个教师逐种现场讲解，讲解内容包括常见花卉的种、科、基本形态特征、生态习性、园林用途，之后学生分散复习，教师答疑。

三、内容要求

识别花叶榕、白蝴蝶、冷水花、斜叶龟背竹、龟背竹、一品红、春羽、八角金盘、袖珍椰子、白鹤芋、常春藤、竹芋、苏铁、金橘、密叶朱蕉（密叶千年木，太阳神）、鹅掌柴、花叶鹅掌柴、花叶芋、巴西木、米兰、白兰、绿萝、合果芋、金边虎尾兰、变叶木、杜鹃、山茶、一叶兰、狐尾天门冬、肾蕨、鸟巢蕨、散尾葵、波士顿蕨、龙血树、朱蕉、鱼尾葵、喜林芋、酒瓶兰、五星花、长春花、沿阶草、虎耳草、万年青、花叶万年青、广东万年青、紫背万年青、富贵竹、仙客来、多花报春、藏报春、报春花、四季报春、普通天竺葵、蝴蝶天竺葵、瓜叶菊、大岩桐、四季秋海棠、蜘蛛秋海棠、枫叶秋海棠、撒金秋海棠、竹节秋海棠、蟆叶秋海棠、令箭荷花、昙花、量天尺、霸王鞭、叶仙人掌、铁杆丁香、山影、金边龙舌兰、剑麻、凤梨、心蔓。

四、作业

写出实习报告，包括识别花卉种类的种名、科名、拉丁学名、主要特点及用途。

实训 2-5　花卉市场调查

一、目的要求

掌握花卉市场常见的花卉销售形式（包括盆花和切花），并掌握植物种类、形态特征及园林用途。

二、组织安排

在室内花卉识别实习的基础上，学生以组为单位，在规定的时间去花卉市场进行调查，将见到的花卉的中文名、拉丁名、形态特征等记录下来，回校后查阅资料完成作业。

三、内容要求

识别福禄桐、肾蕨、波士顿蕨、鸟巢蕨、鹿角蕨、水龙骨、一品红、白鹤芋、火鹤花、绿萝、蝴蝶兰、新几内亚凤仙、凤仙花、大花君子兰、花叶万年青、广东万年青、榕树、垂枝榕、花叶垂榕、橡皮树、花叶橡皮树、琴叶榕、变叶木、彩叶草、红掌、银后粗肋草、白柄亮丝草、薜荔、斑叶鸭跖草、观音莲、天鹅绒竹芋、孔雀竹芋、美丽竹芋、海芋、合果芋、春羽、龟背竹、仙客来、巴西木、狐尾天门冬、酒瓶兰、石斛、彩叶吊兰、吊兰、文竹、百合竹、富贵竹、金边虎尾兰、金边龙舌兰、肉桂、三色千年木、金边千手兰、朱蕉、芦荟、密叶朱蕉、金苞花、鹅掌柴、常春藤、八角金盘、大叶伞、苏铁、袖珍椰子、凤梨、南天竹、马拉巴栗、报春、多花报春、芍药、绿巨人、山茶花、海桐、荷包牡丹、一叶兰、夹竹桃、金丝桃、麒麟掌、玉竹、石榴、栀子、沙漠玫瑰、米兰、长寿花、月季花、矮牵牛、西瓜皮、旱金莲、八仙花、天竺葵、针葵、软叶刺葵、紫玉兰、瓜叶菊、冷水花、海棠、香雪球、大叶伞水仙。

四、作业

写出实习报告，包括识别花卉种类的种名、科名、拉丁学名、主要特点及用途。

项目三　物业绿化空间日常维护

任务一　物业绿化空间维护管理年度计划

学习目标

（1）制订当地物业绿化空间维护年度计划。

（2）编制某小区物业绿化空间养护管理方案。

内容提要

物业绿化空间的养护管理包括两方面的内容。一是养护，根据树木不同的生长需要和特定要求，及时采取施肥、修剪、防治病虫害、灌水、中耕除草等园林技术措施。二是管理，如绿地的清扫保洁等园务的管理工作等。

任务导入

物业绿化空间养护方案是物业绿化空间养护管理实际工作中经常遇到的一种文案，通过物业绿化空间养护方案可以使物业绿化空间养护工作有计划地开展，同时也能使物业绿化空间养护管理明确目标和责任，便于物业绿化空间养护管理的考核和规范，从而达到物业绿化空间养护的效果。

一、物业绿化空间维护年度计划

年度计划是当地植物养护部门制订的每月对植物怎样进行养护管理的主要内容，具有指导性意义。

由于全国各地气候差异很大，植物养护管理的内容也不尽相同。现针对植物介绍重庆、广州两个城市的物业绿化空间维护年度计划，如表 1-10 所示。

表 1-10　重庆、广州植物养护管理工作月历

月份	重庆	广州
1 月	◆平均气温 10 ℃，平均降雨量 19 mm。 ◆冬植抗寒性强的植物，如遇冰冻天气立即停止，对樟树、石楠等喜温树种可先打穴。 ◆冬季整形修剪，剪除病虫枝、伤残枝等，挖掘枯死树。 ◆大量积肥和沤制堆肥。 ◆深施基肥，冬耕。 ◆做好防寒工作，遇有大雪，对常绿树、古树名木、竹类要组织打雪。 ◆防治越冬虫害。 ◆检查防寒措施的完好程度	◆平均气温 13.3 ℃，平均降雨量 36.9 mm。 ◆打穴，整理地形，为下月进行种植做准备。 ◆对植物进行常规修剪。 ◆进行积肥堆肥，深施基肥。 ◆对耐寒性较差的树种采取适当的防寒措施。 ◆清除杂草和枯萎的乔灌木。 ◆防治病虫害，消灭越冬虫卵
2 月	◆平均气温 13 ℃，平均降雨量 22 mm。 ◆继续进行一般植物的栽植，本月上旬开始竹类的移植。 ◆继续做好积肥工作。 ◆继续冬施基肥和冬耕，并对春花植物施花前肥。 ◆继续防寒工作和防治越冬害虫	◆平均气温 14.6 ℃，平均降雨量 80.7 mm。 ◆个别植物开始萌芽抽叶。开始绿化种植、补植等。 ◆撤防寒设施。 ◆继续进行积肥堆肥。 ◆继续进行植物的修剪。 ◆对抽梢的植物施追肥、施花前肥并及时松土
3 月	◆平均气温 18 ℃，平均降雨量 73.6 mm。 ◆做好植树工作，及时完成并保证成活率。 ◆对原有的植物进行浇水和施肥。 ◆清除树下杂物、废土等。 ◆撤防寒设施	◆平均气温 18 ℃，平均降雨量 80.7 mm。 ◆绝大多数植物抽梢长叶。进行绿化种植（主要季节），并进行补植、移植；对新植植物立支撑柱。 ◆开始对植物进行造型或继续整形，对树冠过密的植物疏枝。 ◆继续施追肥、除草、松土。 ◆防治病虫害
4 月	◆平均气温 23 ℃，平均降雨量 92 mm。 ◆本月上旬完成落叶树的栽植工作，此时适宜栽种樟树、石楠等喜温树种。 ◆对新植植物立支撑柱。 ◆对各类植物进行灌溉抗旱并除草、松土。 ◆修剪绿篱，做好剥芽和除萌蘖工作。 ◆防治病虫害，对易感染病害的雪松、月季、海棠等每 10 天喷一次波尔多液	◆平均气温 22.1 ℃，平均降雨量 175 mm。 ◆继续进行绿化种植、补植、改植等。 ◆修剪绿篱、疏除过密枝、剪去枯死枝和残花。 ◆继续对新植的植物进行立支柱、淋水养护。 ◆除草、松土、施肥。 ◆防治病虫害
5 月	◆平均气温 27 ℃，平均降雨量 154.3 mm。 ◆对春季开花的灌木进行花后修剪，并追施氮肥和中耕除草。 ◆新植植物分尖、填土，剥芽去蘖。 ◆继续灌溉抗旱。 ◆及时采收成熟的种子。 ◆防治病虫害	◆平均气温 25.6 ℃，平均降雨量 293.8 mm。 ◆继续看管新种植的植物。 ◆修剪绿篱及花后植物。 ◆继续绿化施工种植。 ◆加强除草、松土、施肥工作。 ◆防治病虫害

续表

月份	重庆	广州
6月	◆平均气温 30 ℃,平均降雨量 178 mm。 ◆加强行道树的修剪,解决植物与架空线路及建筑物间的矛盾。 ◆做好防暴风暴雨的工作,及时处理危险植物。 ◆做好抗旱、排涝工作,确保植物花草的成活率和保存率。 ◆抓紧晴天进行中耕除草和大量追肥,保证植物迅速生长。 ◆及时对花灌木进行花后修剪。 ◆防治病虫害	◆平均气温 27.4 ℃,平均降雨量 287.8 mm。 ◆继续绿化种植。 ◆对新植的植物加强水分管理。 ◆对过密树冠进行疏枝,进行花后植物的修剪以及植物的整形。 ◆继续进行除草、松土、施肥工作。 ◆防治病虫害
7月	◆平均气温 33 ℃,平均降雨量 165 mm。 ◆本月暴风雨多,暴风雨过后及时处理倒伏植物,对凹穴进行填土夯实,排除积水。 ◆继续进行行道树的修剪、剥芽。 ◆新栽植物的抗旱、果树施肥及除草、松土。 ◆防治病虫害	◆平均气温 28.4 ℃,平均降雨量 212.7 mm。 ◆继续绿化种植、移植或绿化改造。 ◆处理被台风吹倒的植物,修剪易被风折断的枝条。 ◆加强绿篱等的整形修剪。 ◆中耕除草、松土,尤其加强花后植物的施肥。 ◆防治病虫害
8月	◆平均气温 34 ℃,平均降雨量 178 mm。 ◆本月暴风雨多,暴风雨过后及时处理倒伏植物,对凹穴进行填土夯实,排除积水。 ◆继续进行道树的修剪、剥芽。 ◆新栽植物的抗旱、果树施肥及除草、松土。 ◆防治病虫害	◆平均气温 28.4 ℃,平均降雨量 212.7 mm。 ◆继续绿化种植、移植或绿化改造。 ◆处理被台风吹倒的植物,修剪易被风折断的枝条。 ◆加强绿篱等的整形修剪。 ◆中耕除草、松土,尤其加强花后植物的施肥。 ◆防治病虫害
9月	◆平均气温 28 ℃,平均降雨量 123 mm。 ◆加强中耕除草、松土与施肥。 ◆继续抓好防暴雨工作,及时扶正吹斜的植物。 ◆对绿篱的整形修剪月底完成。 ◆防治病虫害,特别是蛀干害虫	◆平均气温 27 ℃,平均降雨量 189.3 mm。 ◆进行带土球植物的种植。 ◆处理被台风影响的植物。 ◆继续除草、松土、施肥和积肥。 ◆对绿篱等进行整形和树形维护。 ◆防治病虫害
10月	◆平均气温 22 ℃,平均降雨量 92 mm。 ◆全面检查新植植物,确定全年植树成活率。 ◆出圃常绿植物,供绿化栽植。 ◆采收植物种子。 ◆防治病虫害	◆平均气温 23.7 ℃,平均降雨量 69.2 mm。 ◆继续带土球植物的种植。 ◆加强植物的灌水。 ◆清理部分一年生花卉,并进行松土、除草。 ◆防治病虫害
11月	◆平均气温 17 ℃,平均降雨量 48 mm。 ◆大多数常绿树的栽植。 ◆进行植物的冬剪。 ◆冬季施肥,深翻土壤,改良土壤结构。 ◆对不耐寒的植物等进行防寒。 ◆大量收集枯枝落叶,堆集沤制积肥。 ◆防治病虫害,消灭越冬虫卵等	◆平均气温 19.4 ℃,平均降雨量 37 mm。 ◆带土球或容器苗的绿化施工。 ◆检查当年绿化种植的成活率。 ◆加强灌溉,减轻旱情。 ◆深翻土壤,施基肥。 ◆开始进行冬季修剪。 ◆防治病虫害

续表

月份	重庆	广州
12月	◆平均气温 12 ℃,平均降雨量 24 mm。 ◆ 除雨、雪、冰冻天气外,大部分落叶树可进行移植。 ◆继续堆肥、积肥。 ◆深翻土壤,施足基肥。 ◆继续进行植物的冬剪。 ◆继续做防寒工作。 ◆防治病虫害	◆平均气温 15.2 ℃,平均降雨量 24.7 mm。 ◆加强淋水,改善植物生长环境的缺水状况。 ◆继续深施基肥。 ◆继续进行冬剪。 ◆防治病虫害,杀灭越冬害虫。 ◆对不耐寒的植物进行防寒

测试训练

知识测试

园林绿地养护管理方案包括哪些内容?

技能训练

实训 3–1　编制园林绿地养护管理方案

一、目的要求

(1)熟悉园林绿地养护管理方案编制的内容。

(2)针对不同类型的园林编制具有特色的养护管理方案。

二、材料及用具

笔记本、笔、树径尺、卷尺、园林竣工图纸、计算器等。

三、内容与方法

(1)熟悉园林竣工图纸,根据竣工图纸在现场点样计数。

(2)针对不同类型的园林编制具有特色的养护管理方案。

(3)编制当地园林绿地养护管理月历。

四、作业

提交园林绿地养护管理方案。

任务二　土壤管理

学习目标

(1)掌握绿地土壤管理的内容。

(2)掌握绿地土壤改良的方法。

内容提要

土壤是植物生长的基础，植物要从土壤中吸取水分和养分，以维持其正常的生命活动。土壤也是微生物活动的场所，植物的生长与土壤有密切的关系。园林绿地土壤管理的主要任务是：通过各种措施改良土壤的理化性质，提高土壤肥力，为园林植物生长发育创造良好的条件。

任务导入

通过各种综合措施，改善土壤的结构和理化性质，提高土壤肥力，促使其不断供应植物正常生长所需要的水分、养分和空气等条件，同时还可结合其他措施，防止和减少水土流失和扬尘，提升景观效果。

一、绿地土壤的特点

绿地和农田地、林地不同，其来源很复杂，有刚开发的耕作田地，也有荒山秃岭，更有代表性的是人们居住集中的城市绿地。我们研究的应该是城市绿地土壤。其特点如下。

1. 土壤层次紊乱

城市绿地原土层被扰动，土层中常掺入在建筑房屋、道路时挖出的底层僵土或生土，打乱了原有土壤的自然层次。底层僵土或生土是不适宜植物生长的。

2. 垃圾多

土体中外来侵入体多而且分布深，建筑垃圾、生活垃圾等对园林植物生长不利。

3. 表观密度高

人为活动造成城市绿地土壤表层表观密度高，土壤透气和渗水能力差，土壤结构不好，物理性质差。

4. 有机质含量少

历史原因导致城市绿地中的植物落叶等大部分被清除或分解，致使城市绿地土壤中的有机质很少。土壤中的有机质常常低于 1%，不但土壤养分缺乏，也导致土壤物理性质劣化。

5. 土壤 pH 值偏高

城市污水和积水造成土壤含盐量增加。

二、绿地土壤管理内容

绿地土壤管理主要包括松土、除草、地面覆盖、土壤改良等几个方面。

1. 松土

松土的基本方式就是中耕，其目的是为了疏松土壤表层，以减少土壤水分蒸发，同时改善土壤通气性以加速有机质的分解和转化，从而提高土壤的养分水平，有利于树木的营养供应。中耕一般在盛夏前和秋末冬初进行，每年 4~6 次，但不宜在土壤太湿时进行。中耕的深度以不伤根为原则，松土深度一般在 3~10 cm，根系深、中耕深，根系浅、中耕浅；近根处宜浅、远根处宜深；灌木、藤木稍浅，乔木可深些。一般树木松土范围在树冠投影半径的 1/2 以外至树冠投影圈外 1 m 以内的环状范围内。对草坪中的树木，为不影响草坪的观赏性，只疏松树干周围 1 m 左右范围内的土壤。

2. 除草

要掌握“除早、除小、除了”的原则。园林管理中小面积的除草多采用人工拔除和铲除两种方式。而大面积的除草常采用除草剂防治的方式，它与人工除草相比具有简单、方便、有效、迅速的特点，但用药技术要求严格，使用不当容易产生药害。

化学除草剂的分类如下。

①按照作用方式可分为：选择性除草剂和灭生性除草剂，如西玛津、阿特拉津只杀一年生杂草，2，4-D 丁酯只杀阔叶杂草。

②按照除草剂在植物体内的移动情况可分为：触杀性除草剂和内吸性除草剂。触杀性除草剂只起局部杀伤作用，不能在植物体内传导，药剂未接触部位不受伤害，见效快，但起不到斩草除根的作用，如百草枯、除草醚等；内吸性除草剂被茎、叶或根吸收后通过传导而起作用，见效慢、除草效果好、能起到根治作用，如草甘膦、敌草隆、2，4-D 丁酯等。

化学除草剂剂型主要有水剂、颗粒剂、粉剂、乳油等。水剂、乳油主要用于叶面喷雾处理，颗粒剂主要用于土壤处理，粉剂应用较少。常用的药剂有农达、草甘膦、敌草胺、茅草枯等。

除草剂施用时间：一般选择晴朗无风、气温较高的天气。这样的天气既可提高药效，增强除草效果，又可防止药剂飘落在树木的枝叶上，造成药害。

3. 地面覆盖

在植株根茎周边表土层上覆盖有机物等材料和种植地被植物，可以防止或减少土壤水分的蒸发，减少地表径流，增加土壤有机质，调节土壤温度，控制杂草生长，为园林树木生长创造良好的环境条件，同时也为园林景观增色添彩。覆盖材料一般以就地取材、经济方便为原则，如加工过的树枝、树叶，割取的杂草等，覆盖厚度以 3~6 cm 为宜。种植的地被植物既要有效地覆盖地表，又不能与其他树木争水争肥或产生其他不良影响，常见的有麦冬、酢浆草、葱兰、鸢尾类、玉簪类、石竹类、萱草等。

4. 土壤改良

土壤改良即采用物理的、化学的以及生物的方法，改善土壤结构和理化性质，提高土壤肥力，为植物根系的生长发育创造良好的条件；同时也可修整地形地貌，提高园林景观效果。土壤改良多采用深翻熟化土壤、增施有机肥、培土、客土以及掺沙等具体措施。

1）深翻熟化

深翻结合施用有机肥是改良土壤结构和理化性状，促进团粒结构形成，提高土壤肥力的最好方法。

（1）深翻时间与方式。深翻从树木开始落叶到第二年萌动之前都可以进行，但以秋末落叶前后为最好。深翻方式可分为全面深翻和局部深翻，由于局部深翻既能有的放矢地改善树木根系的土壤条件，又能省时省工，还能避免全面深翻可能引起的水土流失，因此园林生产上以局部深翻应用最广。

（2）深翻的深度。深翻的深度与地区、土质、树种、砧木等有关。黏重土壤深翻的深度较深，沙质则较浅；地下水位高时宜浅翻；下层为半风化岩石时则宜加深，以增加土层厚度；

深层为砾石或沙砾时也应深翻，并捡出砾石，以免肥水流失；地下水位低，土层厚，栽植深根性树木时则宜深翻，反之则浅。可见，深翻深度要因地、因树而异。在一定范围内，翻得越深效果越好，一般为60~100 cm，最好距根系分布层稍远一些，以促进根系向纵深及周边生长，以提高根系的抗逆性。

（3）深翻回填土时，须按土层情况加以处理，通常维持原来的层次不变，就地翻松后掺入有机肥，将心土放在下部，将表土放在最上面。有时为了促使心土迅速熟化，也可以将较肥沃的表土放在沟底，将心土放在上面，但应根据绿化种植的具体情况灵活掌握。

2）客土栽培

客土栽培即在树木种植时或后期管理中，在异地另取适合植物生长的土壤填入植株根群周围，改善植株发新根时的根际局部土壤环境，以提高成活率和改善生长状况。

3）土壤质地改良

（1）培土。培土是园林树木养护过程中常用的一种土壤管理方法，有增厚土层、保护根系、改良土壤结构、增加土壤营养等作用。培土的厚度要适宜，一般为5~10 cm，过薄起不到应有的作用，过厚会抑制植株根系呼吸，从而影响树木生长发育，造成根茎腐烂，树势衰弱。

培土的质地根据栽植地的土壤性质决定，如为黏土就应培沙土，如为沙土则应培黏土。在培土时先进行土壤质地的判断，最简单的方法是触摸与揉搓，即将适量的土壤放在拇指和食指间揉搓成球，如果球体紧实、外表光滑，而且在湿时十分黏稠，土壤应为黏土；如果不能揉搓成球，则沙性强，土壤应为沙土。

（2）施用有机质（肥）。在沙性土壤中增施有机质，可提高土壤的保水保肥能力；在黏性土壤中增施有机质，可改善土壤的透气排水性能。但是，一次施用的有机质不能太多，以免产生肥害，一般施用1~3 cm厚的有机肥量就可以了。改良土壤最好的有机质是粗泥炭、半分解状态的堆肥和腐熟的厩肥。未分解的新鲜有机肥易损伤根系，施后不要立即进行栽植。

（3）增施无机质。过黏的土壤在施有机肥的同时应掺入适量的粗沙，掺沙量应达到原有土壤体积的1/3，才会有改良黏性土壤的良好效果。除掺沙外，土壤也可加火山岩、陶粒、珍珠岩、硅藻土等。过沙的土壤在施有机肥的同时应掺入适量的黏土或淤泥，以使土壤向着良好的中壤质地方向发展。

（4）土壤酸碱度调节。pH值过低的土壤主要用石灰改良；pH值过高的土壤主要用硫酸亚铁、硫黄和石膏改良。pH值调节的程度，应根据树种对土壤酸碱度的要求而定，最好调节到某种树需要的最适pH值范围。调节物质的施用量是根据土壤的缓冲作用、原pH值、调节幅度与土量而定。

知识扩展

凡主要用于改良土壤的物理、化学和生物性质，使土壤更适宜植物生长，而不是主要为植物提供养分的物料，都称为土壤改良剂。

土壤改良剂有以下几类：①矿物类，主要有泥炭、褐煤、风化煤、石灰、石膏、蛭石、膨润土、沸石、珍珠岩和海泡石等；②天然和半合成水溶性高分子类，主要有秸秆类、多糖类物料、纤维素物料、木质素物料和树脂胶物质；③人工合成高分子化合物，主要有聚丙烯酸类、醋酸乙烯马来酸类和聚乙烯醇类；④有益微生物制剂类等。

土壤改良剂为阴离子特性和高分子量的聚丙烯酰胺聚合物，其效用原理是黏结很多小的土壤颗粒形成大的、水稳定的聚集体。土壤改良剂广泛应用于防止土壤受侵蚀、降低土壤水分蒸发或过度蒸腾、节约灌溉水、促进植物健康生长等方面，可改善土壤结构、改善土壤黏性、减少水土流失、减少土壤结皮、减少养分流失、减少土壤侵蚀、减少植物根部疾病、减少农药在土壤中的损失量、降低灌溉频率、降低种植后的维护成本、抑制土壤水分蒸发、增加土壤疏松程度，便于根部扩张、提高受结皮土影响的植物的萌发和出苗率、改变土壤的 pH 值及其他理化性质，可以使重金属在土壤中发生沉淀、螯合等反应，降低其生物有效性，减少作物对重金属的吸收量，提高农产品的品质，也对重金属污染土壤的修复有辅助作用。

测试训练

知识测试

一、名词解释

土壤改良　土壤改良剂

二、简答题

（1）常见的绿地土壤有哪些？如何采取相应的改良措施？

（2）绿地土壤管理包括哪些内容？

（3）土壤覆盖在目前绿地中的使用情况如何？

（4）如何将土壤改良和水肥管理结合起来？

（5）如何调节绿地土壤的 pH 值？

技能训练

实训 4-1　绿地土壤管理

一、目的要求

（1）掌握土壤改良的方法，能采用常用的有机肥调节土壤性状。

（2）掌握土壤 pH 值的测定方法。

二、材料及用具

腐熟粪肥、稻草、铁锹、石灰粉、硫酸铵、氮磷钾复合肥、pH 计。

三、内容与方法

1. 测土壤的 pH 值

选择校园里新植 1~3 年的园林树木，取树木下的土样 10 mL 放入样品杯中，加入 25 mL 蒸馏水，在搅拌机上搅拌 10 min，放置 30 min，然后用 pH 计测定 pH 值。判断土壤的酸碱性与树木的生长习性是否一致。

2. 绿地土壤深翻

深翻树木垂直投影下的土壤，深翻的位置距主干一定距离，注意不要伤及树木的主根，用铁锹深翻 60 cm 左右，把底部硬土翻出表面，并将硬土块敲碎。

3. 施有机肥

将准备好的有机肥和复合肥施入深翻出的土壤。如果土壤碱性重，则加入少量硫酸铵，如果土壤酸性重，则加入少量石灰粉，然后把肥料和深翻的土壤充分混匀。

4. 起树盘

根据树木的大小在树木周围起直径 1~3 m 的树盘，中间稍隆起，四周挖出环状的沟，使树盘能够保留水肥，并用稻草覆盖树盘裸露的土壤。

5. 浇水

淋浇树盘，以树盘的环状沟出现少量积水为准。

任务三　灌溉与排水

学习目标

(1)掌握物业绿地灌溉技术。

(2)掌握物业绿地排水技术。

内容提要

植物的一切生命活动都与水有着极其密切的关系，土壤水分过多或过少，均对植物的生长不利。只有通过合理的灌水与排水管理，维持树体水分代谢平衡，才能保证植物的正常生长和发育。

任务导入

一、物业绿地灌溉

灌溉的主要内容包括：灌溉时期、灌溉量、灌溉次数、灌溉方式与方法、灌溉用水。

1. 灌溉时期

1)按季节分类

(1)春季灌溉。

随气温的升高，植物进入萌芽期、展叶期、抽枝期，即新梢迅速生长期，此时北方一些地区干旱少雨多风，及时灌溉显得相当重要，它不但能补充土壤中的水分，使植物地上部分与地下部分的水分保持平衡，也能防止春寒和晚霜对树木造成的危害。

(2)夏季灌溉。

夏季气温较高，植物生长正处于旺盛时期，开花、花芽分化、结幼果都会消耗大量的水分和养分，因此应结合植物生长阶段的特点及本地同期的降水量，决定是否进行灌溉。对于一些进行花芽分化的花灌木要适当扣水，以抑制枝叶生长，从而保证花芽的质量。

（3）秋季灌溉。

随气温的下降，植物的生长逐渐减慢，应控制浇水以促进植物组织生长充实和枝梢充分木质化；防止秋后徒长和延长花期；加强抗寒锻炼。但对于结果植物，在果实膨大时，要加强灌溉。

（4）冬季灌溉。

我国北方地区冬季严寒多风，为了防止植物受冻害或因植物过度失水而枯梢，在入冬前，即土壤冻结前应进行适当灌溉（俗称灌“冻水”）。随气温的下降土壤冻结，土壤中的水分结冰放出潜热从而使土壤温度、近地面的气温有所回升，植物的越冬能力也相应提高。

另外，植株移植、定植后的灌溉与成活关系甚大。因移植、定植后根系尚未与土壤充分接触，移植又使一部分根系受损，吸水力减弱，此时如不及时灌水，植株因干旱使生长受阻，甚至死亡。一般来说，在少雨季节移植后应间隔数日连灌 2~3 次水。但对大树、大苗的栽植应注意，亦不能灌水过多，否则新根未萌，老根吸水能力差，易导致烂根。

一天内最好在清晨进行灌溉，此时水温与地温相近，对根系生长活动影响小，早晨风小光弱，蒸腾作用较弱；若傍晚灌溉，湿叶过夜，易引起病害。但夏季天气高温酷暑，也可在傍晚进行灌溉；冬季则因早晚气温较低，应在中午前后进行灌溉。

2）按照物候期分类

目前在生产上，除定植时要浇大量的定根水外，大体上还是按照物候期进行浇水，基本上分休眠期灌水和生长期灌水。

（1）休眠期灌水是在秋冬和早春进行的。我国华北、西北、东北等地降水量较少，冬春严寒干旱，休眠期灌水非常重要。秋末冬初的灌水（北京为 11 月中上旬，一般称为灌“冻水”或“封冻水”），具有利于植物安全越冬和防止早春干旱的作用，故北方地区的这次灌水不可缺少，特别是边缘树种或越冬困难的树种，以及幼年树等，灌冻水更为重要。

我国北方早春干旱多风，早春灌水也很重要，不但有利于植物顺利度过被迫休眠期，有利于新梢和叶片的生长，而且还有利于开花和坐果，同时促进植物健壮生长，是实现花繁果茂的关键措施之一。

（2）生长期灌水一般分花前灌水、花后灌水和花芽分化期灌水。

①花前灌水。北方经常出现风多雨少的干旱现象，及时灌水补充土壤水分，是解决植物萌芽、开花、新梢生长和提高坐果率的有效措施。同时，该措施还可以防止春寒、晚霜的危害，盐碱地早春灌水后进行中耕，还可起到压碱的作用。花前灌水在萌芽后结合花前追肥进行。花前灌水的具体时间要因地、因树而异。

②花后灌水。多数植物在花谢后半个月左右是新梢迅速生长期，如果水分不足，会抑制新梢生长，对于果树则会引起大量落果。北方地区，春天多风，地表蒸发量大，适当灌水可保持土壤湿度。前期可促进新梢和叶片生长，提高坐果率和增大果实，同时对后期的花芽分化有良好的作用。没有灌水条件的应采取保墒措施，如盖草、盖沙等。

③花芽分化期灌水。这次灌水对观花、观果植物非常重要。因为植物一般在新梢生长缓慢或停止生长时开始花芽的形态分化，此时正是果实速生期，需要较多的水分和养分，水

分不足会影响果实生长和花芽分化。因此,在新梢停止生长前及时而适量地灌水,可促进新梢的生长而抑制秋梢的生长,有利于花芽分化和果实发育。

2. 灌溉量及灌溉次数

植物类型、种类不同,灌溉量及灌溉次数不同。一、二年生草本花卉和一些球根花卉由于根系较浅,容易干旱,灌溉次数应较宿根花卉多。木本植物根系比较发达,吸收土壤中水分的能力较强,灌溉量和灌溉次数可少些,观花树种,特别是花灌木灌溉量和灌溉次数要比一般树种多。针对耐旱的植物如樟子松、蜡梅、虎刺梅、仙人掌等灌溉量及灌溉次数可少些,不耐旱的如垂柳、枫杨、蕨类、凤梨科等植物灌溉量及灌溉次数要适当增多。每次灌水深入土层的深度:一、二年生草本花卉应达 30~35 cm,一般花灌木应达 45 cm,生理成熟的乔木应达 80~100 cm。

植物栽植年限及生长发育时期不同,灌溉量及灌溉次数不同。一般刚栽种的植物应连续灌水三次,才能确保成活。露地栽植花卉类,一般移植后马上灌水, 3 天后灌第二次水, 5~6 天后灌第三次水,然后松土;若根系比较强大,土壤墒情较好,也可灌两次水,然后松土保墒;若苗木较弱,移植后恢复正常生长较慢,应在灌第三次水后 10 天左右灌第四次水,然后松土保墒,以后进行正常的灌水。春夏季植物生长旺盛期如枝梢迅速生长期、果实膨大期,每月可浇水 2~3 次,灌水量应大些,阴雨或雨量充沛的天气要少浇或不浇;秋季减少浇水量,如遇天气干燥时,每月浇水 1~2 次。园林树木栽植后也要间隔 5~6 天连灌 3 次水,且需要连续灌水 3~5 年,花灌木应达 5 年。北方地区露地栽培的花木,全年一般应灌水 6 次,分别为初春根系旺盛生长时、萌芽后开花前、开花后、花芽分化期、秋季根系再次旺盛生长时、入冬土壤封冻前。

土壤质地、性质不同,灌溉量和灌溉次数不同。质地轻的土壤如沙地,或表土浅薄下有黏土盘,其保水保肥性差,宜少量多次灌溉,以防土壤中的营养物质随重力水淋失而使土壤更加贫瘠;黏重的土壤,其通气性和排水性不良,对根系的生长不利,灌水次数要适当减少,但灌溉的时间应适当延长,最好采用间歇方式,留有渗入期;盐碱地的灌溉量每次不宜过多,以防返碱或返盐;土层深厚的沙质壤土,一次灌水应灌透,待现干后再灌。

天气状况不同,灌溉量和灌溉次数不同。春季干旱少雨天气,应加大灌溉量;夏季降雨集中期,应少浇或不浇。晴天风大时应比阴天无风时多浇几次。

总之掌握灌溉量和灌溉次数的一个基本原则是保证植物根系集中分布层处于湿润状态,即根系分布范围内的土壤湿度达到田间最大持水量 70% 左右。原则是只要土壤水分不足立即灌溉。

土壤墒情可依据表 1-11 的方法来判断,一般需调整墒情在黑墒与黄墒之间。以小水灌透为原则,使水分慢慢渗入土中。

表 1-11 土壤墒情检验表

类别	土色	潮湿程度	土壤状态	作业措施
黑墒（饱墒）	深暗	湿，含水量大于20%	手攥成团，揉搓不散，手上有明显水迹；水稍多而空气相对不足，为适度上限，持续时间不宜过长	松土散墒，适于栽植和繁殖
褐墒（合墒）	黑黄偏黑	潮湿，含水量15%~20%	手攥成团，一搓即散，手有湿印；水气适度	松土保墒，适于生长发育
黄墒	潮黄	潮，含水量12%~15%	手攥成团，微有潮印，有凉感；湿度达到下限	保墒、给水，适于蹲苗，花芽分化
灰墒	浅灰	半干燥，含水量5%~12%	攥不成团，手指下才有潮迹，幼嫩植株出现萎蔫	及时灌水
旱墒	灰白	干燥，含水量小于5%	无潮湿，土壤含水量过低，草本植物脱水枯萎，木本植物干黄，仙人掌类停止生长	需灌透水
假墒	表面看似合墒，色灰黄	表潮里干	高温期，或灌水不彻底，或土壤表面因苔藓、杂物遮阴粗看潮润，实际内部干燥	仔细检查墒情，尤其是盆花；正常灌水

3. 灌溉方式与方法

一般根据植物的栽植方式来选择。灌溉的方式方法多种多样，在物业绿地中常用的有以下几种。

1）单株灌溉

单株灌溉是对于露地栽植的单株乔灌木如行道树、庭荫树等，先在树冠的垂直投影外开堰，利用橡胶管、水车或其他工具，对每株树木进行灌溉，灌水应使水面与堰埂相齐，待水慢慢渗下后，及时封堰与松土。

2）漫灌

漫灌适用地势较平坦处的群植、林植植物。这种灌溉方法耗水较多，容易造成土壤板结，注意灌水后及时松土保墒。

3）沟灌

沟灌是在列植的植物如绿篱或宽行距栽植的花卉行间开沟灌溉，使水沿沟底流动浸润土壤，直至水分充分渗入周围土壤。

4）喷灌

用移动喷灌装置或安装好的固定喷头对草坪、花坛等进行人工或自动灌溉。这种灌溉方法基本上不产生深层渗漏和地表径流，既省水、省工、效率高，又能消除低温、高温、干热风对植物的危害，既可达到生理灌水的目的，又可起到生态灌水的效果，与此同时也提高了植物的绿化效果。

5）滴灌

滴灌是近年发展起来的灌溉技术，是以水滴或小水流缓慢施予植物根区的灌溉方法。滴灌系统主要由首部枢纽、管路、滴头 3 个部分组成。首部枢纽是关键部位，主要包括水泵、化肥罐、过滤器、控制阀门、测量仪表等，作用是供应肥、水并使之进入田间管道、监测处理等。管路主要包括干、支、毛管及连接部件，作用是将肥、水送入田间的各级管道。滴头可分为管式滴头、孔口滴头、内镶式滴头、脉冲式滴头、滴灌带等，作用是通过其微孔将肥、水均匀滴入土壤的部位，还有调节、减小水压的作用。

其优点第一是节水，比地面灌溉节水 1/3~1/2，比喷灌节水 1/7~1/4，并且灌水均匀；第二是适用于各种地形，对土壤结构破坏较小，土壤水气状况良好；第三是可以结合施肥，而且肥效快，肥料利用率可提高 10%~15%。缺点是投资较大，管道及喷头易堵塞，要求有严格的过滤设备；自然含盐量高的土壤不宜使用，否则易引起滴头附近土壤盐渍化，使根系受伤害。

4. 灌溉用水

灌溉用水的质量直接影响园林植物的生长发育。灌溉以软水为宜，避免使用硬水。自来水、不含碱质的井水、河水、湖水、池塘水、雨水都可用来浇灌植物，切忌使用工厂排出的废水、污水。灌溉应注意灌溉用水的酸碱度是否适宜植物的生长。北方地区的水一般偏碱性，对于某些要求土壤中性偏酸或酸性的植物种类来说，容易出现缺铁现象，要注意调整。

二、物业绿地排水

地面积水，特别是长时间的积水，会使土壤因处于水饱和状态而发生缺氧，植物根系的呼吸作用随之减弱，影响根系对水分、养分的正常吸收，造成植物生长不良，时间长了就会使植物死亡。因此，排水是防涝保树的主要措施，对耐水力差的树种尤为重要。排水的方法主要有以下几种。

1. 地面排水

这是目前应用普遍且经济的一种排水方法。将地面整成一定域度，保证雨水能从地面顺畅地流入排水沟、下水道、河湖等处。此方法需要设计者精心设计安排，才能达到预期效果。

2. 明沟排水

在地表挖明沟将低洼处的积水排出，此法适用于大雨后抢排积水，或地势不平而不易实现地表径流的绿地；此法在园林中常用，关键在于做好全园排水系统，使多余的水有个总出口。

排水明沟的设计主要包括确定沟道的沟深、间距和沟道的纵、横断面等。明沟的断面应按设计排涝流量计算，有时尚需考虑蓄涝的要求，不能保证自流排水时，要设置泵站抽排。明沟排水投资少，泄流能力强，施工简单；但一般占地大，边坡处易冲蚀和坍塌，易生杂草。

3. 暗管沟排水

暗管沟排水系统是在地下埋设管、道形成地下排水系统，储以排出积水，通过排列瓦管、陶管、水泥管等建立地下沟渠。其主要作用在于排除多余的地下水，控制地下水水位，预防渍害、返盐、返碱等的发生。若仅以排除多余地下水、防止渍害为目的，那么在地下水位经常维持 1 m 以上的地区才可设置暗沟排水系统；若以阻止返碱、返盐，防止土壤盐渍化为目的，则在地下 2 m 处设置暗沟。暗沟所排之地下水来自土壤重力水，而重力水则由土壤渗透排水而来的。因此，设置暗沟排水系统的同时，必须全面改良土壤质地和结构，使其具有良好的通透性，或者在暗沟上面垂直布置沙槽，一般槽宽 6~8 cm，深 25~45 cm，间距 60 cm（图

1-11）。

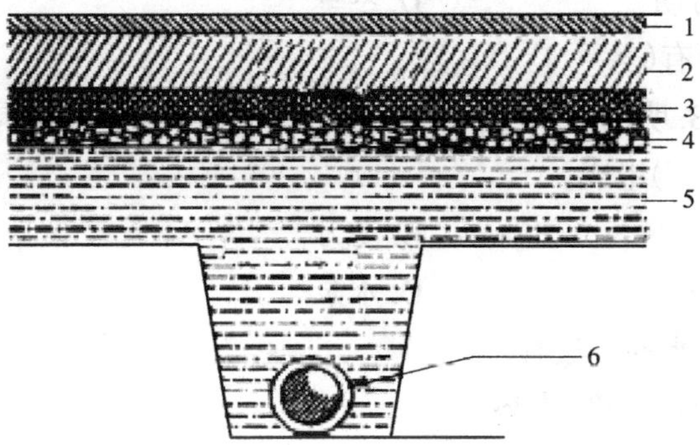

图 1-11　暗沟排水系统

1—表面混合材料；2—黏土；3—沙砾；4—碎石；5—灰渣；6—管道

知识扩展

春季虽是万物复苏、百花盛开的季节，但也是物业绿地行业中一个高危的季节。

2 月至 4 月属于旱季，苗圃灌溉主要依靠人工水源。苗木在这个季节长出新根的速度快，同时这个季节的树的蒸腾作用及其他生理活动也比秋、冬季要活跃，水分跟不上，就很容易造成树木脱水，进而导致苗木死亡。所以不管是上年种的苗木还是年初才种的苗木，春季都是决定它们真正成活的关键时期。

在春季园林人要留意以下两个问题。

第一，及时为苗木补充水分，在人力方面增派人手浇水、漫田，但同时也要注意，不可以让水长时间停留在田间，防止烂根。

第二，及时注意苗木在这时期的各种生理表现，以便及时发现问题，及时处理。如果发现树叶片有不正常发黄、掉叶、萎缩等现象，就要及时采取为树输送营养液、修枝等措施进行树保活。

测试训练

知识测试

一、填空题

1. 树木休眠期灌水是在______进行，具有利于植物______和______的作用。

2. 生长期灌水一般分为______、______、______，新梢停止生长前及时而适量地灌水，可促进新梢的生长而抑制秋梢的生长，有利于______和果实发育。

二、选择题

1. 地面灌水分为(　　)。

A. 畦灌　　B. 盘灌　　C. 滴灌　　D. 沟灌

2. 基肥的使用时期是(　　)，追肥的使用时期是(　　)。

A. 春天　　B. 秋天

C. 植物生长快速时期　　D. 冬季

3. 排水的方法主要有(　　)。

A. 地面排水　B. 明沟排水　C. 抽水　D. 暗管沟排水

4. 机械喷灌由(　　)组成。

A. 水源　　B. 动力

C. 输水管道和喷头　　D. 水泵

5. 确定植物是否缺水的方法有(　　)。

A. 测定叶片的细胞液浓度、水势

B. 树叶是否萎蔫和程度轻重

C. 田间持水量

D. 测定叶片气孔开张度

三、简答题

1. 比较几种常见灌水方式的优缺点。

2. 物业绿地排水的方法有哪些?

3. 调查校园中草坪的排水方式并进行评价。

技能训练

实训 3–3　灌溉与排水

一、目的要求

掌握灌溉及排水的基本方法,并能根据绿地的实际情况,选择适宜的灌溉和排水方法解决生产中的具体问题。

二、工具及材料

浇水管、喷头、滴头、铁锹、锄头等。

三、内容与方法

(一)灌溉

选择合适场所,对不同绿地上的园林树木分别进行围堰灌溉、沟灌、浸灌、喷灌、滴灌操作实训,喷灌和滴灌可用临时设备进行。

(二)排水

选择合适场所,对绿地进行明沟排水操作实训,现场参观暗沟排水与地面排水的绿地。

四、作业

评价灌溉与排水效果、提交实训报告。

任务四　施肥技术

学习目标

（1）掌握绿地常用肥料的种类。

（2）掌握绿地施肥的方法。

内容提要

绿地植物生长地的土壤条件非常复杂，很多情况表现为土壤结构不良、肥力不足，而植物生长需从土壤中吸收大量的营养物质，因此欲使植物生长健壮，枝叶繁茂，花繁果盛，延年益寿，必须合理施肥，提高土壤肥力，增加植物营养。

任务导入

绿地植物的施肥比农作物、林木更为重要。因为绿地植物定植后，人们希望它能生长数十年、数百年甚至上千年，而在这漫长的岁月里，营养物质的循环经常失调，枯枝落叶归还给土壤的数量很少；由于地面铺装及人踩车轧，土壤十分紧实，地表营养不易下渗，根系难以利用地表营养，加之地下管道、建筑地基的构建，减少了土壤的有效容量，限制了根系吸收面积。总之，适时适量补充植物营养元素是十分重要的。

一、绿地植物施肥的特点

绿地植物大多处在较特殊的生态条件下，形成了与果树和其他作物不同的施肥特点。第一，绿地植物种类繁多，习性各异，防护、观赏或经济效益不同，因而在肥料种类、用量及施肥方法上差异很大。各地在此方面的经验很多，需认真分析、总结。第二，由于地面硬质铺装、土壤板结等，施肥操作比较困难，施肥次数不会很多，故应以有机肥和其他迟效性肥料为主，适当施用化学肥料。第三，为了保证环境美观、卫生，不能施用有恶臭、污染环境的肥料，肥料应适当深施并及时覆盖。

二、施肥的原则

1. 根据植物种类和需肥特性施肥

植物的需肥量因种类不同而有很大差异，如泡桐、杨树、香樟、月季等生长速度快、生长量大的种类，比柏树、油松、小叶黄杨等慢生耐瘠树种需肥量大，因此要根据不同种类确定施肥量。

施肥量要根据植物需肥特性掌握。植物在不同的生长阶段对营养元素的需求不同，在水分充足的条件下，新梢的生长很大程度上取决于氮的供应，其需氮量是从生长初期到生长盛期逐渐提高的，随着新梢生长的结束，植物的需氮量虽有很大程度的降低，但仍有少量吸收。所以，植物的整个生长期都需要氮肥，但需要量是不同的。在新梢缓慢生长期，植物除需要氮、磷外，还需要一定数量的钾肥，充分供应钾肥，有利于维持植株叶片较高的光合能力，提高植物的抗寒性。在氮、钾供应充足的情况下，多施磷肥有利于形成花芽。在开花、坐果和果实发育时期，钾肥的作用更为重要，有利于植物的生长和花芽分化。

植物在春季和夏初需肥多，而此期内由于土壤微生物的活动能力较弱，土壤内可供吸收的养分较少，因此需要施肥解决养分供求矛盾。植物生长后期，对氮和水分的需要一般很少，但此时土壤可供吸收的氮及水分却很多，故应控制施肥和灌水。此外，不同植物各生育时期对三要素肥的吸收情况亦有不同，施用三要素肥的时期也要因种类而异。

2. 根据气候条件施肥

气候条件与施肥措施有关，确定施肥措施时主要考虑温度和降水量两个因素。如不考虑植物的越冬情况，盲目增加施肥量和追肥次数，会因后期植物贪青徒长而造成冻害。温度高，植物吸收养分多，反之则少。此外，夏季大雨后，土壤中硝态氮大量淋失，这时追施速效氮肥效果较雨前好。

3. 根据土壤条件施肥

土壤的物理性质、酸碱度等均对植物的施肥有很大影响，如沙土施肥宜少量多次；黏土施肥可减少次数而加大每次施肥量。土壤在酸性反应的条件下，有利于硝态氮的吸收；而在中性或微碱性反应下，则有利于铵态氮的吸收。因此，施肥应考虑以上问题。

4. 根据肥料性质施肥

一些易流失挥发的速效性肥料如碳酸氢铵，宜在植物需肥期稍前施入；而迟效性的有机肥，需腐熟分解后才可被植物吸收利用，故应提前施入。氮肥在土壤中移动性强，可浅施；而磷肥移动性差，宜深施。肥料的施用量应本着宜淡不宜浓的原则，否则易烧伤根系。实际工作中，应提倡复合配方施肥，以全面、合理地供应植物正常生长所需要的各种养分。

三、肥料的种类

植物生长所需的营养元素由空气、水及土壤中获得，主要有碳（C）、氢（H）、氧（O）、氮（N）、磷（P）、钾（K）、钙（Ca）、镁（Mg）、硫（S）、铁（Fe）、铜（Cu）、锌（Zn）、硼（B）、钼（Mo）、锰（Mn）、氯（Cl）等。植物生长需要前十种的量较多，它们通常被称为大量元素；后六种的需要量很少，它们通常被称为微量元素。虽然植物对各种元素的需要量差别很大，但这些元素却不可缺少，不能相互代替。碳（C）、氢（H）、氧（O）是组成植物的主要元素，能从空气和水中获得；其余各种元素从土壤中获得，植物对氮（N）、磷（P）、钾（K）的需要量比土壤中的供应量大得多，所以必须经常施肥加以补充；一般条件下土壤可以满足对剩余各种元素的需求；但南方地区雨水多，钙（Ca）、镁（Mg）容易流失，需适当补充；铁（Fe）在石灰性土壤中，有效性降低，会引起植株黄化，也需适当补充。

凡是施入土壤或喷洒于花木地上部分（根外追肥），能直接或间接供给植物养分、提高花木质量、改良花木土壤理化性质和肥力的物质，都称为肥料。

肥料的分类见表 1-12。

表 1-12　肥料种类

肥料种类	有机肥料	人类尿，家禽、家畜类粪尿等。 堆肥、饼肥。 腐殖酸类肥料
	无机肥料	氮肥：硫铵、硝铵、磷铵、尿素。 磷肥：过磷酸钙、磷铵、磷矿粉。 钾肥：硫酸钾、氯化钾。 复合肥料：磷酸二氢钾、磷酸铵、钼酸铵。 微量元素肥料：硫酸亚铁、硫酸锌、硼砂、硼酸
	微生物肥料	根瘤菌、固氮菌、菌根菌

四、施肥时期

在生产上，施肥常分为基肥和追肥两大类。基肥要早，追肥要巧。

基肥是在较长时间内供给植物养分的基本肥料。一般常以厩肥、堆肥、饼肥等有机肥料作为基肥。厩肥和堆肥多在整地前翻入土中或埋入栽植穴内，粪干或饼肥一般在播种或移植前进行沟施或穴施，也可与一些无机肥料混合施用。

追肥是植物生长需肥时必须及时补充的肥料，一般无机肥较多，绿地花卉可用粪干、粪水及饼肥等有机肥料。通常花前、花后及花芽分化期要施追肥，对于观花、观果植物，花后追肥更为重要。

一、二年生花卉幼苗期，应主要追施氮肥，生长后期主要追施磷、钾肥；多年生花卉施追肥次数较少，一般 3~4 次，分别为春季开始生长后、花前、花后、秋季叶枯后（厩肥、堆肥）。对花期长的花卉，如美人蕉、大丽菊等在花期也可适当追施一些肥料。对于初栽 2~3 年的绿地树木，每年的生长期也要进行 1~2 次的施追肥。

具体的施肥时期和次数应依植物的种类、各物候期需肥特点、当地的气候条件等情况合理安排，灵活掌握。

五、施肥深度和范围

施肥主要是为了满足植物根系对生长发育所需各种营养元素的吸收和利用。只有把肥料施在距根系集中分布层稍深、稍远的部位，才利于根系向更深、更广的方向扩展，以便形成强大的根系，扩大吸收面积，提高吸收能力，因此从某种角度来看，施肥深度和范围对施肥效果有很大作用。

施肥深度和范围，要根据植物种类、年龄、土质、肥料性质等而定。

木本花卉、小灌木如茉莉、米兰、连翘、丁香、黄栌等和高大的乔木相比，施肥相对要浅，范围要小。

幼树根系浅，分布范围小，一般施肥较中、壮龄树浅、范围小。

沙地、坡地和多雨地区，养分易流失，宜在植物需要时深施基肥。

氮肥在土壤中的移动性较强，浅施也可渗透到根系分布层，从而被植物所吸收；钾肥的移动性较差，磷肥的移动性更差，因此应深施到根系分布最多处；由于磷在土壤中易被固定，为了充分发挥肥效，施过磷酸钙和骨粉时，应与厩肥、圈肥、人粪尿等混合均匀，堆积腐熟后作为基肥施用，效果更好。

六、施肥量

施肥量受植物的种类、土壤的状况、肥料的种类及各物候期需肥状况等多方面影响。

根据不同的植物种类及大小确定，喜肥的多施，如梓树、梧桐、牡丹等；耐瘠薄的可少施，如刺槐、悬铃木、山杏等。开花结果多的大树较开花结果少的小树多施，一般胸径 8~10 cm 的树木，每株施堆肥 25~50 kg 或浓粪尿 12~25 kg，10 cm 以上的树木，每株施浓粪尿 25~50 kg。花灌木可酌情减少。

七、施肥的方式与方法

施肥方式主要有基肥、追肥和根外追肥三种。

1)基肥

基肥又称底肥，是为满足植物整个生长发育期对养分的要求，在栽植之前，结合整地、定植或上盆、换盆时施入的肥料。基肥应多施含有机质多的迟效肥(肥效发挥得缓慢)，一般以有机肥为主。基肥要求施用均匀，不留粪底。树木尤其是乔木施好基肥至关重要，因为树木栽植后需要定植十几年、几十年甚至上百年，根部土壤结构的改良全靠有机肥的基肥来解决。坑穴中施入足够的腐叶土、松针土、草炭等应作为规范进行要求。刚定植的树木不要施入过量的化肥作为基肥，尤其是松类树种。

2)追肥

在植物生长期间施入肥料的方法叫追肥。目的是解决植物不同发育阶段对养分的要求，补充土壤植物养分的供应不足部分。应以施速效性肥料化肥为主。绿地树木的追肥方式方法如下。

(1)环状沟施肥法。在树冠外围稍远处挖 30~40 cm 宽环状沟，沟深据树龄、树势以及根系的分布深度而定，一般深为 20~50 cm(图 1-12)，将肥料均匀地施入沟内，覆土填平灌水。随树冠的扩大，环状沟每年外移，每年的扩展沟与上年沟之间不要留隔墙。此法多用于幼树施基肥。

(2)放射沟施肥法。以树干为中心，从距树干 60~80 cm 的地方开始，在树冠四周等距离地向外开挖 6~8 条由浅渐深的沟，沟宽 30~40 cm，沟长视树冠大小而定，一般是沟长的二分之一在冠内，二分之一在冠外，沟深一般为 20~50 cm(图 1-13)，将充分腐熟的有机肥与表土混匀后施入沟中，封沟灌水。下次施肥时，调换位置开沟，开沟时要注意避免伤大根。此法适用于中壮龄树木。

(3)穴施法。在有机物不足的情况下，基肥以集中穴施最好，即在树冠投影外缘和树盘中，开挖深 40 cm，直径 50 cm 左右的穴，其数量视树木的大小、肥量而定(图 1-14)，施肥入穴，填土平沟灌水。此法适用于中壮龄树木。

(4)全面撒施法。把肥料均匀地撒在树冠投影内外的地面上，再翻入土中。此法适用于群植、林植的乔灌木及草本植物。

(5)灌溉式施肥。结合喷灌、滴灌等形式进行施肥，此法供肥及时，肥分布均匀，不伤根，不破坏耕作层的土壤结构，劳动生产率高。

以上为土壤施肥的方法，可根据具体情况选用，且应交替更换不同的施肥方法。

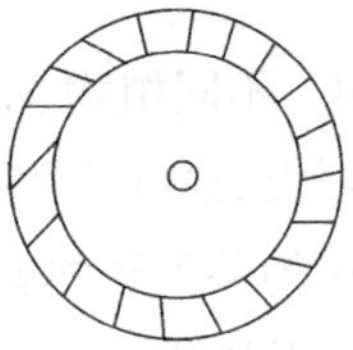

图 1-12　环状沟施肥

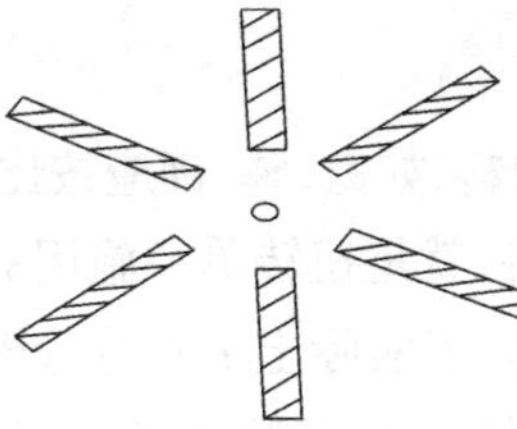

图 1-13　放射状沟施肥

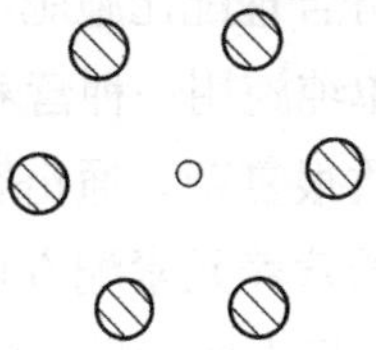

图 1-14　穴施

3)根外追肥

根外追肥又称叶面追肥，指根据植物生长需要将各种速效肥水溶液，喷洒在叶片、枝条及果实上的追肥方法，是一种临时性的辅助追肥措施。

叶面喷肥简单易行，用肥量小，发挥作用快，可及时满足植物的需要，同时也能避免某些肥料元素在土壤中固定。尤其是缺水季节、缺水地区和不便施肥的地方，都可采用此法。

叶面喷肥主要通过叶片上的气孔和角质层进入叶片，而后被运送到植株体内和各个器官。一般幼叶比老叶吸收快；叶背比叶面吸收快。喷时一定要把叶背喷匀，叶片吸收的强度和速率与溶液浓度、气温、湿度、风速等有关。一般根外追肥最适温度为 18~25℃，湿度较大些效果好，因而最好的时间为无风天气的上午 10 时以前和下午 4 时以后。

草本花卉和果树养护，常把肥料溶液或悬浮液喷洒在苗木叶子上，以喷叶背面为好。喷洒时间以早晚空气湿度大、有露水时为宜。肥料溶液浓度控制在 0.3% 左右。如尿素喷洒 0.2%~0.5% 的溶液。过磷酸钙喷洒使用 0.5%~1% 的溶液。注意浓度不宜过高，用量不宜过多，以免灼伤叶片和造成浪费。

知识扩展

1. 无机肥料(化肥)的合理施用

和农业施肥追求增加作物产量不同，绿地绿化施化肥是为了小苗的适度生长，提高其抗性，保证青枝绿叶及开花结实的观赏性。施化肥不能不问土壤、不问植物需求、不问肥料种类、不问肥料养分含量，不能盲目下指标，如某些资料中规定施用量(每平方米多少克)。盲目地滥施化肥，不仅造成浪费，反而会引起植物徒长，或易受病虫侵害影响生长发育，并造成环境的二次污染。合理施用化肥应注意以下几点。

1)测土施肥

必须测定绿地土壤有效养分含量。针对栽植花木对养分的需求量，参考合理施肥土壤养分指标，确定施肥量，土壤主要养分指标如下。

(1)土壤硝态氮含量大于 20 ppm 时，土壤有效氮水平高；含量为 10~20 ppm 时，有效氮水平中等，施氮肥有效果；含量小于 10 ppm 时，有效氮水平低，施氮肥效果明显。

(2)土壤含速效磷大于 30 ppm 时为丰富；含量为 10~30 ppm 时为中等；含量小于 10 ppm 时为缺乏磷。

(3)土壤中含速效钾大于 150 ppm 时，土壤含钾丰富；含速效钾 100~150 ppm 时为高水平；含量为50~100 ppm时为中等；含速效钾25~50 ppm时为低等；含速效钾小于25 ppm时为缺钾，这种土壤施钾肥效果明显。

2）养分合理配比施肥

不能单纯施用一种营养元素肥料，如氮、磷、钾应按比例施用。不同植物、不同土壤需求和供给矛盾很复杂。通俗客观地讲，就是扭转单一施用氮肥的习惯，最好施用复合肥，无土栽培应用的营养元素配方可以参考，但实际土壤养分管理中应用的某类植物营养元素配方很少见。市场上所能见到的只有“草坪专用肥”或某果树、蔬菜专用肥等。

3）在植物营养最大效率期加强施肥

化肥的有效性是指肥料溶解于水后经根吸收进入植物体内才能有效发挥作用。一般植物营养最大效率期常常出现在植物生长即营养生长、生殖生长的旺盛时期。树木小苗培养及花卉、草坪对化肥很敏感。在花木休眠期、大树及土壤养分基本不缺乏的条件下，没必要追施化肥。

2. 增加有机质是培肥城市绿地土壤的关键

土壤肥力是指土壤不间断地为植物提供水分、养分、空气和热量的能力。施用无机肥（化肥）只能给植物补充土壤中不足的养分，而这些养分往往是土壤中不特别缺乏的。实践证明很多乡土植物不需要施肥仍然能生长正常。我们养分管理的目标是让“小树快快长大”，让花灌木多多开花，让绿地植物都青枝绿叶。为了达到以上目标必须培养土壤肥力，而不仅仅是给土壤补充某种养分肥料。培养土壤肥力的最有效、最直接的做法就是增加绿地土壤有机质。对有些非常缺乏氮磷钾无机养分的土壤，要使绿地植物正常生长发育，当然需要施无机肥（化肥）加以补充，尤其是一些草本植物更会敏感些。国外非常重视增加土壤有机质，日本专门的公司利用专用机械粉碎绿地和果园修剪下来的树枝、树叶、花草残体，经过堆腐后返回绿地，这应该理解为中国农业的“秸秆还田”。欧洲更是随处可见把草炭作为增加绿地土壤有机质的主要材料。土壤有机质的作用有以下几点。

（1）有机质是植物养分的重要来源：有机质分解后，可释放出氮、磷、钾等植物所需的养分。

（2）提高土壤保水保肥能力：有机之中的腐殖质，吸水吸肥能力强，它能吸附养分，避免养分流失。

（3）利用形成团粒结构：腐殖质是形成团粒结构的胶质物质，可使沙土变得有结构，黏土变疏松，容易耕作。

（4）刺激植物生长发育：腐殖质能提供植物发育所需要的各种酶、生长雌激素等。

测试训练

知识测试

一、填空题

1. 肥料的种类有______、______、______3大类。

2. 土壤施肥的方法常用的有以下几种，对于小树和草坪可以______，成年树采用沟状施肥，包括______、______、______几种。

3. 单一化肥的叶面喷洒的一般浓度可为______，避开在空气干燥、温度较高的情况下喷施，最好在10时以前和16时以后喷雾。

二、选择题

1. 绿地绿地施肥的依据是(　　)。

A. 植物种类及需肥特性　　B. 气候条件

C. 土壤条件　　D. 肥料性质

2. 微生物肥料的通过以下(　　)几方面促进植物生长。

A. 代谢物质　　B. 促进光合作用

C. 生命活动　　D. 腐解有机质

3. 以下(　　)属于生理酸性肥。

A. 硫酸铵　　B. 硝酸钙　　C. 氯化铵　　D. 尿素

三、简答题

1. 绿地植物施肥的时期有哪些？施肥的原则是什么？

2. 如何给大树施肥？与草坪施肥有什么不同？

3. 长期使用化肥会产生哪些危害？

技能训练

实训3-4　绿地绿地配方施肥技术

一、目的要求

(1)熟悉绿地施肥的技术、方法，为今后的绿地养护打下基础。

(2)掌握绿地绿地配方施肥的要领。

(3)能够根据所需的元素比例换算成所需肥料的质量。

(4)要求用尿素(含N 46%)、过磷酸钙(含P 20%)及氯化钾(含K 60%)配制

N：P：K为8：10：4的混合肥料1 t。

二、材料及用具

尿素、过磷酸钙、氯化钾、铁锹、磅秤。

三、内容要求

(1)根据元素比率计算所需肥料的比例。

假设需要尿素$a$kg，过磷酸钙$b$kg，氯化钾$c$kg，则46%a：20%b：60%c=8：10：4。推算出a：b：c=3.5：10：1。

(2)计算混合肥料中3种肥料的百分比。

混合肥料中a：b：c=3.5：10：1.3

尿素所占比例为：3.5÷(3.5+10+1.3)=23.6%

过磷酸钙所占比例为：10÷（3.5+10+1.3）=67.6%

氯化钾所占比例为：1.3÷（3.5+10+1.3）=8.8%

（3）计算所需氮肥的量。

尿素 a=1 000 kg×23.6%=236 kg

（4）计算所需磷肥的量。

过磷酸钙 b=1 000 kg×67.6%=676 kg

（5）计算所需钾肥的量。

氯化钾 c=1 000 kg×8.8%=88 kg

（6）分别称取肥料。

（7）混合均匀。

（8）在树木滴水线下挖出环状的沟，沟深 30~50 cm，视树木的大小每棵树施入混合肥 1~3 kg

四、作业

填写实验报告。

任务五　绿化植物的整形修剪技术

学习目标

（1）理解绿化植物整形修剪与植物生长发育特性的关系。

（2）掌握绿化植物整形修剪的原则、修剪时期和修剪程序、整形方式和修剪技法、各类绿化植物的整形修剪技术。

（3）能够采用正确的整形技艺和修剪技法对绿化植物进行整形修剪。

内容提要

在利用植物绿化过程中，对任何植物都应根据其生长特性及其功能要求，整剪成一定的形状，使之与周围的环境相协调，发挥更好的绿化效果。因此，整形修剪是植物栽培中重要养护管理措施之一；是调节树体结构，促进生长平衡，消除树体隐患，恢复树木生机的重要手段。

任务导入

修剪是指对植株的某些器官，如芽、干、枝、叶、花、果、根等进行剪截、疏除或其他处理的具体操作。整形是指为提高植物观赏价值，按其习性或人为意愿而修整成为各种优美的形状与树姿的过程。修剪是手段，整形是目的，两者紧密相关，统一于一定的栽培管理的要求下。在土、肥、水管理的基础上进行科学的修剪整形，是提高植物栽植水平的一项重要技术环节。

一、修剪整形的作用

1. 修剪整形对植物生长发育的双重作用

修剪的对象，主要是各种枝条，其影响范围并不限于被修剪的枝条本身，还对植物的整体生长有一定的作用。从整株植物来看，修剪既有促进作用也有抑制作用。

（1）局部促进，整体抑制作用。一个枝条被剪去一部分，减少了枝芽数量，使养料集中供给留下的枝芽生长，被剪枝条的生长势增强。同时，修剪改善了树冠的光照和通风条件，提高了叶片的光合效能，使局部枝芽的营养水平有所提高，从而加强了局部的生长势。促进作用，与树龄、树势、修剪程度及剪口芽的质量有关。树龄越小，修剪的局部促进作用越大。同样树势，重剪较轻剪促进作用明显。一般剪口下第一芽生长最旺，第二、三个芽的生长势则依次递减。而疏剪只对其剪口下方的枝条有增强生长势的作用，对剪口以上的枝条，则产生削弱生长势的作用。剪口下留强芽，可抽长粗壮的长枝。剪口留弱芽，其抽枝也较弱。休眠芽经过刺激也可以发枝，衰老树的重剪同样可以实现更新复壮。

由于修剪后减少了部分枝条，树冠相对缩小，叶量及叶面积减小，光合作用产物减少，同时修剪留下的伤口愈合也要消耗一定的营养物质，所以修剪使树体总的营养水平下降，植物总生长量减少。这种抑制作用的大小与修剪轻重及树龄大小有关，树龄越小，树势较弱，修剪过重，则抑制作用大。另外，修剪对根系生长也有抑制作用，这是由于整个树体营养水平的降低，对根部供给的养分也相应减少，发根量减少，根系生长势削弱。

（2）局部抑制，整体促进作用。对花木的枝条进行轻短截，结果侧芽萌发，增加了枝叶量，提高了光合产物质量，因而供给根生长活动的有机营养增加，促进整个植株生长。如果对背下枝或背斜下枝在弱芽处剪截，就会削弱这个枝条的生长势。

修剪时应全面考虑其对植物的双重作用，是以促为主还是以抑为主，应根据具体的植株情况而定。

2. 修剪整形对开花结果的影响

合理的修剪整形，能调节营养生长与生殖生长的平衡关系。修剪后枝芽数量减少，树体营养集中供给留下的枝条，使新梢生长充实，并萌发较多的侧枝开花结果。修剪的轻重程度对花芽分化影响很大。连年重剪，花芽量减少；连年轻剪，花芽量增加。不同生长强度的枝条，应采用不同程度修剪。一般来说，树冠内膛的弱枝，因光照不足，枝内营养水平差，应行重剪，以促进营养生长转旺；而树冠外围生长旺盛，对于营养水平较高的中、长枝，应轻剪，促发大量的中、短枝开花。此外，不同的花灌木枝条的萌芽力和成枝力不同，修剪的强弱也应不同。一般枝芽生长点较多的花灌木，比生长点少的植物生长势缓和，花芽分化容易，因此生产上通常对栀子花、六月雪、月季、棣棠等萌芽力和成枝力强的树均实行重剪，促发更多的花枝，增加开花部位。对一些萌芽力或成枝力较弱的植物，不能轻易修剪。

3. 修剪整形对树体内营养物质含量的影响

修剪整形后，枝条生长强度改变，是树体内营养物质含量变化的一种形态表现。短截后的枝条及其抽生的新梢，含氮量和含水量增加，碳水化合物含量相对减少。为了减少修剪整形造成养分的损失，应尽量在树体内含养分最少的时期进行修剪。一般冬季修剪应在秋季落叶后，养分回流到根部和枝干上贮藏时和春季萌芽前树液尚未流动时进行为宜。生长季修剪，如抹芽、除萌、曲枝等应越早越好。

修剪后，树体内的激素分布、活性也有所改变。激素产生于植物顶端幼嫩组织中，由上向下运输，短剪除去了枝条的顶端，排除了激素对侧芽（枝）的抑制作用，提高了下部芽的萌芽力和成枝力。据报道，激素向下运输，在光照条件下比黑暗时活跃，修剪改变了树冠的透光性，促进了激素的极性运转能力，一定程度上改变了激素的分布，活性增强。

二、整形修剪的时期

植物种类很多，习性与功能各异。虽然植物各有其相适宜的修剪季节，但从总体上看，一年中的任何时候都可对植物进行修剪，生产实践中应灵活掌握，但最佳时期的确定应至少满足以下两个条件。一是不影响植物的正常生长，减少营养徒耗，避免伤口感染。如抹芽、除蘖宜早不宜迟；核桃、葡萄等应在春季伤流期前修剪完毕等。二是不影响开花结果，不破坏原有冠形，不降低其观赏价值。如观花观果类植物，应在花芽分化前和花期后修剪；观枝类植物，为延长其观赏期，应在早春芽萌动前修剪等。总之，修剪整形一般都在植物的休眠期或缓慢生长期进行，以冬季和夏季修剪整形为主。

1. 休眠期修剪（冬季修剪）

落叶树从落叶开始至春季萌发前，树木生长停滞，树体内营养物质大都回归根部贮藏，修剪后养分损失最少，且修剪的伤口不易被细菌感染腐烂，对树木生长影响较小，大部分树木的修剪工作在此时间内进行。热带、亚热带地区原产的乔、灌观花植物，没有明显的休眠期，但是从 11 月下旬到第二年 3 月初的这段时间内，它们的生长速度也明显放缓，有些树木也处于半休眠状态，所以此时也是修剪的适期。

冬季修剪的具体时间应根据当地的寒冷程度和最低气温来决定，有早晚之分。如冬季严寒的地方，修剪后伤口易受冻害，早春修剪为宜；对一些需保护越冬的花灌木，在秋季落叶后立即重剪，然后埋土或卷干。在温暖的南方地区，冬季修剪时期，自落叶后到翌春萌芽前都可进行，因为伤口虽不能很快愈合，但也不至于遭受冻害。有伤流现象的树种，一定要在春季伤流期前修剪。冬季修剪对树冠构成，枝梢生长、花果枝的形成等有重要作用，一般采用截、疏、放等修剪方法。

2. 生长期修剪（夏季修剪）

在植物的生长期进行修剪。此期花木枝叶茂盛，影响到树体内部通风和采光，因此需要进行修剪。一般采用抹芽、除蘖、摘心、环剥、扭梢、曲枝、疏剪等修剪方法。

常绿树没有明显的休眠期，春夏季可随时修剪生长过长、过旺的枝条，使剪口下的叶芽萌发。常绿针叶树在 6—7 月进行短截修剪，还可获得嫩枝，以供扦插繁殖。

一年内多次抽梢开花的植物，开花后及时修去花梗，使其抽发新枝，开花不断，延长观赏期，如紫薇、月季等观花植物；草本花卉为使株形饱满，抽花枝多，要反复摘心；观叶、观姿类的树木，一旦发现扰乱树形的枝条就要立即剪除；棕榈等则应及时将破碎的枯老叶片剪去；绿篱的夏季修剪，既要使其整齐美观，同时又要兼顾截取插穗。

三、修剪方法

归纳起来，修剪的基本方法有“截、疏、伤、变、放”五种，实践中应根据修剪对象的实际情况灵活运用。

1. 休眠期修剪的方法

1）截（图 1-15）

截是将植物的一年生或多年生枝条的一部分剪去，以刺激剪口下的侧芽萌发，抽发新梢，增加枝条数量，多发叶多开花。它是植物修剪整形最常用的方法。根据短剪的程度，截可分为以下几种。

（1）轻短截。只剪去一年生枝的少量枝段，一般剪去枝条的 1/4~1/3。如在春秋梢的交界处（留盲节），或在秋梢上短剪。截后易形成较多的中、短枝，单枝生长较弱，能缓和树势，利于花芽分化。

（2）中短截。在春梢的中上部饱满芽处短剪，一般剪去枝条的 1/3~1/2。截后形成较多的中、长枝，成枝力高，生长势强，枝条加粗生长快，一般多用于各级骨干枝的延长枝或复壮枝。

（3）重短截。在春梢的中下部短剪，一般剪去枝条的 2/3~3/4。重短剪对局部的刺激大，对全树总生长量有影响，剪后萌发的侧枝少，由于植物体的营养供应较为充足，枝条的长势较旺，易形成花芽，一般多用于恢复生长势和改造徒长枝、竞争枝。

（4）极重短截。在春梢基部仅留 1~2 个不饱满的芽，其余剪去，此后萌发出 1~2 个弱枝，一般多用于处理竞争枝或降低枝位。

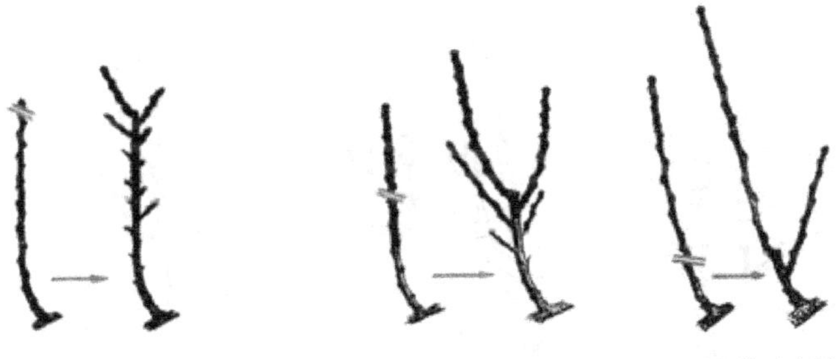

轻短截示意图　　中短截示意图　　重短截示意图

图 1-15　截的示意图

（5）回缩（图 1-16）。回缩又称缩剪，即将多年生枝的一部分剪掉。当树木或枝条生长势减弱，部分枝条开始下垂，树冠中下部出现光秃现象时，为了改善光照条件和促发粗壮旺枝，以恢复树势或枝势时常用缩剪。将衰老枝或树干基部留一段，其余剪去，使剪口下方的枝条旺盛生长或刺激休眠芽萌发徒长枝，以培育新的树冠，重新生长。

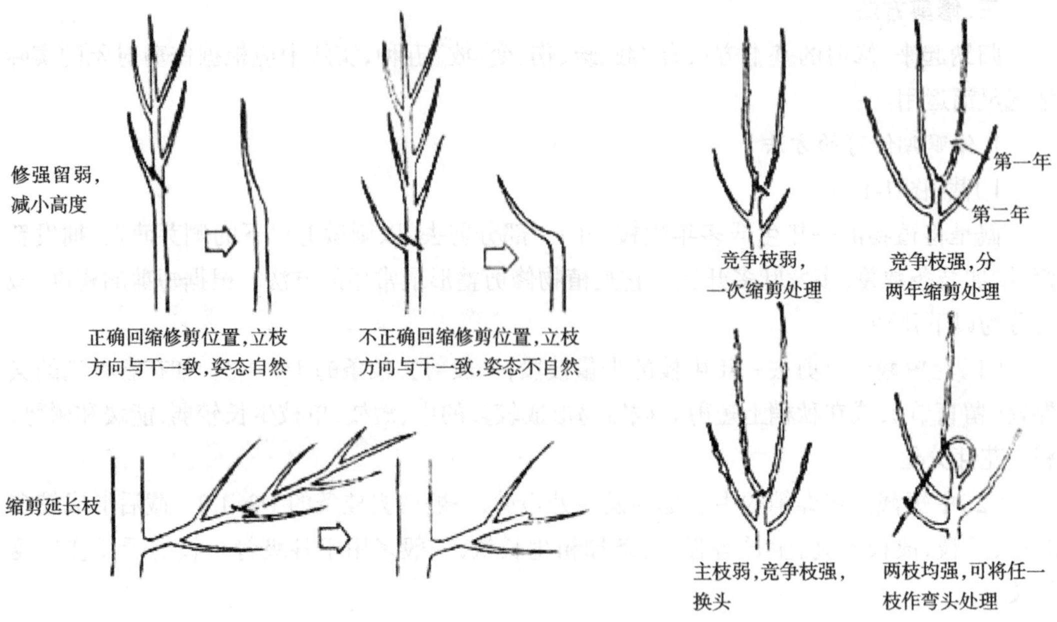

图 1-16 回缩的示意图

下列情况要用“截”的方法进行修剪：规则式或特定式的修剪整形，常用短剪进行造型及保持冠形；为使观花、观果植物多发枝以增加花果量时；冠内枝条分布及结构不理想，要调整枝条的密度比例，改变枝条生长方向及夹角时；需重新形成树冠；老树复壮。

2）疏（图 1-17~ 图 1-18）

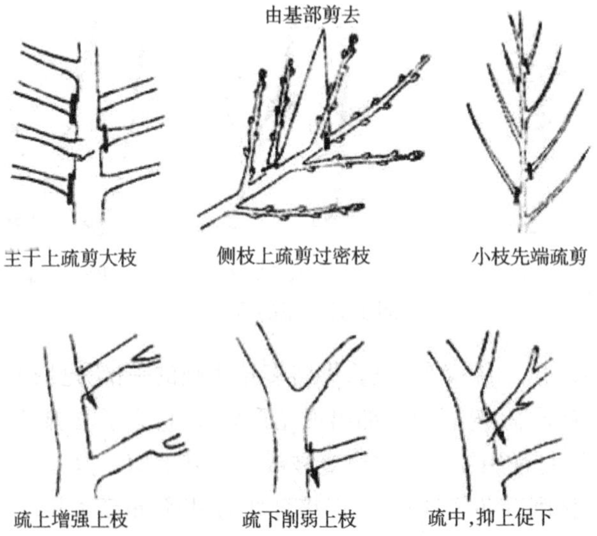

图 1-17 不同情况疏剪示意图

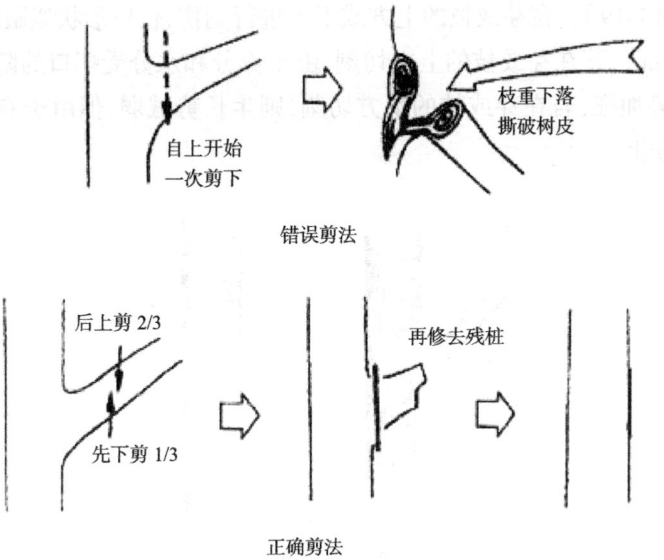

图 1-18　大枝疏剪的正确方法

疏又称疏剪或疏删，即把枝条从分枝点基部全部剪去。疏剪主要是疏去膛内过密枝，减少树冠内枝条的数量，调节枝条均匀分布，为树冠创造良好的通风透光条件，减少病虫害，增加同化作用产物，使枝叶生长健壮，有利于花芽分化和开花结果。疏剪对植物总生长量有削弱作用，对局部的促进作用不如截，但如果只将植物的弱枝除掉，总的来说，对植物的长势将起到加强作用。

疏剪的对象主要是病虫枝、伤残枝、干枯枝、内膛过密枝、衰老下垂枝、重叠枝、并生枝、交叉枝及干扰树形的竞争枝、徒长枝、根蘖枝等。

疏剪强度可分为轻疏（疏枝量占全树枝条的 10% 或以下）、中疏（疏枝量占全树的 10%~20%）、重疏（疏枝量占全树的 20% 以上）。疏剪强度依植物的种类、生长势和年龄而定。萌芽力和成枝都很强的植物，疏剪的强度可大些；萌芽力和成枝力较弱的植物，少疏枝，如雪松、凤凰木、白千层等应控制疏剪的强度或尽量不疏枝。幼树一般轻疏或不疏，以促进树冠迅速扩大成形；花灌木类宜轻疏以提早形成花芽开花；成年树生长与开花进入旺盛期，为调节营养生长与生殖生长的平衡，适当中疏；衰老期的植物，枝条有限，疏剪时要小心，只能疏去必须要疏除的枝条。

3）伤

用各种方法损伤枝条，以缓和树势、削弱受伤枝条的生长势。如环剥、刻伤、扭梢、折梢等。伤主要在植物的生长季进行，对植株整体的生长影响不大。刻伤常在休眠期结合其他修剪方法运用。刻伤因位置不同，所起作用不同。在春季植物未萌芽前，在芽上方刻伤，可暂时阻止部分根系贮存的养分向枝顶回流，使位于刻伤口下方的芽获得较多的营养，有利于芽的萌发和抽新枝。刻痕越宽，效果越明显。如果生长盛期在芽的下方刻伤，可阻止有机化合物向下输送，滞留在伤口芽的附近，同样能起到环剥的效果。对一些大型的名贵花木进行刻伤，可使花、果更加硕大。

（1）目伤（图 1-19）。在芽或枝的上方或下方进行刻伤，伤口形状似眼睛所以称为目伤。伤的深度达木质部。若在芽或枝的上方切刻，由于养分和水分受切口的阻隔而集中该芽或枝上，可使生长势加强；若在芽或枝的下方切刻，则生长势减弱，但由于有机营养物质的积累，有利于花芽分化。

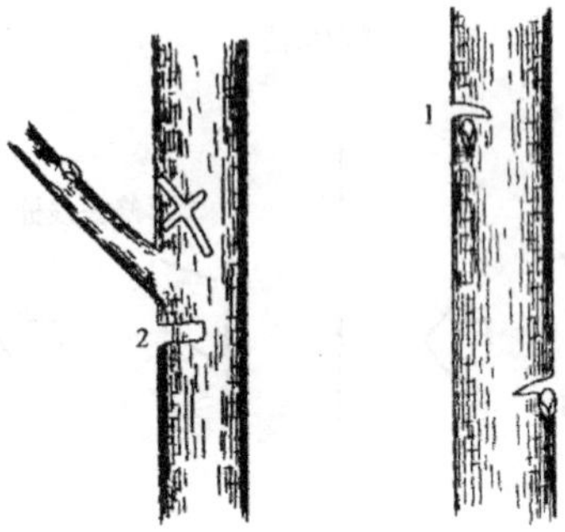

图 1-19　目伤

（2）横伤。对树干或粗大主枝横砍数刀，深及木质部。阻止有机养分下运，促进花芽分化，促进开花结实，达到丰产的目的。

（3）纵伤。在枝干上用刀纵切，深及木质部。主要目的减少树皮的束缚力，有利于枝条的加粗生长。小枝可行一条纵伤，粗枝可纵伤数条。

4）变

改变枝条生长方向，控制枝条生长势的方法称为变。如用曲枝、拉枝、抬枝等方法，将直立或空间位置不理想的枝条，引向水平或其他方向，可以加大枝条开张角度，使顶端优势转位、加强或削弱。骨干枝弯枝有扩大树冠、改善光照条件，充分利用空间，缓和生长，促进生殖的作用。将直立生长的背上枝向下曲成拱形时，顶端优势减弱，生长转缓，下垂枝因向地生长，顶端优势弱，生长不良，为了使枝势转旺，可抬高枝条，使枝顶向上生长。变得修剪措施大部分在生长季应用（图 1-20~ 图 1-21）。

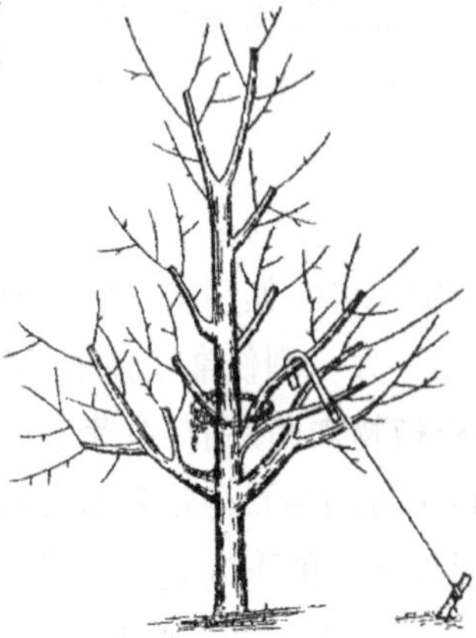

图 1-20　支撑

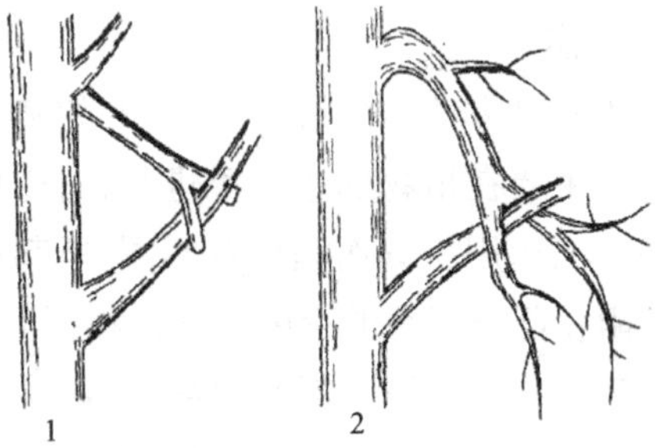

图 1-21　拉枝

5)放

放又称缓放、甩放或长放,即对一年生枝条不作任何短截,任其自然生长。利用单枝生长势逐年减弱的特点,对部分长势中等的枝条长放不剪,下部易发生中、短枝,停止生长早,同化面积大,光合产物多,有利于花芽形成。幼树、旺树,常以长放缓和树势,促进提早开花、结果;长放(图 1-22)用于中庸树、平生枝、斜生枝效果更好,但对幼树骨干枝的延长枝或背生枝、徒长枝不能长放;弱树也不宜多用长放。

图 1-22　长放示意图

上述各种修剪方法应结合植物生长发育的情况灵活运用,再加上严格的土肥水管理,才能取得较好的效果。

2. 生长期修剪

1)摘心(图 1-23)和剪梢

图 1-23　摘心示意图

在植物生长期内,当新梢抽生后,为了限制新梢继续生长,将生长点(顶芽)摘去或将新梢的一段剪去,解除新梢顶端优势,使其抽出侧枝以扩大树冠或增加花芽。如为了提高葡萄的坐果率,在开花前摘心,可促进二次开花;绿篱植物通过剪梢,可使绿篱枝叶密生,增加观赏效果和防护功能;草花摘心可增加分枝数量,培养丰满株形,使其多开花或花期得以延长。

但有些草花，植株矮小、丛生性强或花穗长而大不宜摘心，如三色堇、矮雪轮、半支莲、鸡冠花、凤仙花、紫罗兰等。

摘心与剪梢的时间不同，产生的影响也不同。具体进行的时间依树种、目的、要求而定。为了多发侧枝、扩大树冠，宜在新梢旺长时摘心；为促进观花植物多形成花芽开花，宜在新梢生长缓慢时进行；观叶植物不受限制。

2）抹芽（图 1-24）和除蘖

在树木主干、主枝基部或大枝伤口附近常会萌发出一些嫩芽而抽生新梢，妨碍树形，影响主体植物的生长。将芽及早除去，称为抹芽；将已发育的新梢剪去，称为除蘖。抹芽与除蘖可减少树木的生长点数量，减少养分的消耗，改善光照与肥水条件。如嫁接后砧木的抹芽与除蘖对接穗的生长尤为重要。抹芽与除蘖，还可减少冬季修剪的工作量和避免伤口过多，宜在早春及时进行，越早越好。

图 1-24 抹芽示意图

3）环剥

在发育期，用刀在开花结果少的枝干或枝条基部适当部位剥去一定宽度的环状树皮，称为环剥（见图 1-25）。环剥深达木质部，剥皮宽度以 1 月内剥皮伤口能愈合为限，一般为 2~10mm 左右。由于环剥中断了韧皮部的输导系统，可在一段时间内阻止枝梢碳水化合物向下输送，有利于环剥上方枝条营养物质的积累和花芽的形成，同时还可以促进剥口下部发枝。但根系因营养物质减少，生长受一定影响。由于环剥技术是在生长季应用的临时修剪措施，一般在主干、中干、主枝上不采用。

4）扭梢与折梢

在生长季内，将生长过旺的枝条，特别是着生在枝背上的旺枝，在中上部将其扭曲下垂，称为扭梢（见图 1-26）；或只将其折伤但不折断（只折断木质部），称为折梢（见图 1-27）。扭梢与折梢伤骨不伤皮，其阻止了水分、养分向生长点输送，削弱枝条生长势，利于短花枝的形成。

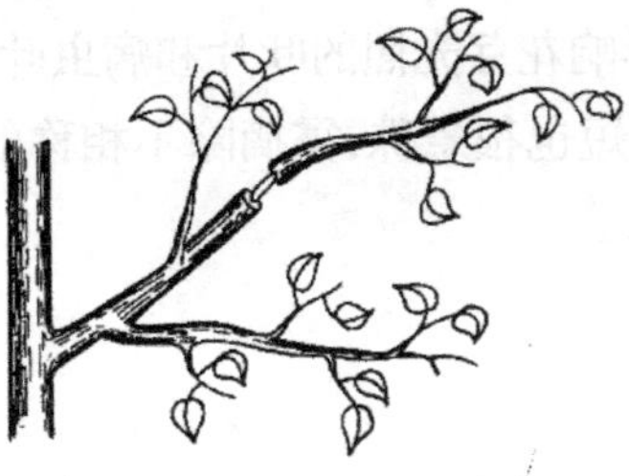

图 1-25　环剥

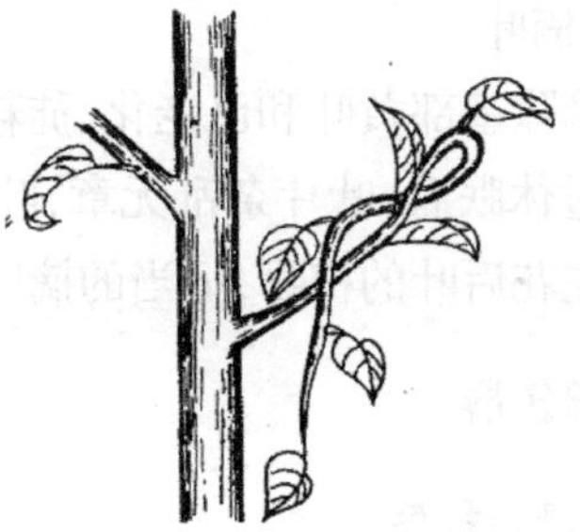

图 1-26　扭梢

5）折裂

为了曲折枝条，形成各种艺术造型，常在早春芽略萌动时，对枝条实行折裂处理（见图 1-28），用刀斜向切入，深达枝条直径的 1/2~2/3 处，然后小心地将枝弯折，并利用木质部折裂处的斜面互相顶住。为了防止伤口水分过多损失，应在伤口处进行包裹。

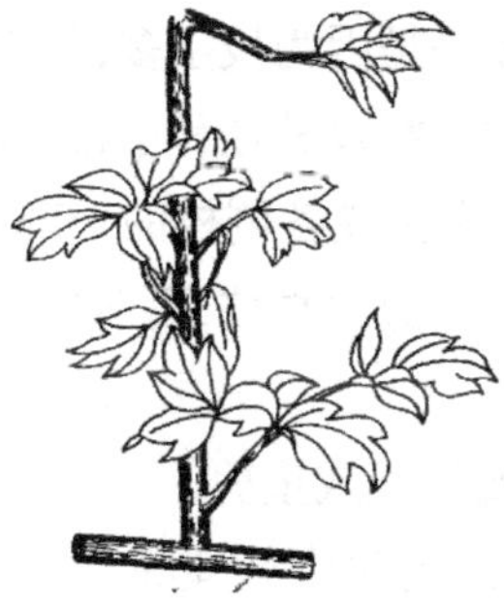

图 1-27　折梢

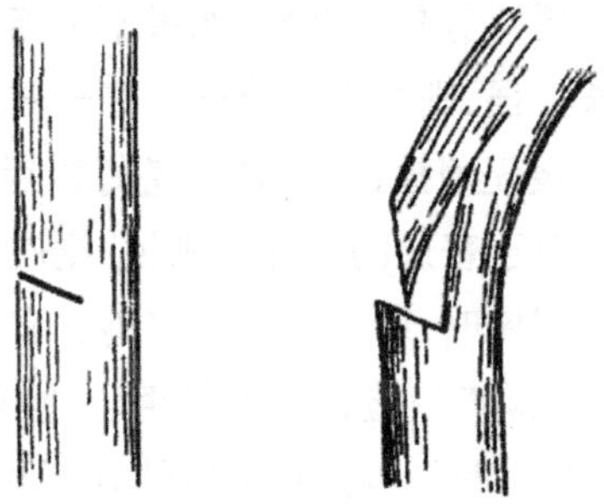

图 1-28　折裂

6）圈枝

在幼树整形时为了使主干弯曲或呈疙瘩状时，常采用的技术措施。使生长势缓和，树生长不高，并能提早开花。

7）断根

将植株的根系在一定范围内全部切断或部分切断的措施。进行抑制栽培时常常采取断根的措施，断根后可刺激根部发生新的须根，所以在移栽珍贵的大树或移栽山野里自生树时，往往在移栽前 1~2 年进行断根，在一定的范围内促发新的须根，有利于移植成活。

在花卉栽培中，还有一些方法更为精细，如摘蕾、摘花、摘果、摘叶、支缚等。

8）摘蕾

如有些月季，主蕾旁还有小花蕾，需将其摘除，使营养集中于主蕾；再如多花型菊花需把顶蕾摘除。又如茶花常需摘去部分花蕾，使营养集中有利于剩下的花蕾的开放。

9）摘花与摘果

摘花，一是摘除残花，如杜鹃的残花久存不落，影响美观及嫩芽的生长，需摘除；二是不需结果时将凋谢的花及时摘去，以免其结果而消耗营养；三是残缺、僵化、有病虫损害而影响美观的花朵需摘除。摘果是摘除不需要的小果或病虫果。

10)摘叶

如摘除基部黄叶和已老化、徒耗养分的叶片,以及影响花芽光照的叶片和病虫叶。有的花卉经过休眠后,叶片杂乱无章,叶的大小不一,叶柄长短也很悬殊,需摘除不相称的叶片。对一些先花后叶的植物,适当的摘叶可促使其开二次花。

知识扩展

一、修剪程序

修剪的程序概括地说就是"一知、二看、三剪、四检查、五处理"。

"一知",修剪人员必须掌握操作规程、技术及其他特别要求。修剪人员只有了解操作要求,才可以避免错误。

"二看",实施修剪前应对植物进行仔细观察,因树制宜,合理修剪。具体是要了解植物的生长习性、枝芽的发育特点、植株的生长情况、冠形特点及周围环境与园林功能,结合实际进行修剪。

"三剪",对植物按要求或规定进行修剪。修剪时最忌无次序,修剪观赏花木时,首先要观察分析树势是否平衡,如果不平衡,分析造成的原因,如果是因为枝条多,特别是大枝多造成生长势强,则要进行疏枝。在疏枝前先要决定选留的大枝数及其在骨干枝上的位置,将无用的大枝先剪掉,待大枝条整好以后再修剪小枝,宜从各主枝或各侧枝的上部起,向下依次进行。对于普通的一棵树来说,则应先剪下部,后剪下部;先剪内膛枝,后剪外围枝。几个人同剪一棵树时,应先研究好修剪方案,才好动手去做。

"四检查",检查修剪是否合理,有无漏剪与错剪,以便修正或重剪。

"五处理",包括对剪口的处理和对剪下的枝叶、花果进行集中处理等。

二、修剪需注意的问题

1)剪口与剪口芽(图1-29)

剪口的形状可以是平剪口或斜切口,但采用斜切口较多。通常剪口向侧芽对面微倾斜,使斜面上端与芽尖基本平齐或略高于芽尖0.5~1 cm。下端与芽的基部大致相平或稍高。剪口芽的方向与质量对修剪整形影响较大,若为扩张树冠,应留外芽;若为填补树冠内膛,应留内芽;若为改变枝条方向,剪口芽应朝所需空间处;若为控制枝条生长,应留弱芽;反之,应留壮芽为剪口芽。

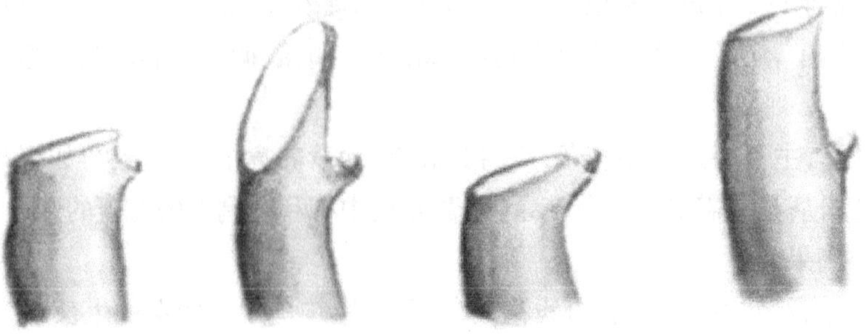

图1-29 剪口与剪口芽的关系

2）大枝的剪除（图 1-30）

将枯枝或无用的老枝、病虫枝等全部剪除时，为了尽量缩小伤口，用自分枝点的上部斜向下部剪下，伤口不大，很容易愈合；回缩多年生大枝时，往往会萌生徒长枝，为了防止徒长枝大量抽生，可先行疏枝和重短截；如果多年生枝较粗，必须用锯子锯除，可先从下方浅锯伤，再从上方锯下。

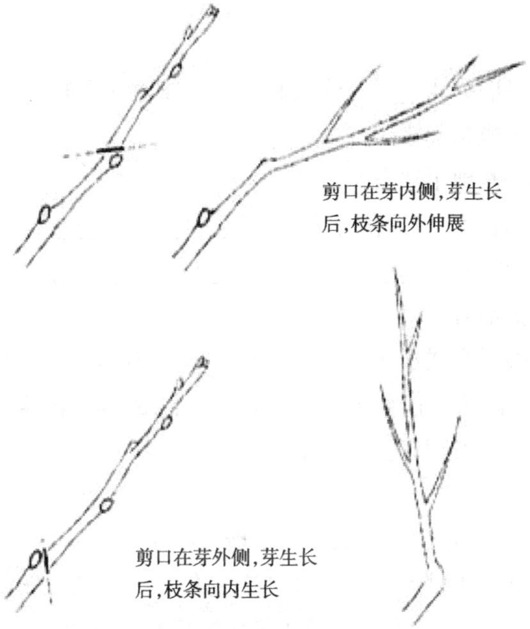

图 1-30　剪口芽的位置与来年枝条方向

3）剪口的保护

若剪枝或截干造成剪口创伤面大，应用锋利的刀削平伤口，用硫酸铜溶液消毒，再涂保护剂，以防止伤口由于日晒雨淋、病菌入侵而腐烂。常用的保护剂有以下两种。

（1）保护蜡。保护蜡松香、黄蜡、动物油按 5∶3∶1 比例熬制而成。熬制时先将动物油放至锅中用温火加热，再加松香和黄蜡，不断搅拌至全部溶化即可。由于冷却后会凝固，涂抹前需要加热。

（2）豆油铜素剂。用豆油、硫酸铜、熟石灰按 1∶1∶1 比例制成。配制时先将硫酸铜、熟石灰研成粉末，将豆油倒入锅内煮至沸腾，再将硫酸铜与熟石灰加入油中搅拌，冷却后即可使用。

4）注意安全

上树修剪时，所有用具、机械必须灵活、牢固，防止发生事故。修剪行道树时注意高压线路，并防止锯落的大枝砸伤行人与车辆。

5）职业道德

修剪工具应锋利，修剪时不能造成树皮撕裂、折枝断枝。修剪病枝的工具，要用硫酸铜消毒后再修剪其他枝条，以防交叉感染。修剪下的枝条应及时收集，有的可作插穗、接穗备用,病虫枝则需堆积烧毁。

测试训练

知识测试

一、填空题

1. 整形修剪时期一般分为______修剪和______修剪 2 个时期。

2. 整形修剪的程序概括起来为____。

3. 园林植物的主要修剪手法有______、______、______、______。

4. 根据剪去枝条的长度,将短截分为______、______、______和______4 种。

5. 攀缘植物的整形方式有______、______、______、______。

6. 常用的伤口保护剂有______、______、______。

7. 中央领导干形整形方式适用于______树、______树和______树的整形修剪。

8. 对于月季、珍珠梅等在生长季中开花不绝的,除早春重剪老枝外,可在花后将______修剪,以便再次发枝开花。

二、选择题

1. 短截修剪有轻、中、重之分,一般轻剪是剪去枝条的(　　)。

A. 顶芽　B.1/3 以内　C.1/2 左右　D.2/3 左右

2. 具有顶花芽的花木,在休眠季或者在花前修剪时绝不能采用(　　)修剪方法。

A. 短截　B. 疏枝　C. 摘蕾　D. 抹芽

3. 长放一般多应用于(　　)的枝条,促使形成花芽把握性较大,不会出现越放越旺的情况。

A. 长势较强　B. 长势较弱　C. 长势中等　D. 抹芽

4. 想抑制新梢生长,改变顶端优势,促使侧芽萌发,可采用以下修剪手法(　　)。

A. 捻梢　B. 抹芽　C. 摘心　D. 去蘖

5. 为减少落花落果,提高坐果率,环状剥皮应在(　　)。

A. 花芽分化期　B. 开花前　C. 盛花期　D. 落花后

6. 树木发芽后修剪,一般会(　　)。

A. 增强长势、减少分枝　B. 增强长势、增加分枝

C. 减弱长势、增加分枝　D. 减弱长势、减少分枝

7. 树木落叶后及时修剪,一般会(　　)。

A. 增强长势、减少分枝　B. 增强长势、增加分枝

C. 减弱长势、增加分枝　D. 减弱长势、减少分枝

8. 修剪主、侧枝延长枝时,剪口芽应选在(　　)。

A. 任意方向　B. 枝条内侧　C. 枝条外侧　D. 枝条左、右侧

9. 行道树的分枝点最低不能低于(　　)。

A.2 m　　B.3 m　　C.4 m　　D.5 m

10. 绿篱依高度分为绿墙、高篱、中篱、矮篱 4 类,其中中篱的高度在(　　)。

A.20~25 cm　　B.50~120 cm　　C.120~160 cm　　D.160 cm 以上

三、简答题

1. 简述整形修剪的概念及二者的关系。
2. 整形修剪的目的意义是什么?
3. 整形修剪应掌握哪些原则?
4. 如何对树木进行杯状形整形?
5. 对比 4 种短截方式在树木修剪中的作用。

技能训练

实训 3–5　园林植物整形修剪

一、目的要求

(1)进一步掌握某些树木的生物学特性与生态习性;

(2)掌握整形修剪的基本知识;

(3)初步掌握 6~8 种北京常见树木的整形修剪的方法。

二、材料与用具

(1)材料:桃花、榆叶梅、玉兰、蜡梅、黄刺玫、珍珠梅、连翘、黄杨球、油松、绿篱、棣棠、银杏、红瑞木、紫荆、龙爪槐等。

(2)用具:修枝剪、手锯、粉笔、笔、笔记本。

三、内容与方法

这次实习包括三个方面内容:树体结构的分析与观察;整修修剪基本知识的观察;如何进行花木的整形修剪。

(一)树体结构的分析与观察

(1)进一步认识所修剪树木的枝芽特性;

(2)识别几种主要的枝条:主枝、侧枝、延长枝、小枝组、大枝组、徒长枝、辅养枝、一年生枝、二年生枝、多年生枝、春梢、秋梢、一次性枝、二次性枝。

(3)分析树体的结构是否合理,怎样造成的? 如何调整?

(4)观察前一年的修剪反应。

(二)整形修剪基本知识的观察

(1)了解与掌握修剪的方法与要求;

(2)了解与掌握整形修剪的原则;

(3)了解花木的整修方式与方法。

（三）如何进行花木的整形修剪

（1）首先要观察树木所在位置与周围的环境及其作用，根据环境和作用决定整形的方式和方法；

（2）观察树木的种类（或品种），从树木的生态习性决定其是否留主干与疏枝的程度，以保证树体通风采光；

（3）进一步观察分析树木生长势，根据生长势的实际情况应用适当的技术措施进行调整；

（4）根据修剪反应，决定采用修剪方法和短截枝条的长度；

（5）注意花枝组的培养与配备。

在上面分析判断的基础上，制定修剪方案，然后进行修剪。

通常先剪中干和主枝的延长枝（各个主枝的延长枝选留和截留的长短要相互呼应），再剪侧枝的延长枝（修剪时也要顾及和考虑其他侧枝，同级侧枝留在同方向），然后修剪枝组，修剪枝组时要注意字条的相互搭配，主次要分明，位置要合适，先剪大枝后剪小枝；先剪树木的下部后剪树木的上部；先剪树木的内部后剪树木的外部。一般先进行常规修剪，也就是先将伤残枝、衰老枝、病枯枝、交叉枝、徒长枝（不用于更新的一律去掉），一切扰乱树形的枝条都疏除。然后再进行细致的修剪。

四、作用

园林植物整形修剪效果评价、提交实训报告。

项目四　物业绿化空间专项维护

任务一　绿地有害生物防控

学习目标

(1)能够正确区分绿地病虫草害的类别。

(2)根据绿地病虫草害的发生情况，制定适合当地特点的综合治理方案。

(3)掌握绿地病虫草害的基础知识、防治方法及常用农药的使用技术。

内容提要

人工建立起来的生态系统十分脆弱，植物与环境、植物与植食者(包括多种生物)、天敌间相互作用、相互制约、相互协调的关系很难建立起来。一般情况下，病害和虫害常导致花草、树木生长不良，降低了花木的质量，使其失去观赏价值及绿化效果，甚至引起整株死亡。有些病虫害能使某些花卉品种逐年退化，直至毁种，或使城市绿化树种、风景林大片衰败或死亡，从而造成重大的经济损失。因此，掌握病虫害防治理论与技术措施，是提高园林植物观赏价值和经济价值的重要保证。

任务导入

一、园林绿地病害

(一)园林植物病害概述

1. 病害的概念

园林植物在生长发育和贮运过程中，由于受到环境中物理化学因素的影响，或受其他生物的侵染，导致生理、组织结构、形态上产生局部或整体的不正常变化，使植物生长发育不良，品质变劣，甚至引起死亡，造成经济损失和降低绿化效果及观赏价值，这种现象称为园林植物病害。

植物在生长过程中受到多种因素的影响，其中直接引起病害的因素称为病原，包括生物性和非生物性病原，其他因素统称为环境因子。生物性病原又称病原物，包括真菌、细菌、病毒、植原体、寄生线虫、寄生性种子植物、藻类和螨类。非生物性病原包括温度不宜、湿度失调、营养不良和有毒物质的毒害等。病原物引起的病害称为侵染性病害。非生物性病原引起的病害称为非侵染性病害，也叫生理病害。

植物病害的发生都具有一个病理变化的过程。植物遭病原物的侵染或不利的非生物因素的影响后，先在生理方面发生不正常变化，如呼吸作用和蒸腾作用的加强，同化作用的降低，酶的活性和碳、氮代谢的改变，以及水分和养分吸收运转的失常等，这些称为生理病变。之后，内部组织发生不正常变化，如叶绿体或其他色素体的增减、细胞数目和体积的增减、维管束的堵塞、细胞壁的加厚，以及细胞和组织的坏死等，这些称为组织病变。继生理病变和组织病变之后，外部形态也发生不正常变化，如植物的根、茎、叶、花、果实的坏死、腐烂、畸形等，这些称为形态病变。这些病变往往先引起生理机能的改变，继而造成植物组织形态的改变。这些病变是一个逐渐加深、持续发展的过程，称为病理变化过程或病理程序。病理变化过程是识别园林植物病害的重要标志。

从生产和经济的观点出发，有些园林植物由于生物或非生物因素的影响，尽管出现了某些病态，但是却增加了它们的经济价值和观赏价值，例如，绿菊、绿牡丹是由病毒、植原体侵染形成的；羽衣甘蓝是食用甘蓝叶的变态。虽然这些都是“病态”植物，但其经济和观赏价值得到了，人们将这些“病态”植物视为观赏花卉中的珍品，因此也不当作病害。

损伤同病害是两个不同的概念。无论非生物因素或是生物因素都可以引起植物的损伤。植物损伤是由突发的机械作用所致，如风折、雪压、动物咬伤等，受害植物在生理上不发生病理程序，因此植物损伤不能称为病害。

症状类型如图 1-31 所示。

(a) (b) (c) (d)

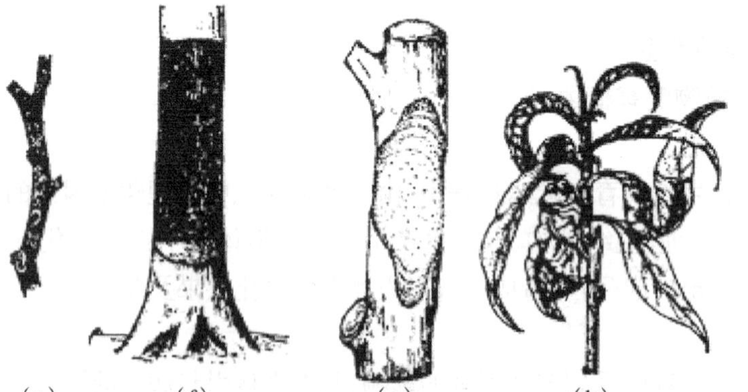

(e) (f) (g) (h)

图 1-31 症状类型

(a)白粉病 (b)叶斑病 (c)花叶病 (d)肿瘤病 (e)溃疡病 (f)腐朽病 (g)腐烂病 (h)畸形

2. 园林植物病害的症状

园林植物感病后，其外表所显现出来的病态特征称为症状。典型症状包括病状和病症。病状是园林植物感病后植物本身的异常表现，也就是受病植株生理解剖上的病变反映到外部形态上的结果。病状的具体表现形式有过度生长、发育不良和坏死等。病症是指寄主病部表面病原物的各种形态结构,并能用眼睛直接观察到的特征。由真菌、细菌和寄生性种子植物等因素引起的病害,病部病症明显。如病部出现不同颜色的霉状物、粉状物,不同大小的粒状物、疱状物,形状各异的伞状物、脓状物,等等。病毒、植原体等寄生在植物细胞内以及非侵染性病害,在植物体外无表现,故它们所致病害无病症。植物病原线虫多数在植物体内寄生,一般植物体表也无病症。由于病原物的种类不同,对植物的影响也各不相同,所以园林植物病害的症状也千差万别,根据它们的主要特征,可分为以下几种类型。

1)病状类型

(1)变色型。植物感病后,叶绿素不能正常形成或解体,因而叶片变为淡绿色、黄色甚至白色。

(2)坏死型。坏死是细胞和组织死亡的现象,常见的有腐烂、溃疡、斑点等。

(3)萎蔫型。植物因病而失水的状态称为萎蔫。

(4)畸形。畸形是细胞或组织过度生长或发育不足引起的,常见的有丛生、瘿瘤、变形、疮痂、枝条带化等。

(5)流脂或流胶型。植物细胞分解为树脂或树胶流出,常称为流脂病或流胶病。前者发生于针叶树,后者发生于阔叶树。流脂病或流胶病的病原很复杂,有侵染性的,也有非侵染性的。

2)病症类型

病原物在病部形成的病症主要有5种类型。

(1)粉状物。粉状物直接产生于植物表面、表皮下或组织中,后破裂而散出,包括锈粉、白粉、黑粉和白锈。

(2)霉状物。霉状物是真菌的菌丝、各种孢子梗和孢子在植物表面构成的特征,其着生部位、颜色、质地、结构常因真菌种类而异,可分为霜霉、绵霉、霉3类。

(3)点状物。点状物是在病部产生的形状、大小、色泽和排列方式各不相同的小颗粒状物,它们大多呈暗褐色至褐色,针尖至米粒大小。

(4)颗粒状物。颗粒状物是真菌菌丝体变态形成的一种特殊结构,其形态大小差别较大,有的似鼠粪状,有的像菜籽形,多数为黑褐色,生于植株受害部位,如十字花科蔬菜菌核病、莴苣菌核病等。

(5)脓状物。脓状物是细菌性病害在病部溢出的含有细菌菌体的脓状黏液,一般呈露珠状,或散布为菌液层;在气候干燥时,会形成菌膜或菌胶粒,如黄瓜细菌性角斑病等。

(二)园林植物病害类型

1. 园林植物的非侵染性病害

园林植物的生长发育依赖外界环境。各种园林植物只有在适宜的环境条件下生长,才能表现出优良性状。当植物遇到恶劣的气候条件、不良的土壤条件或有害物质时,植物的代谢作用遭到干扰,生理机能受到破坏,因此其外部形态必然表现出症状。引起非侵染性病害发生的原因很多,主要有营养失调、温度失调和有毒物质污染。

1)营养缺乏引起的植物病害

植物所必需的营养元素有氮、磷、钾、钙、镁和微量元素铁、硼、锰、锌、铜等。植物缺乏这些元素,就会出现缺素症;某种元素过多也会影响园林植物的正常生长发育。

2)环境不适引起的植物病害

①水分失调引起的植物病害。

②温度不适宜引起的植物病害。

③光照不适宜引起的植物病害。

④环境污染引起的植物病害。

⑤化学药剂使用不当造成的植物病害。

2. 园林植物病原真菌

1)真菌概述

真菌属于真菌界、真菌门,目前已经发现了10多万种,分布很广,绝大多数植物的寄生性病害是由真菌引起的。蔷薇、紫丁香、大丽花、菊花、福禄考和其他植物的白粉病可根据叶面有无白色、淡灰色或稍带浅褐色的菌体加以辨认。世界上许多著名的毁灭性病害,如松疱锈病、榆树荷兰病、板栗疫病、根白腐病、猝倒病以及各种立木腐朽都是由真菌引起的。

真菌的营养体呈丝状,称作菌丝。菌丝可以分枝,许多菌丝团聚在一起,称为菌丝体。真菌菌丝是获得养分的机构。寄生真菌以菌丝体侵入寄主的表皮细胞或内部吸收养分。菌丝可以生长在寄主细胞内或细胞间隙。

真菌的繁殖有两种方式,无性繁殖和有性繁殖。无性繁殖是不经过性器官的结合而进行的繁殖方式,所产生的孢子称为无性孢子。

有性繁殖是通过性细胞或性器官的结合而进行的繁殖方式,所产生的孢子称为有性孢子。有性生殖要经过质配、核配和减数分裂三个阶段。

2)真菌的主要类型及其所致病害

关于真菌分类体系,各真菌分类学家意见不一,但大都依据真菌的形态学、细胞学、生物学特性和个体发育及系统学发育的研究资料进行分类。1973年出版的由Ainsworth等主编的《真菌辞典》第八版提出将菌物界下分为黏菌门和真菌门,真菌门下分为5个亚门,即鞭毛菌亚门(Mastigomycotina)、结合菌亚门(Zygomycotina)、子囊菌亚门(Ascomycotina)、担子菌亚门(Basidiomycotina)和半知菌亚门(Deuteromycotina)。这一分类系统现已被广泛接受。

(1)腐霉属(Pythium):大都腐生在土壤或水中,有的能寄生植物引起幼苗猝倒及根、茎、果实的腐烂。其中瓜果腐霉、德巴利腐霉引起苗木猝倒病。

(2)疫霉属(Phytophthora):绝大多数具寄生性,寄主范围广,可侵染植物的根、茎、叶和果实,引起组织腐烂和死亡。其中恶疫霉危害苹果引起茎基病、果腐,危害草莓引起湿腐,还可危害柑橘、橡胶树、凤仙花等植物。樟疫霉可侵染上千种植物,主要寄主有:凤梨、山茶花、雪松、木瓜、香樟、杜鹃花、刺槐、凤仙花等,危害雪松根及茎基部引起根、茎腐烂,危害山茶、杜鹃引起根、茎腐烂,危害刺槐引起茎腐,危害凤梨引起心腐。棕榈疫霉危害凤梨、无花果、橡胶树、胡椒、芒果、卫茅等引起根腐或茎溃疡。

（3）根霉属（Rhizopus）：主要引起腐烂。其中匍枝根霉引起果实、种子的腐烂。

（4）外囊菌（Taphrinales）：侵染植物的叶、果和芽，引起畸形，如桃缩叶病、李袋果病、桦木丛枝病和樱桃丛枝病等。

（5）白粉菌（Erysiphales）：其中白粉菌科真菌都是专性寄生的，菌丝着生于寄主表面，以吸器伸入表皮细胞吸取养分，易对园林植物造成危害。

（6）球壳菌目（Sphaeriales）：引起叶斑、果腐、烂皮和根腐等病害。

（7）锈菌目（Uredinales）：锈菌寄生在植物的叶、果、枝干等部位，在受害部位表现出鲜黄色或锈色粉堆、疱状物、毛状物等显著的病征，引起叶片枯斑，甚至落叶，枝干形成肿瘤、丛枝、曲枝等畸形现象。锈菌引起的病害病征多呈锈黄色粉堆，故称为锈病。

（8）黑粉菌目（Ustilaginales）：黑粉菌因其形成大量黑色的粉状孢子而得名。由黑粉菌引起的植物病害称为黑粉病，常见的有银莲花条黑粉病及石竹科植物花药黑粉病等。

（9）镰刀菌属（Fusarium）：本属种类多，分布广，腐生、弱寄生或寄生，能为害多种不同植物，引起根、茎、果实腐烂，穗腐，立枯，或破坏植物输导组织，引起萎蔫，如黄瓜枯萎病、香石竹等多种花木枯萎病。

3. 园林植物病原细菌

植物细菌病害分布很广，目前已知的植物病害细菌有 300 多种，我国发现的有 70 多种。细菌病害主要见于被子植物，松柏等裸子植物上很少见。植物细菌病害的主要症状有斑点、腐烂、枯萎、畸形等几种类型。

植物细菌病害的侵染循环和防治要点如下。

细菌不能直接穿透表皮侵入，因此侵入途径只能是自然孔口和伤口。在自然条件下，细菌主要依靠雨滴飞溅作用传播，很少由气流和昆虫传播，故传播的距离一般不远。由于细菌的侵入和传播都需要在有水的环境下进行，所以细菌病害的发生与发展往往与湿度及一年中雨露的分布有密切的关系。

带菌的种苗是细菌病害侵染的重要来源。种子带菌引起苗期的感染，然后再传给成株。许多危害树木叶部的细菌都同时能危害新梢，它们都可以在新梢的病组织中越冬，引起下一年的侵染。植物病死后残体，也是细菌越冬的重要场所，但在病残体分解之后，其中的细菌也大部分死亡。植物病原细菌一般不能在土壤中久活。

植物细菌病害的防治最重要的是减少侵染源，选育抗病品种也是防治细菌病害的重要途径。

4. 园林植物病原病毒

病毒是一类非细胞形态的具有传染性的寄生物，其核酸基因的质量小于 3×10^8 Da，需要有寄主细胞的核糖体和其他成分才能复制增殖。

植物病毒病害绝大多数属于系统侵染的病害。当寄主植物感染病毒后，症状发生总是从局部开始，经过或长或短的时间扩展至全身的。病毒病状可分为以下三种类型。

（1）变色，主要表现为花叶和黄化两种类型，这两种类型是病毒病的普遍症状。

（2）组织坏死，最常见的是叶片上产生枯斑，这大多数是寄主过敏反应引起的，它阻止了病毒侵入植物体后的进一步扩展。有些病毒还能引起韧皮部坏死或系统坏死。

（3）畸形，许多病毒除引起黄化和花叶外，往往还造成植株器官变小、矮化、节间缩短、丛枝、皱叶、叶、卷叶、肿瘤等病态，这些病态常常是病毒病的最终表现。

病毒是专性寄生物，它必须在活体细胞内寄生活动，不能像其他病原物那样主动地传播，只能通过轻微的伤口侵入植物体，因而轻伤不仅为病毒开放了门户，而且又不会造成寄生细胞的死亡。病毒的具体传播方式主要有以下几种。

（1）接触传播。病、健植株的叶片因相互碰撞摩擦而产生轻微伤口，病毒随着病株汁液从伤口流出侵染健株。沾有病毒汁液的手和操作工具也能将病毒传给健株。

（2）嫁接传播。许多植物病毒通过嫁接的方式传播，病毒可由带毒一方传给无毒一方。树木根系间的自然接合也会造成病毒的株间传播。

（3）昆虫传播。植物病毒的媒介昆虫主要是蚜虫和叶蝉，其他如飞虱、粉蚧、蝽象、木虱、蓟马等。

（4）其他介体传播。植物病毒的传播介体除昆虫外，少数也可以由线虫、螨类、真菌及菟丝子等传播。

（5）种子传播。种子传播有的是因种皮带毒，有的是种子内部（胚）带毒。种皮带毒是果肉污染所致，种子带毒是花粉传染所致。

由于病毒系统侵染的特性，一般无性繁殖材料都可能传播病毒病害。

5. 园林植物病原植原体

植原体是1967年从桑萎缩病中认识的一种新病原，这类微生物的形态结构与动物病原菌原体极为相似。目前已发现300多种植物的90种左右的病害是由植原体引起的。园林植物上已知的植原体病害有泡桐丛枝病、枣疯病、桑萎缩病、榆韧皮部坏死病及翠菊黄化病、三叶草叶肿病等。

由植原体引起的植物病害，大多表现为黄化、花变绿、丛枝、萎缩现象。丛枝上的叶片常表现为失绿、变小、发脆等特点。丛枝上的花芽有时转变为叶芽，后期果实往往变形，有的植物感染植原体后节间缩短、叶片皱缩，表现萎缩症状。

植物上的植原体在自然界主要通过叶蝉传播，少数可以通过木虱和菟丝子传播。嫁接也可以是传播植原体的有效方法。但就目前所知，植原体很难通过植物汁液传染。在木本植物上，从植原体接种到发病所经历的时间较长。

防治植原体病害基本上与防治病毒病害相似。严格选择无病的繁殖材料，防治媒介昆虫，选用抗病品种。由于植原体对四环素药物敏感，使用这类药物可以有效地抑制许多种植原体病害。

6. 园林植物病原线虫

线虫属线形动物门线虫纲，它在自然界分布很广，种类繁多，有的可以在土壤和水中生活，有的可以在动植物体内寄生生活。线虫危害的植物种类很多，裸子植物、被子植物等均能受害。根据全国大中城市园林植物病虫害普查结果（1984），我国园林植物线虫病害计有百余种。目前危害较严重的有仙客来、牡丹、月季等的根结线虫病；菊花、珠兰的叶枯线虫病；水仙茎线虫病以及松材线虫病等。

线虫对植物的致病作用，除了吻针对寄主刺伤和虫体在寄主组织内穿行所造成的机械损伤之外，线虫还分泌各种酶和毒素，使寄主组织和器官发生各种病变。园林植物线虫病害的主要症状表现为以下两种类型。

（1）全株性症状。植株生长衰弱矮小，发育缓慢，叶色变淡，甚至萎黄，类似缺肥，营养不良的现象。这种症状主要是根部受线虫危害所致。

（2）局部性症状。由于线虫取食时寄主细胞受到线虫唾液（内含多种酶如酰胺酶、转化酶、纤维酶、果胶酶和蛋白酶等）的刺激和破坏作用，常引起各种异常的变化，其中最明显的是瘿瘤、丛根及茎叶扭曲等畸形症状。

7. 寄生性种子植物

种子植物大都是自养的，只有少数因缺乏叶绿素不能进行光合作用或因某些器官退化而成为异养的寄生植物，这类植物大都是双子叶的，已知有 1 700 多种，分属于 12 个科。

依据寄生方式可分为半寄生和全寄生两种。重要的半寄生性种子植物为桑寄生科，这种植物的叶片有叶绿素，可以进行光合作用，但必须从树木寄生体内吸取矿质元素和水分。桑寄生科在我国已发现有 6 个属，50 余种，其中重要的是桑寄生属，其次是槲寄生属。重要的全寄生性种子植物有菟丝子科和列当科。这种植物的根、叶均已退化，全身没有叶绿素，只保留茎和繁殖器官，它们的导管、筛管与寄生植物的导管和筛管相连，从寄主植物中吸收水和无机盐，并依赖寄主植物供给碳水化合物和其他有机营养物质。

寄生性种子植物对木本植物的危害是使生长受到抑制，如落叶树受桑寄生侵害后，树叶早落，次年发芽迟缓，常绿树则在冬季引起全部落叶或局部落叶，树木受害，有时引起顶枝枯死，叶面缩小等。

（三）园林植物病害检查方法

园林植物病害种类很多，按其病原可将病害大致分两类。一是传染性病害，其病原有真菌、细菌、病毒、线虫等。二是非传染性病害，其病原有温度过高或过低、水分过多或过少、土壤透气不良、土壤溶液浓度过高、药害及空气污染等不利环境条件。

检查、及时发现病害对控制和防止病害的发生十分重要，常用的方法有以下几种。

1）检查叶片上的斑点

斑点一般周围有轮廓，比较规则，后期这些斑点上面又生出黑色颗粒状物，这时可以切片用显微镜做病理检查，如果叶片细胞里有菌丝体或子实体，为传染性叶斑病，然后再根据子实体特征鉴定为哪一种。如果病斑不规则，轮廓不清，大小不一，查无病菌的则为非传染病斑。如果病斑表面干燥，这种传染性病斑多由真菌侵害引起。如果斑上有溢出的脓状物，病变组织一般有特殊臭味，多为细菌侵害所致。

2）看叶片

叶片正面生出白粉物，多为白粉病或霜霉病。白粉病生出的白粉物在叶片上多呈片状，霜霉病生出的白粉物则多呈颗粒状，如黄栌白粉病、葡萄霜霉病。叶片背面（或正面）生出黄色粉状物,多为锈病。如毛白杨锈病、玫瑰锈病、瓦巴斯草锈病等。

3)检查叶片黄绿相间或皱缩变小、节间变短、丛枝、植株矮小情况

上述情况多为病毒引起的。叶片黄化,整株或局部叶片均匀褪绿,进一步白化,一般由类菌质体或生理原因引起,如翠菊黄化病等。

4)观察阔叶树的枝叶枯黄或萎蔫

如果整株或整枝枯黄或萎蔫,先检查有没有害虫,再取下萎蔫枝条,检查其维管束和皮层下木质部,如发现变色病斑,则多是真菌引起的导管病害影响水分输送造成的;如果没有变色病斑,可能是茎基部或根部腐烂病或土壤气候条件不好所造成的非传染性病害。

如果出现部分叶片尖端焦边或整个叶片焦边,再观察其发展,看是否生出黑点,检查有无病菌,如果整株叶片很快焦尖或焦边,则多由土壤、气候等条件引起。

5)检查松树的针叶枯黄

如果先由各处少量叶子开始,夏季逐渐传染扩大,到秋季又在病叶上生出隔断,上生黑点的则多为针枯病,很快整枝整株全部针叶焦枯或枯黄半截,或者当年生针叶都枯黄半截的,则多为土壤、气候等条件引起的。

6)辨别树木花卉干、茎皮层起泡、流水、腐烂情况

局部细胞坏死多为腐烂病,后期在病斑上生出黑色颗粒状小点,遇雨生出黄色丝状物的,多为真菌引起的腐烂病,只起泡流水,病斑扩展不太大,病斑上还生黑点的,多为真菌引起的溃疡病,如杨柳腐烂病和溃疡病。

树皮坏死,木质部变色腐朽,病部后期生出病菌的子实体(木耳等),是由真菌中担子菌所引起的树木腐朽病。

草本花卉茎部出现不规则的变色斑,发展较快,造成植株枯黄或萎蔫的多为疫病。

7)检查树木根部皮层病变情况

根部皮层腐烂、易剥落的多为紫纹羽病、白纹羽病或根朽病等;前者根上有紫色菌丝层;后者有白色菌丝层。后期病部生出病菌的子实体(蘑菇等)的多为根朽病,根部长瘤子,表皮粗糙的,多为根癌肿病。幼苗根际处变色下陷,造成幼苗死亡的,多为幼苗立枯病。

一些花卉根部生有许多与根颜色相似的小瘤子,多为根结线虫病,如小叶黄杨根结线虫病。地下根茎、鳞茎、球茎、块根等细胞坏死腐烂的,如表面较干燥,后期皱缩的,多为真菌危害所致,如唐菖蒲干腐病溢脓和软化的,多为细菌危害所致,如鸢尾细菌性软腐病。

8)检查树干树枝流脂流胶

其原因较复杂,一般由真菌、细菌、昆虫或生理原因引起,如雪松流灰白色树脂、油松流灰白色松脂(与生理和树蜂产卵有关)、栾树春天流树液(与天牛、木蠹蛾危害有关)、毛白杨树干破裂流水(与早春温差、树干生长不匀称有关)、合欢流黑色胶(是由吉丁虫危害引起)等。

9)观察树木小枝枯梢

枝梢从顶端向下枯死,多由真菌或生理原因引起,前者一般先从星星点点的枝梢开始,发展起来有个过程,如柏树赤枯病等,后者一般是一发病就大部或全部枝梢出问题,而且发

展较快。

10)辨认叶片、枝或果上的斑点

病斑上常有轮排列的突破病部表皮的小黑点,由真菌引起,如小叶黄杨炭疽病、兰花炭疽病等。

11)检查花瓣上是否出现斑点

花瓣出现斑点并见有发展,玷污花瓣,花朵下垂,为真菌引起的花腐病。

二、园林绿地虫害

园林绿地害虫种类较多,从大类上可分为昆虫(黏虫、蚜虫等)、螨类(叶螨、瘿螨)、软体动物(蜗牛、蛞蝓)等,它们都以各自的方式危害园林绿地,影响园林绿地景观。害虫的类别不同,其防治措施也有所差异。

由于园林绿地害虫中昆虫、占绝对优势,下面就以昆虫为例,介绍害虫的基础知识。

(一)昆虫的生物学知识

1.昆虫的概念

昆虫属节肢动物门昆虫纲。主要特征是:体躯分为头、胸、腹 3 个体段,头部有触角、复眼、单眼和口器,胸部有 3 对足、2 对翅,腹部具外生殖器及气门。常见的有蝗虫、蛾类、蝇类、蚜虫等。昆虫种类多、分布广、适应性强、繁殖力惊人。昆虫是动物界中最大的一个类群,有 100 万种以上。

昆虫种类繁多,分类方式多种多样,除“界、门、纲、目、科、属、种”等传统的分类方式外,在防治害虫的过程中,还常常有以下几种分类方式。

(1)根据害虫取食方式:分为咀嚼式口器害虫(蝗虫、蛾类幼虫等)、刺吸式口器害虫(蚜虫、叶蝉等)、锉吸式口器(蓟马)等。

(2)根据栖息场所:害虫分为地下害虫(蝼蛄等)和地上害虫(叶蝉等)。

(3)根据危害园林绿地的部位:分为食叶害虫(黏虫等)、吸汁害虫(蚜虫、蓟马等)、钻蛀害虫(潜叶蝇等)、食根害虫(蛴螬等)。

2.变态

昆虫在发育过程中从外部形态到内部构造都出现一系列变化,称为变态。在形态上常有几个不同的发育阶段。这种变化大致可分为 2 个类型,即完全变态与不完全变态,前者一生要经过卵、幼虫、蛹、成虫 4 个发育阶段,幼虫与成虫不仅形态不同,生活习性也不一样,且在幼虫和成虫之间有一个不吃不动的蛹,如黄刺蛾等;后者则只有卵、若虫、成虫 3 个发育阶段,若虫和成虫在形态及生活习性上基本相同,在若虫期和成虫期之间没有蛹期,如梨网蝽等。

3.生长发育

(1)孵化与孵化期:昆虫胚胎发育完成后,从卵壳内破壳而出,这个过程叫孵化。卵从母体产出到孵化为幼虫为止,这段时间称为卵期。在同 1 个世代中成虫所产的卵,从第 1 粒孵化开始到全部的卵都孵化完为止,所经过的时间叫孵化期。

(2)龄期:龄期是指幼虫相邻 2 次蜕皮所经历的时间。刚孵化的幼虫到第 1 次蜕皮止,称1龄幼虫；而后每蜕1次皮，增加1龄，即称2龄、3龄、4龄，依此类推。

（3）化蛹与羽化：幼虫老熟后，最后1次蜕皮，幼虫变成不吃不动状态，叫化蛹。幼虫从卵内孵化出至化蛹的这段时间，称为幼虫期。蛹经过生理变化，变为成虫。从化蛹时开始到羽化为成虫时为止，所经历的时间称为蛹期。成虫破蛹壳而出称羽化。成虫从羽化开始至死亡为止，这段时间叫成虫期。

4. 世代和年生活史

（1）世代。昆虫从卵开始变为成虫时为止的历程称为1个世代，简称1代。昆虫可以1年发生1代或几代，如同型巴蜗牛1年发生1代、小地老虎在华北地区1年发生4代；也可几年发生1代，如华北蝼蛄在华北则需3年才能完成1代。昆虫世代历期主要取决于昆虫自身的内在特性及所在地区的有效积温。

（2）年生活史。1种昆虫在1年中的发育史，或者说从当年的越冬虫态开始活动起，到第2年越冬结束止的发育过程称为年生活史。昆虫遇到高温或低温而停止生长发育叫滞育，如在冬天发生叫越冬，在夏季发生则称越夏。

5. 繁殖方式

昆虫是卵生动物，多数要经过两性交配后产卵繁殖，如黏虫、华北蝼蛄等；有一些种类未经雌雄交配，卵不经过受精也发育成为新个体，称为孤雌生殖，如部分蓟马；有些虫卵在母体内就能发育为幼体，然后再产出来，称为卵胎生，如蚜虫。

6. 生活习性

昆虫的生活习性是指昆虫的活动和行为，是种群的生物学特性，并非每种昆虫都具有。

（1）趋性。趋性是昆虫受外界某种物质连续刺激产生的强迫性定向运动。趋向刺激源称正趋性，避开刺激源称负趋性。按刺激源的性质不同可分为趋光性、趋化性、趋温性等。趋性对昆虫的觅食、求偶、产卵及躲避不良环境等有利。人们可以利用这些习性来防治害虫，如黏虫、小地老虎的成虫具趋光性，可利用黑光灯进行诱杀。

（2）迁移性。昆虫在个体发育过程中，为了满足对食物和环境的需求，都有向周围扩散、蔓延的习性，如蚜虫；有的还能成群结队远距离地迁飞转移，如蝗虫、黏虫等。了解害虫迁飞规律，有助于人们掌握害虫消长动态，以便在其扩散前及时防治。

（3）假死性。有些昆虫受到惊动后，立即收缩附肢，蜷缩一团坠地装死，称假死性，如金龟子成虫。这是昆虫逃避敌害的一种自卫反应，人们常利用这种习性来振落捕杀。

7. 危害性

1）取食性危害

害虫能直接危害园林植物的根、茎、叶、花、果实与种子等部位，形成不同的被害状。因害虫口器类型及取食部位不同，表现出多种危害方式，归纳起来，主要有以下几种。

（1）咀食：害虫咬食叶片使之成为缺刻、孔洞或将叶片吃光仅残留叶柄和叶脉，严重影响园林植物的生长发育和观赏。

（2）卷叶（缀叶）：将单张叶片卷曲造成卷叶或吐丝将数张叶片连缀在一起形成缀叶，害虫则藏匿其中危害，使得叶片卷缩，影响嫩梢、嫩叶的正常生长。

(3)潜叶：害虫在叶片的上下表皮间潜食叶肉，形成弯弯曲曲的隧道。严重时引起叶片大量脱落。

(4)钻蛀：害虫在花木枝干的木质部内钻成隧道，受害花木易早衰。

(5)刺吸：被害部位出现褪绿或黄化斑点，嫩叶卷曲，果实畸形，甚至整株枯死。

(6)虫瘿：植株的根、茎、叶等部位由于受害虫的刺激而产生虫瘿，影响观赏效果。

2)非取食性危害

(1)产卵伤害：大青叶蝉等害虫将卵成排产在茎干、枝条表皮下的组织中，破坏花木的输导组织，造成枝条或幼树枯萎。

(2)土壤中穿行危害：蝼蛄在土中穿行形成许多隧道，使得植株根系与土壤根系分离失水而死，造成植株生长不良或死亡。

3)传播植物病害

有些植物病害是由某些害虫传播的，如蚜虫传播病毒病、松墨天牛传播松材线虫病等。

此外，蚜虫、粉虱、介壳虫等害虫排出的蜜露会玷污叶片，诱致煤污病的发生。

(二)园林绿地常见害虫种类与识别

1. 园林绿地常见害虫种类

1)吸汁害虫

园林植物吸汁害虫是指具有刺吸式口器与锉吸式口器的害虫，包括蚜虫、螨类、介壳虫、叶蝉、蜡蝉、术虱、粉虱、椿象、蓟马等。虫害发生特点为：以口针刺人或锉破园林植物组织吸吮汁液，设害部位形成细小的褪色；变色斑点或卷曲、皱缩、畸形等症状；发生代数多，高峰期明显；个体小，繁殖力强，发生初期危害状不明显，易被人忽视；扩散蔓延迅速，借风力、苗木传播；多数为媒介昆虫，可传播病毒病和植原体病害。

(1)蚜虫类：俗称"腻虫""密虫""蜜虫""芽虫"，种类很多。各类园林植物都遭受蚜虫的危害。其取食的部位大多在嫩叶、嫩茎及花蕾上，而且多为叶背危害。其直接危害是刺吸汁液，使叶片褪色、卷曲、皱缩，甚至发黄脱落，形成虫瘿等症状。同时排泄蜜露诱发煤污病，其间接危害是传播多种病毒，引起病毒病。常见的种类有桃蚜、棉蚜、菊小长管蚜、月季长管蚜、绣线菊蚜、莲缢管蚜、桃瘤蚜、白兰台湾蚜等。

(2)螨类：又名红蜘蛛，是园林植物上一类常见的重要害虫。主要危害园林植物的叶、茎、花蕾等部位，且常群集叶背等处，用口针刺吸寄主皮细胞，吸取细胞内叶绿素及其他内含物，使受害部位失绿，出现灰黄色小斑点，严重时造成叶片枯焦，提早脱落。常见危害园林植物的螨类有朱砂叶螨、山楂叶螨、柑橘全爪螨、二点叶螨、跗线螨、短须螨等多种。

(3)介壳虫类：俗称"树虱子"，园林植物上的介壳虫种类很多，据估计有700多种。植物的根、茎、叶、果等部位都有不同种类的介壳虫寄生。在园林植物上常见的有红蜡蚧、日本龟蜡蚧、吹绵蚧、日本松干蚧、草履蚧、常春藤圆盾蚧、糠片盾蚧、桑白盾蚧、褐软蚧、仙人掌盾蚧、橘棘粉蚧、考氏白盾蚧、梨圆唐蚧、月季白轮盾蚧等。

(4)粉虱类：俗称"小白蛾子"，体微小，雌雄均有翅，翅短而圆，膜质，翅脉极少，前后翅相似，后翅略小，体翅均有白色蜡粉，故称粉虱。其危害方式是成虫和幼虫群集叶背，用口针插入寄主组织内吸取汁液，使叶片微黄、脱落。其成虫分泌蜜露，常导致煤污病发生。常见危害园林植物的粉虱有白粉虱、烟粉虱、黑刺粉虱和柑橘粉虱等。

（5）木虱类：体小型，形状如小蝉，善跳能飞。在园林植物上常见的有梧桐木虱、柑橘木虱、樟叶木虱等。

（6）叶蝉类：通称浮尘子，又名叶跳虫，种类很多。身体细长，常能跳跃，能横走，善飞行。在园林植物上常见的有大青叶蝉、小绿叶蝉、棉升蝉、二星叶蝉等。

（7）椿象类：蝽类属半翅目，以刺吸式口器危害植物的叶片、花、果实等，但不同种类危害症状不同。在园林植物上常见的有绿盲蝽、黑盲蝽、梨网蝽、杜鹃冠网蝽等。

（8）蜡蝉类：体小型至大型。中足基节长，着生在身体的两侧，互相远离，后足基节短，固定不能活动，并互相接触，能跳跃。常见的有斑衣蜡蝉、龙眼鸡、八点蜡蝉等。

（9）蓟马类：种类很多，食性较杂，多为植食性。在园林植物上常见的有花蓟马、烟蓟马、黄胸蓟马、榕管蓟马。

2）食叶害虫

园林植物食叶害虫的种类繁多，主要有袋蛾、刺蛾、斑蛾、尺蛾、枯叶蛾、舟蛾、灯蛾、夜蛾、毒蛾、蝶类、叶甲、金龟子、叶蜂、蝗虫等。它们的危害特点是：危害健康的植株，猖獗时能将叶片吃光，削弱树势，为天牛、小蠹虫等蛀干害虫侵入提供适宜条件；大多数食叶害虫营裸露生活，受环境因子影响大，其虫口密度变动大；多数种类繁殖能力强，产卵集中，易暴发成灾，并能主动迁移扩散，扩大危害的范围。

（1）袋蛾类：又名蓑蛾、避债蛾、吊死鬼等，幼虫都吐丝缀叶形成护囊，雌虫终生不离幼虫所织的护囊。袋蛾类害虫食性杂，危害多种植物，常见的有大袋蛾、小袋蛾、茶袋蛾、白囊袋蛾等。

（2）刺蛾类：俗名痒辣子。幼虫蛞蝓形，无胸足，腹足退化，常具有枝刺和毒毛。蛹为裸蛹，蛹外常有光滑坚硬的茧。幼虫危害花木时，常将叶片吃成缺刻，仅留时柄及主脉。常见的有黄刺蛾、桑褐刺蛾、扁刺蛾、褐边绿刺蛾、丽绿刺蛾等多种。

（3）毒蛾类：体中型，粗壮多毛，前翅广，足多毛，雌蛾腹端有毛丛。幼虫具有特殊的长毒毛，在化蛹及羽化时毒毛也常常附着在蛹及成虫上，不慎时即会刺入皮肤。毒蛾种类很多，常见的主要有黄尾毒蛾、柳毒蛾、舞毒蛾、杨毒蛾、刚竹毒蛾、侧柏毒蛾等。

（4）舟蛾类：幼虫大多颜色鲜艳，背部常有显著的峰突，幼虫栖息时只靠腹足固着，首尾上翘，形如龙舟而得名。危害园林植物的主要有杨扇舟蛾、杨二尾舟蛾、苹掌舟蛾、国槐羽舟蛾等。

（5）尺蛾类：因其幼虫的行动姿态而得名，还称为“步曲”或“造桥虫”。成虫体细、翅大而薄，飞翔力弱。幼虫拟态性强。尺蛾种类很多，危害园林植物的主要有国槐尺蛾、丝棉木金星尺蛾、木橑尺蛾、沙枣尺蛾等。

（6）夜蛾类：种类极多，危害方式有食叶性、切根（茎）性及钻蛀性。在园林植物上常见的有斜纹夜蛾、银纹夜蛾、黏虫、甘蓝夜蛾、竹笋禾夜蛾等。

（7）灯蛾类：因成虫趋光性强，夜间扑灯而得名。幼虫体毛甚多。在园林植物上常见的有美国白蛾、红缘灯蛾、人纹污灯蛾等。

（8）斑蛾类：在园林植物上常见的有朱红毛斑蛾、大叶黄杨斑蛾、竹斑蛾、梨星毛虫等。

（9）螟蛾类：危害园林植物的螟蛾除卷叶、缀叶的以外，还有许多钻蛀性害虫。在园林植物较常见的有松梢螟、黄杨绢野螟、棉卷叶野螟等。

（10）天蛾类：大型的蛾子，前翅狭长，后翅呈短三角形，身体粗壮，飞翔迅速，成虫身体花纹怪异，触角末端呈钩状，易与其他蛾类区别。幼虫粗大，身体上有许多颗粒，体侧大多有一列斜纹，尾部背面有尾角。在园林植物上常见的有霜天蛾、豆天蛾、鬼脸天蛾、咖啡透翅天蛾、蓝目天蛾等。

（11）枯叶蛾类：中大型的蛾子，体躯粗壮，被厚毛，因静止时形似枯叶而得名。幼虫大型多毛，有毒，常统称毛虫，多数为林木害虫。在园林植物上发生普遍的有黄褐天幕毛虫、松毛虫类、杨枯叶蛾等。

（12）甲虫类：又名金花虫，小至中型，身体呈卵形或圆形，有金属光泽。幼虫肥壮，3对胸足发达。体背常具枝刺、瘤突等，成虫和幼虫都咬食叶片。成虫有假死性，多以成虫越冬。危害园林植物的种类很多，常见的甲虫有榆蓝叶甲、白杨叶甲、柳蓝叶甲、泡桐叶甲等。

（13）叶蜂类：叶蜂幼虫与鳞翅目幼虫相似，但叶蜂幼虫有6~8对腹足，腹足上无趾钩，且仅有1对单眼，可与鳞翅目幼虫相区别。在园林植物上较常见的有蔷薇三节叶蜂、叶蜂科的樟叶蜂等。

（14）蝗虫类：均为植食性。其中包括一些农、林、果树上的常见害虫，园林植物上比较常见的有短额负蝗、黄脊竹蝗、青脊竹蝗等。

（15）蝶类：园林植物上常见的有粉蝶科的合欢黄粉蝶、菜粉蝶，凤蝶科的柑橘凤蝶，玉带凤蝶、蛱蝶科的茶褐樟蛱蝶等。

3）蛀干害虫

园林植物枝干害虫主要包括鞘翅目的天牛、小蠹虫、吉丁虫、象甲，鳞翅目的木蠹蛾、透翅蛾、螟蛾，膜翅目的树蜂、茎蜂等。蛀干害虫的特点是：生活隐蔽，除成虫期营裸露生活外，其他各虫态均在韧皮部、木质部营隐蔽生活，害虫危害初期不易被发现， 旦出现明显被害征兆，则已失去防治有利时机；虫口稳定，枝干害虫大多生活在植物组织内部，受环境条件影响小，天敌少，虫口密度相对稳定；危害严重。枝干害虫蛀食韧皮部、木质部等，影响输导系统传递养分、水分，导致树势衰弱或死亡，一旦遭到侵害，植株很难恢复生机。蛀干害虫的发生与园林植物的养护管理有着密切的关系。适地适树，加强养护管理，合理修剪，适时灌水与施肥，促使植物健康生长，是预防蛀干害虫大发生的根本途径。

（1）天牛类：身体多为长型，大小变化很大，触角呈丝状，常超过体长，复眼肾形，包围于触角灌部。幼虫圆筒形，粗肥稍扁，体软多肉，白色或淡黄色，头小，胸部大，胸足极小或无。以幼虫钻蛀植物枝干，轻则树势衰弱影响观赏价值，重则损：枝折干，甚至枯死。主要种类有星天牛、光肩星天牛、桑天牛、双条杉天牛、桃红颈天牛、双斑锦天牛、双条合欢天牛、松褐天牛、菊小筒天牛等。

（2）木蠹蛾类：以幼虫蛀害树干和枝梢，是园林植物的重要害虫。常见的种类有芳香木蠹蛾东方亚种、小线角木蠹蛾、黄胸木蠹蛾、咖啡木蠹蛾、榆木蠹蛾等。

(3)吉丁虫类:成虫生活于木本植物上,产卵于树皮缝内。幼虫大多数在树皮下枝干或根内钻蛀,蛀道大多宽而扁,有的生活在草本植物的茎中,少数潜叶或形成虫瘿。危害园林树木的几丁虫主要有合欢吉丁虫、六星吉丁虫、大叶黄杨吉丁虫、柳吉丁虫。

(4)小蠹虫类:为小型甲虫,体近圆形,颜色较暗,触角锤状,鞘翅上纵列刻点。幼虫白色,略弯曲,无足,具棕黄色头部。多数种类寄生于树皮下,有的侵入木质部。种类不同,钻蛀坑道的形状也不同,是园林植物的重要害虫。主要种类有柏肤小蠹、日本双齿长蠹、松六齿小蠹、松纵坑切梢小蠹、松横坑切梢小蠹等。

(5)透翅蛾类:其显著特征是成虫前翅无鳞片而透明,很像胡蜂,白天活动。以幼虫蛀食茎干、枝条,形成肿瘤,危害园林树木严重的有白杨透翅蛾、葡萄透翅蛾、苹果透翅蛾等。

(6)象甲类:重要的园林植物钻蛀类害虫。成虫和幼虫均能危害,取食植物的根、茎、叶、果实和种子。成虫多产卵于植物组织内,幼虫钻蛀危害,少数可以产生虫瘿或潜叶危害。常见的有臭椿沟眶象、沟眶象、长足大竹象等。

4)地下害虫

地下害虫是指在土中危害园林植物根部或近土表主茎的害虫。它们有的一生生活在土中,有的某一阶段生活在土中。常见的地下害虫有金龟子、地老虎、蝼蛄、金针虫、蟋蟀、种蝇幼虫等。

(1)金龟子类:金龟子分布广,食性杂,成虫是花木上一类重要的食叶害虫,常将叶片咬得残缺不全,虫口数量多时,整叶被吃光,仅剩下主脉及叶柄。其幼虫(蛴螬)是花木上一种主要地下害虫。常见危害花木的金龟子主要有黑绒金龟子、铜绿金龟子、苹毛金龟子、小青花金龟子、白星金龟子、豆蓝金龟子、华北大黑金龟子等。

(2)蝼蛄类:俗称土狗、地狗、蝲蝲蛄等。常见的有东方蝼蛄、华北蝼蛄。

(3)金针虫类:又名铁丝虫、黄夹子虫,是叩头甲类幼虫的统称,有多种,常在苗圃中咬食苗本的嫩茎、嫩根或种子。幼苗受害后逐渐枯死。危害园林植物最常见的有沟金针虫和细胸金针虫。

(4)地老虎类:以小地老虎分布最广,危害最严重。

2. 根据被害状辨识害虫

不同种类的害虫,对园林植物的危害状不同,可以根据园林植物的被害状辨识害虫。

(1)根据叶片的被害状识别害虫:有些害虫危害园林植物叶片,为了识别是哪一类害虫危害的,可从叶片的被害状来辨识。例如危害嫩叶、嫩梢,造成卷叶、皱缩,但叶片没有被咬伤,叶片上面有油质分泌物的,多是蚜虫、粉虱和木虱危害。

(2)根据枝干和根部被害状识别害虫:危害枝条、树干韧皮部和木质部的害虫,一般多为天牛类、木蠹蛾类、吉丁虫类、透翅蛾类、小蠹类、蜂类等。

三、园林绿地草害

(一)园林绿地杂草的概念

凡是生长在人工种植的土地上,除目的栽培植物以外的所有植物都是杂草,即长错了地方的植物。

（二）园林绿地杂草的分类

园林绿地杂草除了按植物分类学分成不同的科、届、种外，还可按如下方式对杂草进行分类。

1.按生育期分类

按生育期的长短，杂草可分为1年生、越年生和多年生杂草。

（1）1年生杂草：该类杂草在1个生长季节内完成其生活史，即从种子发芽到成熟结实在1年内完成，即春天发芽，夏天或秋天结籽，如牛筋草、反枝苋等。

（2）越年生杂草：该类杂草在夏末或秋天发芽，植株处于未成熟的状态度过冬季的几个月，来年春天再进一步进行营养生长。该类杂草春末或夏初开花、结籽，生长时间虽不足1年，但跨2个年度，因而被称为越年生杂草，如独行菜、看麦娘等。

（3）多年生杂草：该类杂草生长期较长可存活多年，既可以种子繁殖又能以根茎等营养器官繁殖。该类杂草通常以营养器官休眠越冬，其根据营养繁殖的方式不同又可分为：匍匐根状茎类，如狗牙根等；地下根状茎类，如芦苇、箭叶旋花、苣荬菜等。多年生杂草的抗药性比1年生杂草要强，防治难度较大。

2.按植物的形态和对除草剂的敏感性分类

按植物的形态不同将杂草分为3类——阔叶草、禾草、莎草。这3类杂草对除草剂的敏感性不同。有些除草剂只对禾草有效，有些除草剂则只对阔叶草有效。

（1）阔叶草：包括双子叶的杂草和部分单子叶杂草。主要形态特征为叶片宽大，有柄；茎常为实心，如反枝苋、苘麻、马齿苋、荠菜等。

（2）禾草：属于禾本科植物。主要形态特征为叶片狭长、叶脉平行、无叶柄，茎圆形或扁性，分节，节间中空，如马唐、稗草、牛筋草、狗尾草等。

（3）莎草：属于莎草科植物，其叶片形态与禾草相似，但叶片表层有蜡质层，较光滑；茎三棱、不分节、实心，如香附子、异型莎草等。

3.按生存环境分类

按生存环境，杂草可分为水生型、湿生型与旱生型。园林绿地杂草以旱生型为主，如马唐、苦菜等，也伴有少量的喜湿杂草，如双穗雀稗、空心莲子草等。

（三）园林绿地杂草的危害时期

（1）1年生杂草：该类杂草一般在春季4—5月份萌发，秋季开花结实8月份是其生长旺盛期，也是其主要危害期。

（2）越年生杂草：该类杂草一般在9—10月份种子萌发生长，以幼芽越冬，第2年春季返青，春末夏初迅速生长，5—6月份开花结实，传种子成熟后枯死。其主要危害时期为春季、秋季。

（3）多年生杂草，多在春季萌发，夏秋季生长旺盛，晚秋至冬季地上部分枯萎，所以其危害时期为5—8月份。7—8月份由于温度高，湿度大，适宜各类杂草生长，因此也是危害园林绿地的主要时期。

园林绿地杂草在1年中发生的先后顺序为:双子叶杂草先发生,尤其是越年生和多年生杂草,其后是单子叶杂草,最后发生的又是双子叶杂草,所以在防治时要根据杂草的发生规律采取相应的防治措施。

四、园林绿地病虫害综合防治技术

1. 植物检疫

植物检疫又称法规防治,指一个国家或地区用法律或法规形式,禁止某些危险性的病虫、杂草人为地传入或传出或对已发生及传入的危险性病虫、杂草,采取有效措施消灭或控制。植物检疫与其他防治技术明显不同。首先,植物检疫具有法律的强制性,任何集体和个人不得违反。其次,植物检疫具有宏观战略性,不计局部地区当时的利益得失,主要考虑全局长远利益。最后,植物检疫防治策略是对有害生物进行全面的种群控制,即采取一切必要措施,防止有害生物进入或将其控制在一定范围内或将其彻底消灭。所以,植物检疫是一项最根本性的预防措施,是园林植物保护的主要手段。

植物检疫主要内容有检疫对象的确定、疫区和非疫区的划分、植物及植物产品的检验与检测、疫情的处理。

2. 植物栽培技术防治

利用园林栽培技术来防治病虫害的方法,即创造有利于植物生长发育而不利于病虫害危害的条件,促使植物茁壮生长,增强其抵抗病虫害危害的能力,是病虫害综合治理的基础。园林技术防治的优点是:防治措施结合在园林栽培过程中完成,不需要另外增加劳动力,因此可以降低劳动力成本,增加经济效益。其缺点是:见效慢,不能在短时间内控制暴发性发生的病虫害。植物栽培技术防治措施主要有以下几种。

(1)选用无病虫种苗及繁殖材料。

(2)苗圃地的选择及处理。一般应选择土质疏松、排水透气性好、腐殖质多的地段作为苗圃地。在栽植前进行深耕改土,耕翻后经过曝晒、土壤消毒后,可杀灭部分病虫害。

(3)采用合理的栽培措施。根据苗木的生长特点,在圃地内考虑合理轮作、合理密植以及合理配置花木等原则。从而避免或减轻某些病虫害的发生,增强苗木的抗病虫性能。

(4)合理配施肥料。有机肥与无机肥配施、大量元素与微量元素配施、施用充分腐熟的有机肥。

(5)合理浇水。在花木灌溉中,不合理的浇水方法、浇水量及时间等,都会导致病虫害。喷灌和"滋"水等方式往往诱发叶部病害,最好采用沟灌、滴灌或沿盆钵边缘浇水等方式。

(6)球茎等器官的收获及收后管理。许多花卉是以球茎、鳞茎等器官越冬,为了保障这些器官的健康贮存,要在晴天收获;在挖掘过程中尽量减少伤口;挖出后剔除有病的器官,并在阳光下曝晒几天方可入窖。

(7)加强园林管理。加强对园林植物的抚育管理,及时修剪。例如,防治危害悬铃木的日本龟蜡蚧,可及时剪除虫枝,以有效抑制该虫的危害;及时清除被害植株及树枝等,以减少病虫的来源。公园、苗圃的枯枝落叶、杂草,都是害虫的潜伏场所,清除病枝虫枝,清扫落叶,及时除草,可以消灭大量的越冬病虫。温室栽培植物,要经常通风透气,降低湿度,以减少花卉灰霉病等的发生发展。

3. 物理机械防治

利用简单的工具以及物理因素（如光、温度、热能、放射能等）来防治害虫的方法，称为物理机械防治。物理机械防治简单实用，容易操作，见效快，可以作为害虫大发生时的一种应急措施。特别对于一些化学农药难以解决的害虫或发生范围小时，物理机械防治往往是一种有效的防治手段。

1）人工捕杀

人工捕杀指利用人力或简单器械，捕杀有群集性、假死性的害虫。例如，用竹竿打树枝振落金龟子，组织人工摘除袋蛾的越冬虫囊，摘除卵块，发动群众清晨到苗圃捕捉地老虎以及利用简单器具钩杀天牛幼虫等，都是行之有效的措施。

2）诱杀法

诱杀法是指利用害虫的趋性设置诱虫器械或诱物诱杀害虫，利用此法还可以预测害虫的发生动态。常见的诱杀方法有以下几种。

（1）灯光诱杀：利用害虫的趋光性，人为设置灯光来诱杀防治害虫。目前生产上所用的光源主要是黑光灯，此外，还有高压电网灭虫灯。黑光灯是一种能辐射出 360 nm 紫外线的低气压汞气灯，而大多数害虫的视觉神经对波长 330~400 nm 的紫外线特别敏感，具有较强的趋性，因而诱虫效果很好。利用黑光灯诱虫，除能消灭大量虫源外，还可以用于开展预测预报和科学实验，进行害虫种类、分布和虫口密度的调查，为防治工作提供科学依据。

（2）毒饵诱杀：利用害虫的趋化性在其所嗜好的食物中（糖醋、麦麸等）掺入适当的毒剂，制成各种毒饵诱杀害虫。例如，蝼蛄、地老虎等地下害虫，可用麦麸、谷糠等作饵料，掺入适量敌百虫或其他药剂制成毒饵来诱杀。

（3）饵木诱杀：许多蛀干害虫如天牛、小蠹虫、象虫、吉丁虫等喜欢在新伐倒不久的倒木上产卵繁殖。因此，在成虫发生期间，在适当地点设置一些木段，供害虫大量产卵，待新一代幼虫完全孵化后，及时进行剥皮处理，以消灭其中害虫。

（4）植物诱杀，或称作物诱杀，即利用害虫对某种植物有特殊嗜好的习性，经种植后诱集捕杀的一种方法。例如，在苗圃周围种植蓖麻，使金龟子误食后麻醉，可以集中捕杀。

（5）潜所诱杀：利用某些害虫的越冬潜伏或白天隐蔽的习性，人工设置类似环境诱杀害虫。注意诱集后一定要及时消灭。例如，有些害虫喜欢在树皮缝、翘皮下等处越冬，可于害虫越冬前在树干上绑草把，引诱害虫前来越冬，将其集中消灭。

3）阻隔法

人为设置各种障碍，切断病虫害的侵害途径，称为阻隔法。

（1）涂环法。

该方法针对有上下树习性的害虫，在树干上涂毒环或涂胶环，从而杀死或阻隔幼虫。该方法多用于树体的胸高处，一般涂 2~3 个环。

（2）挖障碍沟。

对于无迁飞能力只能靠爬行的害虫，为阻止其危害和转移，可在未受害植株周围挖沟；

对于一些根部病害，也可以在受害植株周围挖沟，阻隔病原菌的蔓延，以达到防治病虫害传播蔓延的目的。

(3)设障碍物。

该方法主要防治无迁飞能力的害虫。如枣尺蠖的雌成虫无翅，交尾产卵时只能爬到树上，可在上树前在树干基部设置障碍物阻止其上树产卵。

(4)覆盖薄膜。

覆盖薄膜能在增产的同时达到防病的目的。许多叶部病害的病原物是在病残体上越冬的，花木栽培地早春覆膜可大幅度减少叶病的发生。因为薄膜对病原物的传播起了机械阻隔作用，覆膜后土壤温度、湿度提高，加速病残体的腐烂，减少了侵染来源。如芍药地覆膜后，芍药叶斑病大幅减少。

4. 生物防治

用生物及其代谢产物来控制病虫的方法，称为生物防治。从保护生态环境和可持续发展的角度讲，生物防治是最好的防治方法。

生物防治法不仅可以改变生物种群的组成，而且能直接消灭大量的病虫；对人、畜、植物无害，不杀伤天敌，不污染环境，不会引起害虫的再次猖獗和形成抗药性，对害虫有长期的抑制作用；生物防治的自然资源丰富，易于开发，且防治成本低，是综合防治的重要组成部分和主要发展方向。但是，生物防治的效果有时比较缓慢，人工繁殖技术较复杂，受自然条件限制较大。害虫的生物防治主要是保护和利用天敌、引进天敌以及进行人工繁殖与释放天敌控制害虫发生。自20世纪70年代以来，随着微生物农药、生化农药以及抗生素类农药等新型生物农药的研制与应用，人们把生物产品的开发与利用也纳入害虫生物防治工作。

1)利用天敌昆虫

利用天敌昆虫来防治害虫，称为以虫治虫。天敌昆虫主要有两大类型。

(1)捕食性天敌昆虫。捕食性天敌昆虫在自然界中抑制害虫的作用和效果十分明显。例如，松干蚧花蝽(*Elatophilus nipponensis*)对抑制松干蚧的危害起着重要的作用；紫额巴食蚜蝇(*Bacch pulchriforn* A.)对抑制在南方各省区危害很重的白兰台湾蚜(*Formosa phismicheliae* T.)有一定的作用。据初步观察，每头食蚜蝇每天能捕食蚜虫107头。

(2)寄生性天敌昆虫。寄生性天敌昆虫主要包括寄生蜂和寄生蝇，可寄生于害虫的卵、幼虫及蛹内或体上。凡被寄生的卵、幼虫或蛹，均不能完成发育而死亡。有些寄生性昆虫在自然界的寄生率较高，对害虫起到很好的控制作用。

利用天敌昆虫来防治园林植物害虫，主要有以下三种途径。

(1)天敌昆虫的保护。

当地自然天敌昆虫种类繁多，是各种害虫种群数量重要的控制因素，因此，要善于保护利用。

(2)天敌昆虫的繁殖和释放。

在害虫发生前期，自然界的天敌昆虫数量少、对害虫的控制力很低时，可以在室内繁殖天敌昆虫，增加天敌昆虫的数量。特别在害虫发生之初，大量释放于林间，可取得较显著的防治效果。

(3)天敌昆虫的引进。

我国引进天敌昆虫来防治害虫,已有 80 多年的历史。据资料记载,全世界成功的约有 250 多例,其中防治蚧虫成功的例子最多,成功率占 78%。在引进的天敌昆虫中,寄生性昆虫比捕食性昆虫成功得多。目前,我国已与美国、加拿大、墨西哥、日本、朝鲜、澳大利亚、法国、德国、瑞典等十多个国家进行了这方面的交流,引进各类天敌昆虫 100 多种,有的已发挥了较好的控制害虫的作用。

2)生物农药的应用

生物农药作用方式特殊,防治对象比较专一且对人类和环境的潜在危害比化学农药要小,因此特别适合园林植物害虫的防治。

(1)微生物农药。

以菌治虫,就是利用害虫的病原微生物来防治害虫。可引起昆虫致病的病原微生物主要有细菌、真菌、病毒、立克次氏体、线虫等。目前生产上应用较多的是病原细菌、病原真菌和病原病毒三类。

利用病原微生物防治害虫,具有繁殖快、用量少、不受园林植物生长阶段的限制、持效期长等优点。近年来作用范围日益扩大,是目前园林害虫防治中最有推广应用价值的类型之一。

①病原细菌。目前用来控制害虫的细菌主要有苏芸金杆菌(*Bacillusth uringiensis*)。苏芸金杆菌是一类杆状的、含有伴孢晶体的细菌,伴孢晶体可通过释放伴孢毒素破坏虫体细胞组织,导致害虫死亡。

②病原真菌。能够引起昆虫致病的病原真菌很多,其中白僵菌(*Beauveria bassiana*)最为普遍,我国广东省、福建省、广西壮族自治区等普遍用白僵菌来防治马尾松毛虫(*Dendrolimusp unctatus* W.),取得了很好的防治效果。

③病原病毒。利用病毒防治害虫,其主要优点是专化性强,在自然情况下,某种病原病毒往往只寄生一种害虫,不存在污染与公害问题,在自然界中可长期保存,反复感染,有的还可遗传感染,从而造成害虫流行病。

(2)植物激素农药。

植物激素农药指那些经人工合成或从自然界的生物源中分离或派生出来的化合物,如昆虫信息素、昆虫生长调节剂等,主要来自昆虫体内分泌的激素,包括昆虫的性外激素、昆虫的脱皮激素及保幼激素等内激素。昆虫生长调节剂现在我国应用较广的有灭幼脲Ⅰ号、Ⅱ号、Ⅲ号等,对多种园林植物害虫如鳞翅目幼虫、鞘翅目叶甲类幼虫等具有很好的防治效果。

(3)其他动物的利用。

我国有 1 100 多种鸟类,其中捕食昆虫的约占半数,它们绝大多数以害虫为食。目前以鸟治虫的主要措施有保护鸟类,严禁在城市风景区、公园打鸟;人工招引以及人工驯化等。蜘蛛、捕食螨、两栖动物及其他动物,对害虫也有一定的控制作用。例如,蜘蛛对于控制南方观赏茶树(金花茶、山茶)上的茶小绿叶蝉(*Empoasca flavescens* F.)起着重要的作用;而捕食螨对酢浆草岩螨(*Petrobia harti* E.)、柑橘红蜘蛛(*Panonychus citri* M.)等螨类也有较强的控制力。

5.化学防治

化学防治是指用农药来防治害虫、病害、杂草等有害生物的方法。化学防治是害虫防治的主要措施,具有收效快、防治效果好、使用方法简单、受季节限制较小、适合于大面积使用等优点。但化学防治也有明显的缺点,缺点概括起来可称为"三R问题",即抗药性(Resistance)、再猖獗(Rampancy)及农药残留(Remnant)。由于长期对同一种害虫使用相同类型的农药,使得某些害虫产生不同程度的抗药性;由于用药不当杀死了害虫的天敌,从而造成害虫的再度猖獗危害;由于农药在环境中存在残留毒性,特别是毒性较大的农药,对环境易产生污染,破坏生态平衡。

1)农药的基本知识

(1)农药的分类。

农药的种类很多,按照不同的分类方式可有不同的分类方法。

①按防治对象分类,农药可分为杀虫剂、杀菌剂、杀螨剂、杀线虫剂、杀鼠剂、除草剂等。

②按照杀虫剂对昆虫的毒性作用及其侵入害虫的途径分类,农药一般可分为胃毒剂、触杀剂、内吸剂、熏蒸剂、特异性杀虫剂等。

胃毒剂。药剂随着害虫取食植物一同进入害虫的消化系统,再通过消化吸收进入血腔中发挥杀虫作用。此类药剂大都兼有触杀作用,如敌百虫。

触杀剂。药剂与虫体接触后,药剂通过昆虫的体壁进入虫体内,使害虫中毒死亡,如拟除虫菊酯类等杀虫剂。

内吸剂。药剂容易被植物吸收,并可以输导到植株各部分,在害虫取食时使其中毒死亡。这类药剂适用于防治一些蚜虫、蚧虫等刺吸式口器的害虫,如乐果、氧化乐果、久效磷等。

熏蒸剂。药剂由固体或液体转化为气体,通过昆虫呼吸系统进入虫体,使害虫中毒死亡,如氯化苦、磷化铝等。

特异性杀虫剂。这类药剂对昆虫无直接毒害作用,而是通过拒食、驱避、不育等不同于常规的作用方式,最后导致昆虫死亡,如樟脑、风油精、灵香草等。

③按杀菌剂的性能分类,农药一般分为保护剂、治疗剂。

保护剂。在植物感病前(或病原物侵入植物以前),喷洒在植物表面或植物所处的环境,用来杀死或抑制植物体外的病原物,以保护植物免受侵染的药剂,称为保护剂,如波尔多液、石硫合剂、代森锰锌等。

治疗剂。植物感病后(或病原物侵入植物后),使用药剂处理植物,以杀死或抑制植物体内的病原物,使植物恢复健康或减轻病害,这类药剂称为治疗剂。许多治疗剂同时还具有保护作用,如多菌灵、甲基托布津等。

④按照化学组成分类,农药分为无机农药、有机农药、植物性农药、微生物农药等。

a.无机农药,用矿物原料经加工制造而成,如砷素剂、氟素剂等。

b. 有机农药，指由有机物合成的农药，如有机磷杀虫剂、有机氯杀虫剂、有机氮杀虫剂等，是目前应用最多的杀虫剂。

c. 植物性农药，指用植物产品制造的农药，其中的有效成分为天然有机物，如烟碱、鱼藤、除虫菊等。

d. 微生物农药，用微生物或其代谢产物所制造的农药，如白僵菌、青虫菌、BT 乳剂、杀蚜素等。目前广泛应用的拟除虫菊脂类农药就是模仿除虫菊而合成的。

2）农药的剂型

为了在防治时使用方便，生产上常将农药加工成不同剂型。

（1）粉剂。在原药中加入惰性填充剂（如黏土、高岭土、滑石粉等），经机械磨碎为粉状，成为不溶于水的药剂，适用于喷粉、撒粉、拌种或用来制成毒饵。粉剂不能用来喷雾，否则易产生药害。

（2）可湿性粉剂。在原药中加入一定量的湿润剂和填充剂，通过机械研磨或气流粉碎而成。可湿性粉剂用水稀释后作喷雾用。其残效期较粉剂持久，附着力也比粉剂强，但易于沉淀，应在使用前及时配制，并且注意搅拌，使药液浓度一致，以保证药效及避免药害。

（3）乳油。在原药中加入一定量的乳化剂和溶剂制成透明的油状剂型，称为乳油，如敌敌畏乳油、甲胺磷乳油等。乳油可溶于水，经过加水稀释后，可以用来喷雾。使用乳油防治害虫的效果一般比其他剂型好，触杀效果高，残效期长。

（4）颗粒剂。原药加载体（黏土、玉米芯等）制成颗粒状的药物，称为颗粒剂。颗粒剂残效期长，用药量少，主要用于土壤处理。

（5）烟剂。由原药加燃烧剂、氧化剂、消燃剂制成，可以燃烧。点燃后，原药受热汽化上升，再遇冷而凝结成飘浮状的微粒，适用于防治高大林木的害虫或温室中害虫。

3）农药的毒性

农药的毒性是指农药对人、畜、鱼类等产生的毒害作用。毒性通常分为急性毒性与慢性毒性两种。急性毒性是指人畜接触一定剂量的农药后，能在短期内引起急性病理反应的毒性。急性毒性容易被人察觉。慢性毒性是指人、畜长期持续接触与吸入低于急性中毒剂量的农药后引起的慢性病理反应。慢性毒性还表现为对后代的影响，如产生致畸、致突变和致癌作用等。慢性毒性不易察觉，往往受到忽视，因而比急性毒性更危险。

通常所说的农药的毒性，指的是急性毒性，用致死中量（LD50）或致死中浓度（LC50）来表示。致死中量（LD50）是指被试验的动物一次口服某药剂后，产生急性中毒，有半数死亡时所需要的该药剂的量，单位为 mg/kg。致死中量数值越大，表示毒性越小；数值越小，则表示毒性越大。一种农药的毒性程度，常用毒力和药效作比较和估价指标。毒力是指药剂本身对生物直接作用的性质和程度，是在室内一定条件下测定的，是固定的。药效是指药剂在综合条件下，对田间有害生物的防治效果受环境影响生物，其数值是不定的，一般用死亡率表示。毒力和药效相辅相成，毒力是药效的基础，药效是毒力在综合条件下的表现。一般来说，有药力才有药效，但有毒力不一定有药效。毒力与药效成正相关。

农药的毒性在我国按照原药对大白鼠产生急性中毒（LD50）暂分为 3 级：

高毒，大白鼠口服致死中量小于 50 mg/kg；

中毒，大白鼠口服致死中量为 50~500 mg/kg；

低毒，大白鼠口服致死中量大于 500 mg/kg。

4）农药的药害

由于用药不当而造成农药对园林植物的毒害作用，称为药害。许多园林植物是娇嫩的花卉，用药不当极容易产生药害，用药应当十分小心。

（1）药害表现。

植物在遭受药害后，常在叶、花、果等部位出现变色、畸形、枯萎焦灼等药害症状，严重时植株死亡。根据出现药害的速度，药害分为急性药害和慢性药害。在施药后几小时，最多 1~2 天就会明显表现出药害症状的，称为急性药害；慢性药害则在施药后十几天、几十天，甚至几个月后才表现出来。

（2）药害产生的原因。

①药剂因素。由于用药浓度过高或者农药的质量太差，常会引起药害的发生。

②植物因素。处于开花期、幼苗期的植物，容易遭受药害；杏、梅、樱花等植物对敌敌畏、乐果等农药较其他树木更易产生药害。

③气候因素。一般在高温、潮湿等恶劣的天气条件下用药，容易产生药害。

（3）如何防止药害的产生。

①药剂因素。严格按照农药的使用说明书用药，控制用药浓度，不得随意加大使用浓度，不得随意混合使用农药。

②植物因素。防治处于开花期、幼苗期的植物，应适当降低使用浓度；在杏、梅、樱花等蔷薇科植物上使用敌敌畏和乐果时，也要适当降低使用浓度。

③气候因素。应选择在早上露水干后及 11 点前，或下午 3 点后用药，避免在中午前后高温或潮湿的恶劣天气下用药，以免产生药害。

5）农药的使用方法

（1）喷雾是将乳油、水剂、可湿性粉剂，按所需的浓度加水稀释后，用喷雾器进行喷洒。其技术要点是：喷雾要均匀周到，使植物表面充分湿润，但基本不滴水，即“欲滴未滴”；喷雾的顺序为从上到下，从叶面到叶背；喷雾要顺风或垂直于风向操作，严禁逆风喷雾，以免引起人员中毒。

喷雾有一种称为超低容量喷雾。该剂型可直接利用超低容量喷雾器对原药进行喷雾。这种喷雾法用药量少，不用加水稀释，操作简便，工效高，节省劳动成本，防治效果也好，特别适合于水源缺乏的地区使用。

（2）拌种是将农药、细土和种子按一定的比例混合在一起的用药方法，常用于防治地下害虫。

（3）毒饵是将农药与饵料混合在一起的用药方法，常用来诱杀蛴螬、蝼蛄、小地老虎等地下害虫。

（4）撒施是将农药直接撒于种植区，或者将农药与细土混合后撒于种植区的施药方法。

（5）熏蒸是将具熏蒸性农药置于密闭的容器或空间，以便毒杀害虫的用药方法，常用于调运种苗时，对其中的害虫进行毒杀或用来毒杀仓库害虫。

（6）注射法、打孔注射法。注射法是用注射机或兽用注射器将药剂注入树体内部，使其在树体内传导运输而杀死害虫，多用于防治天牛、木蠹蛾等害虫；打孔注射法是用打孔器或钻头等利器在树干基部钻一斜孔，钻孔的方向与树干约成40°的夹角，深约5 cm，然后注入内吸剂药剂，最后用泥封口。这种方法可防治食叶害虫、吸汁类害虫及蛀干害虫等。

对于一些树势衰弱的古树名木，也可以用挂吊瓶法注射营养液，以增强树势。

（7）刮皮涂环。距干基一定的高度，刮两个相错的半环，两半环相距约10 cm，半环的长度15 cm左右。将刮好的两个半环分别涂上药剂，以药液刚下流为止，最后外包塑料薄膜。应注意的是：刮环时，刮至树皮刚露白茬；药剂选用内吸性药剂；外包的塑料薄膜要及时拆掉（约1周）。主要用于防治食叶害虫、吸汁害虫及蛀干害虫的初期阶段。

另外有地下根施农药、喷粉、毒笔、毒绳、毒签等方法。

总之，农药的使用方法很多，可根据药剂本身的特性及害虫的特点灵活运用。

（6）农药的稀释与计算。

①药剂浓度表示法。目前我国在生产上常用的药剂浓度表示法有倍数法、百分浓度（%）和摩尔浓度法（百万分浓度法）。

倍数法是指药液（药粉）中稀释剂（水或填料）的用量为原药剂用量的多少倍或是药剂稀释多少倍的表示法，此种表示法在生产上最常用。生产上往往忽略农药和水的比重的差异，即把农药的比重看作1。稀释倍数越大，误差越小。生产上通常采用内比法和外比法2种配法。用于稀释100倍（含100）以下时用内比法，即稀释时要扣除原药剂所占的1份。如稀释10倍液，即用原药剂1份加水9份。用于稀释100以上时用外比法，计算稀释量时不扣除原药剂所占的1份。如稀释1 000倍液，即可用原药剂1份加水1 000份。

百分浓度（%）是指100份药剂中含有多少份药剂的有效成分。百分浓度又分为质量百分浓度和容量百分浓度。固体与固体之间或固体与液体之间，常用质量百分浓度，液体与液体之间常用容量百分浓度。

百万分浓度（10^{-6}）是指100万份药剂中含有多少份药剂的有效成分。一般植物生长调节剂常用此浓度表示法。

②浓度之间的换算

a. 百分浓度与百万分浓度之间的换算：

百万分浓度（10^{-6}）＝百分浓度（不带%）× 1000

b. 倍数法与百分浓度之间的换算：

百分浓度（%）＝原药剂浓度（不带%）/ 稀释倍数

③农药的稀释计算。

a. 按有效成分计算：

原药剂的浓度 × 原药剂的重量（容积）= 稀释剂的浓度 × 稀释剂的重量（容积）

求稀释剂质量。

计算 100 倍以下时：

稀释剂质量 =[原药剂质量(原药剂浓度 - 稀释药剂浓度)]/ 稀释药剂浓度

例 用 40% 福美砷可湿性粉剂 10kg 配成 2% 稀释液，需加水多少？

计算：10 × (40%-2%) ÷ 2%=190(kg)

计算 100 倍以上时：

稀释剂质量 =(原药剂质量 × 原药剂浓度)/ 稀释药剂浓度

例 用 100 mL 80% 敌敌畏乳油稀释成 0.05% 浓度，需加水多少？

计算：100 × 80% ÷ 0.05% ＝ 160(kg)

求用药量：

原药剂重量 =(稀释药剂重量 × 稀释药剂浓度)/ 原药剂浓度

例 要配置 0.5% 氧化乐果药液 1 000 mL，求 40% 氧化乐果乳油用量。

计算：1 000 × 0.5% ÷ 40%=12.5(mL)

b. 按稀释倍数计算：

稀释倍数 = 稀释剂用量 / 原药剂用量

计算 100 倍以下时

稀释药剂重量 = 原药剂质量 × 稀释倍数 - 原药剂质量

例 用 40% 氧化乐果乳油 10 mL 加水稀释成 50 倍药液，求稀释液质量。

计算：10 × 50-10=490(mL)

计算 100 倍以上时：

稀释药剂质量 = 原药剂质量 × 稀释倍数

例 用 80% 敌敌畏乳油 10 mL 加水稀释成 1 500 倍药液，求稀释液质量。

计算：10 × 1500=15(mL)

c. 多种药剂混合后的浓度计算

设第一种药剂浓度为 N_1，质量为 W_1；第二种药剂浓度为 N_2，质量为 W_2；…；第 n 种药剂浓度为 N_n，质量为 W_n，则

$$\text{混合药剂浓度}(\%)=\sum_{i=1}^{n} N_i \cdot W_i(\text{浓度不带}\%)/\sum_{i=1}^{n} W_i$$

例 将 12.5% 福美砷可湿性粉剂 2kg 与 12.5% 福美锌可湿性粉剂 4 kg 及 25% 福美双可湿性粉剂混合在一起，求混合后药剂的浓度。

计算：(12.5% × 2+12.5% × 4+25% × 4)/(2+4+4)=17.5%

(7)农药的合理使用。

①正确选用农药。在了解农药的性能、防治对象及掌握害虫发生规律的基础上，正确选用农药的品种、浓度和用药量，避免盲目用药。一般选用高效、低毒、低残留的药剂。

②选择用药时机。用药必须选择最有利的防治时机，既可以有效地防治害虫，又不杀伤害虫的天敌。例如，大多数食叶害虫初孵幼虫有群居危害的习性，而且此时的幼虫体壁薄，抗药力较弱，故防治效果较好；蛀干、蛀茎类害虫在蛀入后一般防治较困难，所以应在蛀入前

用药；有些蚜虫在危害后期有卷叶的习性，对这类蚜虫应在卷叶前用药，以提高防治效果；而对具有世代重叠的害虫来说，则选择在高峰期进行防治。

无论是防治哪一种害虫，在用药前都应当首先调查天敌的情况。如果天敌的种群数量较大，足以控制害虫（如益/害≥1/5），就不必进行药剂防治；如果天敌的发育期大多正处于幼龄期，应当考虑适当推迟用药时间。

③交替使用农药。在同一地区长期使用一种农药防治某一害虫，会导致药效的下降，即该虫种对这种农药产生了抗药性。为了避免害虫产生抗药性，应当交替使用农药。

交替用药的原则是：在不同的年份（或季节），交替使用不同类型的农药。但不是每次都换药，频繁换药往往会加快害虫抗药性的产生。

④混合使用农药。正确混合使用农药不仅可以提高药效，而且可以延缓害虫抗药性的产生，同时防治多种害虫；反之，不仅会降低药效，还会加速害虫抗药性的产生。

正确混合使用农药的原则是：可以将不同类型的农药混合使用，如将有机磷类的敌敌畏与拟除菊酯类的溴氰菊酯混合使用或将杀菌剂的多菌灵与杀虫剂的敌百虫混合使用。不能将属于同一类型农药中的不同品种混合使用，以免导致交互抗性的产生，如将有机磷类的敌敌畏与甲胺磷混合使用或将有机氮类的巴丹和杀虫双混合使用都是不正确的。严禁将易产生化学反应的农药混合使用。大多数的农药属于酸性物质，在碱性条件下会分解失效，因此一般不能与碱性化学物质混合使用，否则会降低药效。

知识扩展

园林植物病虫害的防治方法很多，各种方法均有其优点和局限性，单靠其中一种措施往往不能达到目的，有的还会引起不良反应。联合国粮农组织有害生物综合治理专家组对综合治理（简称IPM）下了如下定义：病虫害综合治理是一种方案，它能控制病虫的发生，它避免相互矛盾，尽量发挥有机的调和作用，保持经济允许水平之下的防治体系。

有害生物综合治理是对病虫害进行科学管理的体系。它从园林生态系的总体出发，根据病虫和环境之间的相互关系，充分发挥自然控制因素的作用，因地制宜、协调应用必要的措施，将病虫害的危害控制在经济损失水平之下，以获得最佳的经济效益、生态效益和社会效益，达到“经济、安全、简便、有效”的准则。

害虫综合治理的原则

1）生态原则

病虫害综合治理从园林生态系的总体出发，根据病虫和环境之间的相互关系，通过全面分析各个生态因子之间的相互关系，全面考虑生态平衡及防治效果之间的关系，综合解决病虫危害问题。

2）控制原则

在综合治理过程中，要充分发挥自然控制因素（如气候、天敌等）的作用，预防病虫的发生，将病虫害的危害控制在经济损失水平之下，不要求彻底消灭病虫。

3)综合原则

在实施综合治理时,要协调运用多种防治措施,做到以植物检疫为前提、以园林技术防治为基础、以生物防治为主导、以化学防治为重点、以物理机械防治为辅助,以便有效地控制病虫的危害。

4)客观原则

在进行病虫害综合治理时,要考虑当时、当地的客观条件,采取切实可行的防治措施,如喷雾、喷粉、熏烟等,避免盲目操作所造成的不良影响。

5)效益原则

进行综合治理,目标是实现"三大效益",即经济效益、生态效益和社会效益。

进行病虫害综合治理的目标是以最少的人力、物力投入,控制病虫的危害,获得最大的经济效益;所采用措施必须有利于维护生态平衡,避免破坏生态平衡及造成环境污染;所采用的防治措施必须符合社会公德及伦理道德,避免对人、畜的健康造成损害。

测试训练

知识测试

一、名词解释

1. 生物防治
2. 植物检疫
3. 侵染性病害
4. 刺吸害虫

二、填空题

1. 园林植物病虫害防治措施分为______、______、______、______、______。

2. 园林植物病虫害综合防治的原则为______、______、______、______、______。

3. 生物防治可分为______、______、______、______、______。

4. 农药制剂的名称由______、______、______3 部分构成。

5. 园林上常用农药的加工剂型为______、______、______、______。

6. 农药常用的使用方法有______、______、______、______、______、______、______。

7. 农药合理使用的原则为______、______、______、______、______。

8. 常见的捕食性天敌昆虫有______、______、______、______等;常见的寄生性天敌昆虫有______、______、______、______等。

9. 石硫合剂是由______、______和______熬制成的红褐色碱性液体。

三、选择题

1. 赤眼蜂是(　　)的寄生蜂。

A. 成虫　　B. 卵　　C. 幼虫　　D. 蛹

2. 大多数害虫的视觉神经对波长(　　)特别敏感。

A.450~550 nm 紫外线　　B.330~400 nm 紫外线

C.550~600 nm 紫外线　　D.600~650 nm 紫外线

3. 利用害虫的(　　)性，在其所喜欢的食物中掺入适量的毒剂来诱杀害虫。

A. 趋光　B. 趋湿　C. 趋化　D. 趋色

4. 在树木的休眠期，通常采用石硫合剂防治病虫害，其使用浓度为(　　)。

A.0.2~0.3° Bé　　B.0.5~0.8° Bé

C.3~5° Bé　　D.6~8° Bé

5.1% 石灰半量式波尔多液，其中蓝矾、生石灰、水的用量分别为(　　)。

A.1∶2∶100　B.2∶1∶100　C.1∶0.5∶100　D.0.5∶1∶100

6. 下列病害，属于生理性病害的是(　　)

A. 煤污病　B. 白绢病　C. 白粉病　D. 黄化病

7. 月季白粉病. 叶上的白粉是(　　)

A. 病症　B. 性状　C. 病状　D. 病态

8. 幼虫期和成虫期对农药都比较敏感，尤其在(　　)阶段抗性最弱

A. 一龄幼虫　B. 二龄幼虫　C. 三龄幼虫　D. 成虫

四、问答题

1. 生理性病害由哪些因素引起？有何特点？
2. 侵染性病害的病原有哪些？
3. 咀嚼式口器与刺吸式口器其危害状有何不同？
4. 为什么说园林技术措施是治本的措施？
5. 使用农药的基本原则是什么？
6. 化学农药防治园林植物病虫害的优缺点是什么？
7. 阻止危险性病虫害传播，应强化哪些措施？
8. 在使用化学农药时，为什么要考虑农药的品种与剂型？

技能训练

实训 4-1　园林绿地常见病虫草害的综合治理

一、目的要求

通过园林蟹地常见病虫卓害综合治理方案的实施，使学生熟练掌握不同防治方法的实施条件、过程与注意事项，比较其优缺点，为以后根据生产实际制定最佳综合治理方案打下坚实的基础。

二、材料及用具

剪枝剪、手锯、防虫网、频振灯、黄色粘虫板、铲子、小锄、喷雾器、量杯、天平、水桶、皮尺、笔记本、铅笔等；各种常用生物农药(包括白僵菌、苏云金杆菌、斜纹夜蛾多角体病毒等)、化

学农药(包括杀菌剂、杀虫剂、除草剂);各种捕食与寄生性天敌,如管氏肿腿蜂、周氏啮小蜂、赤眼蜂、丽蚜小蜂等。

三、内容与方法

(1)人工防治,组织学生到园林绿地现场,采用人工摘(剪)除卵块、虫苞、病虫枝,刮去病虫树皮,抹除介壳虫,以及利用小锄、铲子人工除草。此方案可结合劳动课进行。总结此方案的优缺点及适合状态。

(2)物理防治,通过防虫网、频振灯、黄色粘虫板等,以及各种剪草机剪除杂草等物理防治病虫草害方案的实施,通过观察、比较,总结出适于该方案的病虫草类型及适宜的季节。

(3)生物防治,通过释放各种捕食与寄生性天敌,如管氏肿腿蜂、周氏啮小蜂、赤眼蜂、丽蚜小蜂等防治害虫,通过喷洒各种常用生物农药,如白僵菌、苏云金杆菌、斜纹夜蛾多角体病毒等防治害虫,总结此方案的优缺点及适合状态。

(4)化学防治,通过各种杀菌剂(如甲基托布津、百菌清、世高、福星、敌力脱、阿米西达等)、杀虫剂(乐斯本、吡虫啉、阿维菌素等)、除草剂(膘马、灭草灵、2,4-D丁酯、克阔乐、苯达松等)防治相应的病虫草害,总结此方案的优缺点及适合状态。

四、作业

根据具体情况,写出不同实施方案下的阶段性总结,最后汇总。

任务二　新植树木的养护管理

学习目标

(1)掌握新植树木成活期的养护管理方法,能够对新移植的树木进行精心养护,提高移栽成活率。

(2)制定合理的树木移栽养护期管理方案。

内容提要

新种植的树木,由于根部受到创伤、枝梢经过修剪,生存环境也发生了变化,因此,在定植后的一定时期内,要精心养护,使树木尽快恢复并适应新的环境条件。

任务导入

树木栽种后必须进行及时合理的养护管理才能成活。根据对一些新栽树木进行的调查,分析树木成活率低的原因,主要是栽后养护管理不及时或管理不当造成的,所谓"三分种,七分养",养护是树木成功的关键因素之一。

一、地上部分保湿

1. 包干(图1-32~图1-33)

用草绳、蒲包、苔藓等材料严密包裹树干和比较粗壮的分枝。上述包扎物具有一定的保湿性和保温性。经包干处理后,一可避免强光直射和干风吹袭,减少树干、树枝的水分蒸发;

二可贮存一定量的水分,使枝干经常保持湿润;三可调节枝干温度,减少高温和低温对枝干的伤害,效果较好。一般针对不同地区、不同的树种及树木不同的生长时期采用不同的方法,常见的包干保湿方法有稻草包干、塑料薄膜包干、遮阴网包干、麻袋包干、稻草与薄膜混合包干等。

图 1-32 稻草绳包裹树干

图 1-33 塑料薄膜包裹树干

2. 喷水(图 1-34)

树体地上部分(特别是叶面)因蒸腾作用而失水,必须及时喷水保湿。喷水要求细而均匀,喷及地上各个部位和周围空间,为树体提供湿润的小气候环境。可采用高压水枪喷雾,或将供水管安装在树冠上方,根据树冠大小安装一个或若干个细孔喷头进行喷雾,效果较好，但较费工费料。

图 1-34 新植大树树干喷水

3. 遮阴（图 1-35）

树移植初期或高温干燥季节，要搭制阴棚遮阴，以降低棚内温度，减少树体的水分蒸发。在成行、成片种植，密度较大的区域，宜搭制大棚，省材又方便管理，孤植树宜按株搭制。要求全冠遮阴，荫棚上方及四周与树冠保持 50 cm 左右距离，以保证棚内有一定的空气流动空间，防止树冠日灼危害。遮阴度为 70% 左右，让树体接受一定的散射光，以保证树体光合作用的进行。以后视树木生长情况和季节变化，逐步去掉遮阴物。

图 1-35 遮阴

4. 喷施蒸腾抑制剂

大树移栽后 1 个月内，如果向树干喷施 1 次蒸腾抑制剂，有利于减少叶片失水，提高栽植成活率和促进树木的生长。在美国有地区已经证明，抗蒸腾抑制剂的使用，对减少新栽常绿树的蒸腾十分有效。此外,在叶和干上喷各种蜡制剂,使所有的表面层结一层薄蜡,可以有效地减少蒸腾。

5. 输液(图 1-36)

对栽后的大树采用树体内部给水的输液可以及时有效地解决水分供需矛盾,促其成活。具体方法为:在植株基部用木工钻由上向下成 45°。角钻 3~5 个输液孔,深度达髓心。输液孔水平分布均匀,垂直分布交错。需要注意的是输液孔的数量多少和孔径大小应与树干粗细及输液器插头相匹配。输用液体配制应以水为主,同时加入微量植物激素和矿质元素,每升水中溶入 ABT6 号生根粉 0.1 g 和磷酸二氢钾 0.5 g。输入的液体既可使植株恢复活力,又可激发树体内原生质的活力,从而促进生根萌芽,提高移栽成活率。将装有液体的瓶子(或塑料袋)悬挂在高处,并将树干注射器针头插入输液孔,拉直输液管,打开输液开关;让瓶内的水慢慢滴在树体上,并定期加水,既省工又节省投资。待液体输完后,拔掉针头,用棉花团塞住输液孔(再次输液时夹出棉塞即可)。输液次数及间隔时间视干旱程度、气温高低、树体大小和树木对水分需求来确定。一般 4 月份移栽后开始输液, 9 月份植株完全脱离危险后结束输液,并用波尔多液涂封孔口。要注意的是,有冰冻的天气不宜输液,以免冻坏植株。

图 1-36　大树输液

二、促发新根

1. 控水

新移植大树,根系吸水功能减弱,对土壤水分需求量较小。因此,只要保持土壤适当湿润即可。土壤含水量过大,反而会影响土壤的透气性能,抑制根系的呼吸,对发根不利,严重的会导致烂根死亡。首先,我们要严格控制土壤浇水量。移植时第一次浇透水,以后应视天气情况、土壤质地,检查分析,谨慎浇水。同时要慎防喷水时过多水滴进入根系区域。其次,要防止树池积水。种植时留下的浇水穴,在第一次浇透水后即应填平或略高于周围地面,以防下雨或浇水时积水。同时,在地势低洼易积水处,要开排水沟,保证雨天能及时排水。最后,要保持适宜的地下水位高度(一般要求 1.5 m 以下)。在地下水位较高处,要做网沟排水,汛期水位上涨时,可在根系外围挖深井,用水泵将地下水排至场外,严防淹根。

2. 保护新芽

新芽萌发，是新植大树进行生理活动的标志，是大树成活的希望。更重要的是，树体地上部分的萌发，对根系具有自然而有效的刺激作用，能促进根系的萌发。因此，在移植初期，特别是移植时要对重修剪的树体所萌发的芽要加以保护，让其抽枝发叶，待树体成活后再行修剪整形。同时，在树体萌芽后，要特别加强喷水、遮阴、防病治虫等养护工作，保证嫩芽与嫩梢的正常生长。

3. 土壤通气

保持土壤良好的透气性能有利于根系萌发。为此，一方面，要做好中耕松土工作，以防土壤板结。另一方面，要经常检查土壤通气设施（通气管或竹笼）。发现通气设施堵塞或积水的，要及时清除，以经常保持良好的通气性能。

4. 补充营养

树木栽完后，发现地下根系恢复很慢，不能及时吸收足够的水分和养分以供给树木生长的需要，可适当浇灌生长素溶液——目前应用最多的是 3 号生根粉，其作用是刺激树木早发新根，促进代谢平衡。在移栽树木的新根未形成和没有较强的吸收能力之前，不应施肥，最好等到第一个生长季结束以后进行。此外，还可以进行根外（叶面）追肥，在叶片长至正常叶片大小的一半时开始喷雾，每隔 10 天喷一次，重复 4~5 次效果较好。

三、树体保护

新移植大树，抗性减弱，易受自然灾害、病虫害、人为和禽畜危害，必须严加防范。

1. 支撑（图 1-37）

大树的树体大，受大风的影响较严重，大树遭风袭后导致歪斜、倾倒，影响根系生长及美观。因此，定植完毕后必须及时进行树体固定，亦即设立支柱支撑，支柱要坚固，可以选用金属、木桩、钢筋混凝柱等，一般正三角桩最利于树体稳定，交撑点以树体高 2/3 处为好，支柱立于土堰以外，深埋 30 cm 以上，但注意不要打在根上和损坏土球，将土夯实，支柱的方向一般均迎风。同时，支架与树皮交接处可用旧鞋底或草包等作为隔垫，以免磨伤树皮。另外考虑到美观，应与周围环境相谐调。支柱立好后树木必须保持直立。一般在大树根系恢复良好时撤除支架。

2. 施肥

施肥有利于恢复树势。大树移植初期，根系吸肥力低，宜采用根外追肥，一般半个月左右一次。用尿素、硫酸铵、磷酸二氢钾等速效性肥料配制成浓度为 0.5%~1% 的肥液，选早晚或阴天进行叶面喷洒，遇降雨应重喷一次。根系萌发后，可进行土壤施肥，要求薄肥勤施，慎防伤根。

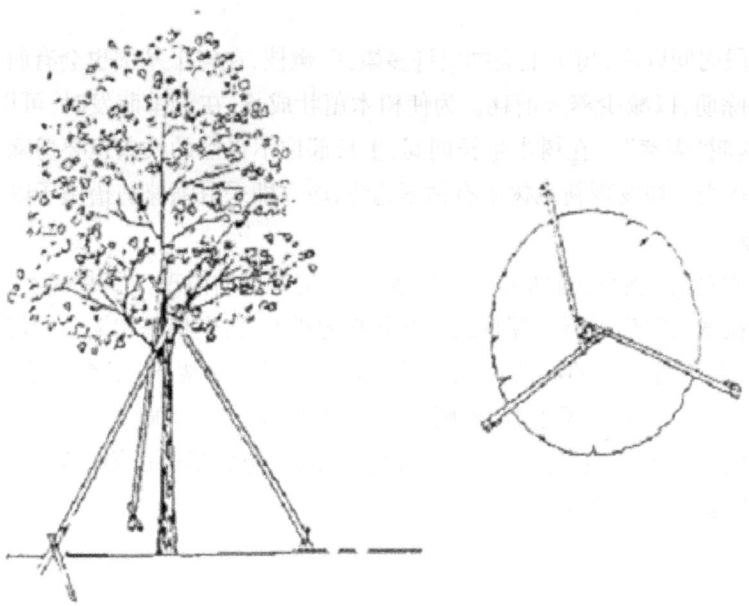

图 1-37 大树支撑

3. 防冻

新移植大树易受低温危害，应做好防冻保温工作。防冻方法一般根据环境条件、季节、树种的不同而有所差异，如热带、亚热带树种北移需要注意以下两方面内容。一方面，在入秋后要控制氮肥，增施磷、钾肥，并逐步延长光照时间，提高光照强度，以提高树体及根系的木质化程度，提高自身的抗寒能力。另一方面，在入冬寒潮来临前，可采取覆土、地面覆盖、设立风障、搭制塑料大棚等方法加以保护。尤其对新植的雪松等抗寒性较差的大树，移栽当年更应格外注意，以防前功尽弃。

4. 除草松土要求

因浇水、降雨及人类活动等因素常使根旁泥土板结，影响树木的生长发育。因此，对新移栽的树木要及时进行松土，以改善土壤的物理性状，促进土壤与大气的气体交换。同时，松土也利于保墒，土壤水分是通过土壤毛细管蒸发到空气中，疏松土表时切断了土壤的毛细管，从而阻止了土壤中水分向空气散失，有利于树木新根的生长与发育。但在树木成活期间，要注意不能过深或过浅，过浅松土不起作用，过深则会伤及新根系。合理的松土深度一般为 6~7 cm，松土时要把生长在表土层的浮根切断，使根系向下层土壤深扎，深根可以提高树木的抗旱、抗倒伏性能。

5. 复剪

新栽树木虽然已经过修剪，但经过挖掘、装卸和运输等操作，常常受到损伤或因为其他原因使部分芽不能正常萌发，导致树木枯梢，应及时疏除或剪至嫩芽、幼枝以上。对于截顶或重剪栽植的树木，因留芽位置不准或剪口芽太弱，造成枯桩或发弱枝，则应进行复剪。修剪的大伤口应该平滑、干净、消毒防腐。对于那些发生萎蔫的树木，若用浇水、喷雾的方法仍不能恢复正常，应再加大修剪强度，甚至去顶或截干，以促进其成活。

6. 抹芽除萌

大树移植一段时间以后，树干上会抽出许多嫩芽、嫩枝，在树干基部也会有萌芽产生，应定期进行抹芽和除萌，以减少养分消耗。为使树木茁壮成长，在春季萌发时，可用手随时摘除多余的嫩芽，这叫“剥芽”。在树木生长期间，生长部位不得当的枝条也要剪除，使树冠能生长均匀和通风透光。如发现新栽树木有枯萎趋势，应立即采取强修剪措施予以抢救。

四、成活调查

新移栽的树木是否成活是园林绿化的关键，是栽植效果的体现。新栽树木的成活与生长调查时间最好在秋末以后进行。深秋或早春新栽的树木，在生长季初期，一般都能伸展枝叶，但是有些树木并不是真正的成活，而是一种“假活”，是利用树干、根系及枝条内所贮存的水分和养分发芽的。一旦气温上升，蒸腾加剧，导致树体水分亏损，这些树木就会出现萎蔫现象，若不及时救护，就会在高温干旱期间死亡。因此，至少要经过第1年高温干旱的考验以后才能确定新栽树木是否成活。

知识扩展

1. 新栽苗木“假活”现象的原因及应对措施

苗木栽植后，有时会出现“假活”现象，即表现为地上部分发叶抽梢，地下部分不长根，最终叶梢枯死，整株新植苗木死亡。造成苗木新植后假活的原因有以下几点。

（1）苗木质量差。苗木细弱，断根、伤根多，根系少，上部发叶抽梢后，根系不能及时供给所需的水分和养分，导致叶梢死亡。因此在栽植时，要选用优质健壮大苗，起苗时尽量少伤根、断根。对需外运的苗木，起苗后一定要用草绳将根系包扎好。

（2）栽植过早或过晚。枝梢未老熟，叶片未落，树体内养分积累少，气温较高，蒸发量大，失水快，栽后未定根就发叶抽梢，未到枝梢老熟气温又日渐降低，苗木因缺乏养分及低温危害而死亡。苗木栽植过晚，栽后很快发叶抽梢，树体内的水分和养分用完后还未定根，没有水分和养分来补充，致使树苗萎蔫。选择在苗木最佳时期栽植才能保证成活。

（3）移栽质量差。苗木新植时，造成曲根、窝根或根系架空，或因栽植穴挖得太小，新栽苗木根系与土壤接触不良，因而难以定根，无法从土壤中吸收水分和养分，导致暂时发叶抽梢后因无法补充水分和养分而死亡。要按规格开挖栽植穴，栽时要注意提苗踏土，确保根系与土壤紧密接触。

（4）栽植过深。苗木栽植过深，根系生长分布层的氧气少，影响其呼吸作用和吸收功能的发挥，不能及时给发叶抽梢后的苗木提供水分和养分。在栽植时应注意栽植的深浅，不能过深，也不能太浅。

（5）茎干损伤。苗木皮层受到机械损伤，其输导组织供给营养的通路会被切断，栽时虽然青枝绿叶，但不久即出现“假活”现象。因此，栽前不要选干皮和根系严重损伤的苗木，栽后应防止人畜损伤苗木。

（6）干旱缺水或积水烂根。长时间干旱会导致苗木萎蔫，而低洼之地常因下雨积水使苗木根系腐烂，移植苗木难以成活。苗木栽植后要浇透定根水，干旱时及时浇灌，最好覆盖地膜以提高保湿能力。而在低洼积水地段移栽苗木，一定要开好排水沟。

测试训练

知识测试

一、填空题

1. 常见的包干保湿方法有______、______、______、______、等。

2. 新栽树木，一般乔木必须连续灌水______年，灌木______年为宜。

3. 涂白也是树体的重要保护措施之一。______月份进行干基涂白，能够延迟树木萌芽涂白高度______m。涂白剂的配制成分一般为水______份、生石灰______份，石硫合剂______份，食盐______份。外加少许______，以便延长涂白期限。

二、问答题

1. 怎样解决死亡树木的补植问题？

2. 采取哪些措施可以提高新移栽树木根系土壤的通气性？

3. 对新移栽的树木进行树干包扎的作用是什么？

技能训练

实训 4-2　新植树木移栽保活措施调查

一、目的要求

了解园林绿地花木移栽的各种保活措施，对当地绿地花木移栽常见保活措施进行调查。

二、材料及用具

当地新移栽的各种园林绿化树种、记录本。

三、内容与方法

（1）调查对象确定。当地新移栽的各种园林绿化树种，可以为杨树、栾树、银杏、悬铃木、槐树等常见乔木树种，也可以为丁香、锦带、忍冬、绣线菊等灌木树种。

（2）地点选择。可以郊区为主、市区为辅，也可以市区为主、郊区为辅。

（3）小组分区用目测踏查法对新移栽绿地花木保活措施进行调查统计。

①地上部分措施调查：包括包干、支撑固定、保护新芽、涂白、遮阴、输液等。

②根系恢复和保护措施调查：包括树盘的土面保温、人工透气管、生根粉、排水沟等。

四、作业

写出调查报告。

任务三　绿地各种灾害及防治

学习目标

（1）掌握各种自然灾害、市政工程施工、酸雨、煤气以及土壤侵入体、地面铺装等对园林植物造成的危害和防治措施。

（2）能够正确识别绿地植物的主要灾害类型。

（3）根据当地的主要灾害类型，制定适合当地特点的防治措施。

内容提要

绿地植物栽植后，需要良好的养护管理才能保证植物成活和健康地成长发育。而在实际养护中，各种灾害的发生尤其以自然灾害、市政工程等危害比较严重。

任务导入

由于自然环境的复杂性，植物在生长发育过程中会面临各种自然灾害的威胁，自然灾害又可以分为低温危害、高温危害、风害、旱灾、涝灾、冰雹、雪灾、雨凇（雾凇）、雷击等。本节主要介绍的是低温危害、高温危害、风害、雪灾、雨凇（雾凇）、雷击等几类常见自然灾害的防治方法与措施。

一、低温危害

1.低温危害的常见类型

1）冻害

冻害是指气温在0 ℃以下时，植物组织内部结冰导致的伤害。常见的症状表现有局部溃疡（植物组织局部坏死）、冻裂（受冻后树皮和木质部发生纵裂）和冻拔（又称冻举，是指温度降至0 ℃以下时，土壤冻结并与根系连为一体后，由于土壤中的水分结冰体积膨大而把土壤与根系一起抬高，解冻时土壤因重力作用而下沉，导致苗木根系在原处裸露在外，好似被人拔出一样）三种。

2）冻旱

冻旱又称干化，是指在寒冷地区，虽然土壤含有充足的水分，但由于低温导致土壤结冻，植物根系很难从土壤吸水，而植物的地上部分又在进行蒸腾作用，最终因水分平衡被严重破坏而导致细胞死亡，进而枝条干枯甚至植株死亡。

3）寒害

寒害又称冷害，是指0℃以上的低温对植物的伤害。这种伤害多见于原产热带或亚热带的喜温树种，尤其是当这些喜温树种向北方或高海拔地区引种时。避免寒害的发生是生产管理的一项基本任务。

4）霜害

生长季里由于急剧降温，水气凝结成霜使幼嫩部分受冻称为霜害。由于冬春季寒潮的侵袭，我国除部分地区外，均会出现 0 ℃以下的低温。在早秋及晚春寒潮入侵时，气温骤然下降，造成霜害。

植物在早春萌芽时受晚霜危害，植物嫩芽和嫩枝变褐色，鳞片松散而枯死在枝上。由于雌蕊最不耐寒，稍轻的霜害可将雌蕊冻死，但花朵能照常开放；稍重的霜害可将雄蕊冻死；再重时花瓣受冻变枯、脱落。幼果受冻轻时幼胚变褐，果实仍保持绿色，以后慢慢脱落；受冻重时则全果变成褐色，并很快脱落。

2. 低温危害的防治方法

1）栽培措施

（1）因地制宜，选栽抗寒力强的树种、品种和砧木，这是防止低温危害最经济、最有效的根本措施。

（2）加强栽培管理，提高植物抗寒性。实践经验表明，植物春季加强肥水供应，合理应用排灌和施肥技术，可以促进新梢生长和叶片增大，提高光合效能，增加营养物质的积累，保证树体健壮。后期控制灌水，及时排涝，适量施用磷钾肥，勤锄深耕，可促使枝条及早充实，有利于组织成熟，从而能更好地抵御寒冷。此外，夏季适期摘心，促进枝条成熟；冬季修剪，减少冬季蒸腾面积；人工落叶等均对预防冻害有良好的效果。同时，在整个生长期必须加强对病虫害的防治。

（3）受冻后恢复生长。在树体管理上，对受冻害树体要晚剪或轻剪，给予枝条一定的恢复时间；对明显受冻枯死部分及时剪除，以促进伤口愈合；对于一时看不准受冻部位的，不要急于修剪，待春天发芽后再做决定；受冻造成的伤口要及时治疗，并结合防治病虫害和保叶工作；对根茎受冻植物要及时桥接或根接；树皮受冻后成块脱离木质部的要及时补救。

2）其他措施

（1）灌冻水：南方进入严寒季，特别遇旱冻年份，灌水使土壤湿度增加，使植物维持体内水分代谢平衡，增强树体抗寒力能力。

（2）根茎部培土：植物根茎部对低温袭击最为敏感，在冬季宜在根茎部培土，高30~50 cm，防止冻伤树茎部及根系，同时也能减少土壤的水分蒸发。

（3）扣筐或扣盆：对一些植株比较矮小珍贵的露地花卉，可以采用扣筐、扣盆的方法，用大花盆或大筐将整个植株扣住，外边堆土或抹泥，不留一点缝隙，给植物创造比较温暖、潮湿的小气候条件，以保安全越冬。这种方法不会损坏原来的树形。

（4）架设风障：为减低寒冷、干燥的冷风吹袭造成植物枝条的伤害，可以在风向上方架设风障。可用草帘、芦席等作为挡风材料，风障高度要超过树高，用木棍、竹竿等支撑牢固以防大风吹倒。

（5）枝干涂白或喷白：对树身涂白或喷白，可以减弱温差骤变的危害，还可以杀死一些越冬病虫害（图 1-38）。涂白、喷白材料常用石灰加石硫合剂，为黏着牢固可适量加盐。

（6）卷干与包草：新植植物、冬季湿冷地不耐寒的植物可用草绳道道紧接地卷干或用稻草包主干和部分主枝来防寒，也可采用宽度为 10~15 cm 的塑料薄膜条卷干防冻。

图 1-38 树干涂白

二、高温危害

高温危害是指植物在异常高温的影响下所受到的伤害。它实际上是在太阳强烈照射下,植物所发生的一种热害,以仲夏和初秋最为常见。

1. 高温危害的类型

高温对植物的危害,一方面表现为组织和器官的直接伤害——日灼类伤害;另一方面表现为呼吸加速和水分平衡失调的间接伤害——代谢干扰。

1)日灼

夏秋季由于气温高,水分不足,蒸腾作用减弱,树体温度难以调节,造成枝干的皮层或其他器官表面的局部温度过高,导致皮层组织或器官溃伤、干枯,严重时引起局部组织死亡,枝、干表面被破坏,出现横裂,导致负载能力下降,表皮脱落,日灼部位干裂甚至整个枝条死亡。如果日灼发生在果实表面,先是果实表面出现水烫状斑块,而后斑块扩大造成果皮甚至果实开裂或干枯(图 1-39)。

图 1-39 三角枫叶片日灼现象

2）灼环

由于太阳的强烈照射，土壤表面温度增高，当地表温度不易向深层土壤传导时，过高的地表温度灼伤幼苗或幼树的根茎形成层，即在根茎处造成一个宽几毫米的环带，所以称之为灼环。严重时高温可杀死输导组织和形成层，使幼苗倒伏甚至死亡。一般柏科植物在土壤温度为 40 ℃时就开始受害。

幼苗最易发生根茎的灼伤且多发生于茎的南向，表现为茎的溃伤或芽的死亡。

3）皮烧或皮焦

由于植物受强烈的太阳辐射，温度过高引起形成层和树皮组织局部死亡。树皮灼伤与植物的种类、年龄及其位置有关。皮烧多发生在树皮光滑的薄皮成年树上，特别是耐阴树种，受害树皮呈斑状死亡或片状脱落，给病菌侵入创造了有利条件，从而影响植物的生长发育。严重时，树叶干枯、凋落，甚至植株死亡。

4）嫩叶、嫩梢烧焦变褐（又称为“叶焦”）

由于叶片在强烈光照下的高温影响，叶脉之间或叶缘变成浅褐或深褐色或形成星散分布的褪色区、褐色区，其边缘很不规则，一些枝条上的叶片表现出相似的症状。在多数叶片褪色时，整个树冠表现出一种灼伤的干枯景象。

5）饥饿和失水干化

植物在达到临界高温以后，光合作用开始迅速降低，呼吸作用继续增加，消耗了本来可以用于生长的大量碳水化合物，使生长下降。高温引起蒸腾速率的提高，也间接降低了植物的生长，加重了对植物的伤害。干热风的袭击和干旱期的延长，蒸腾失水过多，根系吸水量减少，造成叶片萎蔫，气孔关闭，光合速率进一步降低。当叶子或嫩梢干化到临界水平时，叶片或新梢可能枯死或全树死亡。

2. 高温危害的防治方法

根据高温对植物伤害的规律，可采取以下措施。

1）栽培措施

（1）选择抗性强的树种：选择耐高温、抗性强的树种或品种栽植。

（2）栽植前的抗性锻炼：在植物移栽前加强抗性锻炼，如逐步疏开树冠和遮阴树，以便逐渐适应强光和高温环境。

（3）保持移栽植株较完整的根系：移栽时尽量保留比较完整的根系，使土壤与根系密切接触，以便顺利吸水。

（4）加强树冠的科学管理：在整形修剪中，可适当降低主干高度，多留辅养枝，避免枝、干的光秃和裸露。在需要截顶或重剪的情况下，应分 2~3 年进行，避免一次透光太多，否则应采取相应的防护措施。在需要提高主干高度时，应有计划地保留一些弱小枝条自我遮阴，以后再分批疏除。必要时还可给树冠喷水或抗蒸腾剂。

2）常用方法

（1）树干涂白。树干涂白可以反射阳光，缓和树皮温度的剧变，对减轻日灼和冻害有明显的作用。涂白多在秋末冬初进行，有的地区也在夏季进行。涂白剂的配方为：水 72%，生石灰22%,石硫合剂和食盐各3%,将其将均匀混合即可涂刷。

(2)树干缚草、涂泥及培土等也可防止日灼。

(3)搭建遮阴篷。

(4)喷水降温。

三、风害

1. 造成风害的原因

(1)树种特性与风害的关系。根系浅、树体高干、枝叶密集、枝干脆弱的树种如刺槐、加杨等抗风力弱;相反,根系深、树体矮小、枝叶稀疏、枝干坚韧的树种如垂柳、乌桕等则抗风性较强。从枝干结构分析,一般髓心大、机械组织不发达、生长又很迅速而枝叶茂密的树种,风害较重;此外,一些易受蛀干害虫危害的树种,其枝干易发生风折,健康的植物一般是不易发生风折的。

(2)环境条件与风害的关系。如果风向与街道平行,风力汇集形成风口,风压增加,街道行道树的风害会随之加大;局部绿地因地势低凹,排水不畅、雨后绿地积水,造成雨后土壤松软,风害也会显著增加;风害还受绿地土壤质地的影响,如绿地偏沙,或为煤渣土,石砾土等疏松薄土,抗风性差;如为壤土或偏黏土等紧实厚土则抗风性强。

(3)人为经营措施与风害的关系。从苗木质量看,苗木移栽,特别是移栽大树,如果根盘挖得小,则因树身大,易遭风害,所以大树移栽一定要立支柱。在风大地区,栽植大苗也应立支柱,以免吹歪树身。移栽一定要按规定起苗,起苗的根盘不可小于规定尺寸。从栽植方式看,凡是株行距适度,根系能自由扩展的,抗风力强;如植物植株行距过密,根系发育不好,再加上管护跟不上,则风害显著增加。从栽植技术看,在多风地区栽植坑应适当加大,如果小坑栽植,树会因根系不舒展,发育不好,重心不稳,易遭风害。

2. 风害防治的主要措施

(1)选择抗风树种或品种。

(2)改善植物的生存环境,如对低凹积水的地方及时排水、把疏松薄土改造为紧实厚土等。

(3)采取科学合理的经营措施,主要包括选苗(树)要合格、起苗要规范、株行距要适当、栽植时做到坑大根深等几个方面。

(4)合理修枝,使树冠透风。

(5)立支柱。

(6)及时扶正和精心养护风倒植物。

四、雪害和雨淞(雾凇、冰挂)

一般的积雪对植物没有明显的危害,但常常因为树冠上积雪过多压裂或压断枝条,同时因融雪期的时融时冻交替变化,冷却不均易引起冻害(图1-40)。在多雪地区,应在雪前对植物大枝设立支撑,枝条过密的还应进行疏剪;在雪后及时将被雪压倒的枝条提起扶正,振落积雪或采用其他有效措施防止雪害。

超冷却的降水(如冻雨)在树体表面形成的玻璃状冰晶为雨淞,大气中的水汽在低温条件下在树体表面形成的玻璃状冰晶则为雾凇，普通百姓把二者统称为冰挂或树挂（图1-41）。对耐寒树种而言，冰挂是一种奇特的自然景观，但对不耐寒的树种来说，就是一种自然灾害。防止雨凇和雾凇危害最常用的方法就是设支柱支撑以及在发生雨凇或雾凇后及时用竹竿打击震落枝叶上的冰挂。

图1-40　植物雪害

图1-41　冰挂（树挂）

五、雷击伤害

1. 雷击伤害的症状及其影响因素

（1）伤害症状。植物遭受雷击以后，木质部可能完全破碎或烧毁，树皮可能被烧伤或剥落；内部组织可能被严重灼伤而无外部症状，部分或全部根系可能致死（图 1-42）。常绿树、特别是云杉、铁杉等上部枝干可能全部死亡，而较低部分不受影响。在群状配置的植物中，直接遭雷击者的周围植株及其附近的禾草类和其他植被也可能死亡。

在通常情况下，超过 1 370 ℃的“热闪电”将使整棵树燃起火焰，而“冷闪电”则以 3 200 km/s 的速度冲击植物，使之炸裂。有时两种类型的闪电都不会损害植物的外貌，但数月以后，由于根和内部组织被烧而造成整棵植物的死亡。

图 1-42 植物的雷击伤害

（2）影响因素。植物遭受雷击的次数、类型和程度差异极大。它不但受雷击类型的影响，而且与树种及其含水量有关。

树体高大，在空旷地孤立生长的植物，生长在湿润土壤或沿水体附近生长的植物最易遭受雷击。在乔木树种中，有些植物，如水青冈、桦木和七叶树，几乎不遭雷击；而银杏、皂荚、榆树、槭树、栎树、松树、杨树、云杉和美国鹅掌楸等较易遭雷击。植物对雷击敏感性差异很大的原因尚不太清楚，但有些研究成果认为与植物的组织结构及其内含物有关，如水青冈和桦木等，油脂含量高，是电的不良导体；而白蜡、槭树和栎树等，淀粉含量高，是良好的导体，较易遭受雷击。

2. 雷击伤害的防治方法

（1）预防雷击的方法。生长在易遭雷击位置的植物和高大珍稀古树以及具有特殊价值的植物，应安装避雷器以消除雷击伤害的危险。

安装在植物上的避雷器必须采用柔韧的电缆，并要考虑树干与枝条的摇摆以及随植物生长的可调性。垂直导体应沿树干进行固定，导线接地端应连接在几个辐射排列的导体上，这些导体水平埋置在地下，并延伸到根区以外，再分别连接在垂直打入地下长约 2.4 m 的地线杆上。以后每隔几年检查一次避雷系统，并将上端延伸至新梢以上，进行某些必要的调整。

（2）雷击植物的养护。遭受雷击伤害的植物应进行适当的处理和挽救，但在处理之前，必须仔细检查，分析其是否有挽救的必要。有些植物尽管没有外部症状，但内部组织或地下部分已经受到严重损伤，不及时处理就会很快死亡。在外部损害不大或具有特殊价值的植物应立即采取措施进行救助。主要包括以下几个方面。

①撕裂或翘起的边材应及时钉牢，并用麻布等物覆盖，促进其愈合和生长。

②劈裂的大枝应及时复位加固和进行合理的修剪，伤口及时适当地处理，撕裂的树皮也要及时清理和补救。

③在植物根区施用速效肥料，促进植物的尽快恢复生长。

六、洪水过后对苗木进行补救

1. 排除积水

水涝对树木的伤害程度与浸水的时间成正比。对林场、果园、苗圃、片林等处积水，立即采取有效措施，组织群众迅速排除，尽量缩短苗木的浸泡时间。及时采取松土、晾根等措施，改善土壤通透性，最大限度地避免因长期积水导致树木大面积死亡现象的发生。如果苗木长期处于水浸状态，土壤中含水量过高，缺少氧气，树木根系不能进行正常呼吸，必然导致根系腐烂而死亡。排水可以采用挖排水沟和机械排水等办法。受涝程度不太严重的苗木可人工排水，大面积受涝或受涝程度较重则用水泵等设备排水。

2. 迅速扶正

植株经过水淹和风吹，根系受到损伤，容易倒伏，排水后必须及时扶正、培直。对已经倒伏的树木，凡是胸径 10 cm 以下的幼树，立即组织群众进行扶正。对已经倒伏严重的大树，视情况进行处理，最大限度地保其成活。对确实已经无法扶正的大树，立即进行了清理，待秋冬时再进行补植。及时清理植株表面的淤泥，有利于植株进行光合作用，促进植株生长。另外还要适当遮阴，遮阴既可以避免强光照射，防止地表升温过高，又可以有效减少树体水分蒸发。

3. 中耕松土

土壤积水后板结是引起缺氧烂根的主要原因。如果苗木水淹时间超过 36 小时，又在阳光下暴晒 2~3 天后，土地会严重板结。排水后待表土略干（以不黏铁锹为宜），要及时进行中耕。中耕的目的是加速土壤水分蒸发，增加土壤的透气性，有利于恢复树势，防止沤根。

4. 增施速效肥

作物经过水淹，土壤养分大量流失，加上根系吸收能力衰弱，及时追肥对恢复植株生长有利。在植株恢复生长前，以叶面喷肥为主，可根据实际情况选择一些市面上常见的叶面肥。植株恢复生长后，再进行根部施肥，增施磷钾肥及微量元素，能增强植株抗逆能力。

5. 注意防晒

暴雨过后，常有突晴天气，为防止苗木水分大量蒸发，可对苗木适当遮阳，尤其是对不耐涝的苗木，如碧桃、珍珠梅、榆叶梅等花灌木。

6. 修剪补植

在积水消退后，还应尽快清除积存在树木周围的杂草、落叶、杂物等漂浮物，清理绿地内的倒伏、死亡植株，对绿地内乔灌木进行一次全面的扶正修剪，恢复景观。因为受涝树木根系已经受损，影响了对水分的吸收，所以需要对树木进行修剪，减少树体水分的消耗。

对损失较大的苗圃，涝害过后可在死苗处采用小苗带土移栽方法进行补苗，补苗应在阴天或傍晚进行。受涝苗木根系会受到不同程度的损伤，吸收功能降低，此时不要追肥，否则会加速苗木死亡，可用0.1%尿素水加0.2%磷酸二氢钾液，在开始恢复生长时进行叶面喷肥，促进苗木生长。

7. 防治病虫害

涝灾过后，苗床或盆土温度高、湿度大，再加上植株生长衰弱，抗逆性降低，林木极易感染溃疡病、腐烂病、黑斑病等病害。因此，积水排出之后要及时对树木普喷一遍杀菌剂。要及时进行调查和防治，控制蔓延。药剂防治的时间为每隔7天喷1次，连喷3次。还可以选择高效、低毒的对口农药防治；施药后遇下雨天气，还得再次补喷药，防治病害一般用药2~3次。

知识扩展

一、自然灾害的发展趋势

园林植物的生长环境大都是在人口高度集中的城市，从大环境来看，随着全球温室效应的加剧，在气温逐年增高的同时，多年不遇的极端天气也在逐渐增多，我国因极端天气而引起的自然灾害频频发生。如2006年夏季，在西南的重庆和四川遭遇百年一遇的大旱时，位于南北交叉地域的淮河却出现了特大洪灾；在2006年夏季刚遭受罕见旱灾的重庆，紧接着在第二年夏季又遭遇了百年未遇的强风暴雨；2008年初南方出现了大面积冰雪灾害……。在这些频频发生的自然灾害中，生长于城市环境的园林树木不仅不能幸免于难，反而因特殊的城市小环境特点受害更重。

另一方面，从城市小环境来看，除了城市环境不可避免的热岛效应（也就是因城市产生的热量多而又散热差，从而使其气温比周围普通环境明显增高的现象）外，还有非常重要的一点就是由于我国的城市化进程起步很晚而速度太快，以至于城市规划、建设、管理等诸多方面都严重滞后，尤其在城市绿化的基础设施方面更是薄弱，最常见的问题主要有种植土壤多由建筑垃圾填埋而成，种植土壤没有排灌水设施，树木根部经常受到污水浸泡或垃圾覆盖，对园林树木只重栽不重管，等等。

综上所述，在自然大环境不断恶化的情况下，如果我们再不把城市小环境进行改良，势必会让园林树木生活在"水深火热"的恶劣环境中，这种环境所造成的自然灾害的严重程度就可想而知了。

测试训练

知识测试

一、名词解释

冻害　　寒害

二、填空题

(1)高温危害的园林植物外部表现为______、______、______。

(2)同一植物处于不同的物候期,耐高温的能力有所不同______最强,______最弱。

二、简答题

(1)冻害危害的类型有哪些？各有什么特点？

(2)抗低温伤害的主要预防措施是什么？

(3)简述树干涂白液的配方及配制方法。

技能训练

实训 4–3　园林树木常见自然灾害的防治

一、目的要求

学生通过本次实训,了解园林树木自然灾害的常见种类,基本熟悉它们的发生规律,初步掌握它们的防治方法。

二、材料与用具

(一)材料

常见园林树木及移植后的大树;稻草、草帘、草绳、遮阳网;细铁丝或塑料绳、水泥柱或木柱(木杆);石灰、水和食盐或石硫合剂等。

(二)用具

铁锹、修枝剪、拉枝钩、紧线器、避雷设施等。

三、内容与方法

(1)调查当地园林绿地常见的灾害类型。

(2)植物防寒越冬措施。

①保护树干。

a. 覆盖。在 11 月中、下旬土地封冻以前;将枝干柔软、树身不高的灌木压倒覆土,或者先盖一层干树叶,再覆 40~50 cm 的细沙,防止抽条。

b. 卷干。用稻草或稻草帘子,将树干包卷起来,或直接用直径 2 cm 以上的草绳将树干一圈接一圈缠绕,直至分枝点或要求的高度。

c. 涂白。将石灰、水与食盐配成涂白剂涂刷树干。一般每 500 g 石灰加水 400 g,为了增加石灰的附着力和维持其长久性再加食盐 10 g,搅拌均匀即可使用。涂白时要求涂刷均匀,高度一致。

②防风设施的使用。

园林植物防风常用的设施为风障。

a. 在园林植物北侧挖障沟,将芦苇或竹竿、旧农膜、稻草帘、玉米秸、高粱秆等架材紧贴沟南壁插匀。

b. 填土踩实。

c. 在距地面 1.8 m 左右处扎一个横杆,成篱笆形式。风障挡风密度不够可在风障下部挡以稻草或其他挡风物质,风障可同时设几排,距离以不相互挡光为准。

四、作业

提交调研结果、填写实习报告。

任务四　古树名木的养护管理

学习目标

(1)理解古树、名木的概念以及研究与保护的意义。

(2)掌握古树、名木衰老的原因及相应的复壮与养护技术。

(3)能够结合现场准确地诊断古树、名木衰老或生长不良的原因。

(4)根据古树、名木的实际,制定切实可行的复壮与养护管理,正确地实施复壮与养护管理措施。

内容提要

古树、名木是城市绿化、美化的一个重要组成部分,是一种不可再生的自然和历史文化遗产,具有重要的科学、历史和观赏价值,有些树木还是地区风土民情、民间文化的载体和表象,是活的文物,它与人类历史文化的发展和自然界历史变迁有关,是历史的见证,对其实施有效的保护具有现实意义。因此,古树对于考证历史、研究园林史、植物进化、树木生态学和生物气象学等都有很高的价值。

任务导入

一、古树名木概述

1. 古树名木的含义

古树名木一般指在人类历史过程中保存下来的年代久远或具有重要科研、历史、文化价值的树木。

古树一般指树龄在百年以上的大树。

名木是指国内外稀有的以及具有历史价值和纪念意义及重要科研价值的树木。

《中国农业百科全书》将古树名木的内涵界定为:树龄在百年以上的大树,具有历史、文化、科学或社会意义的木本植物。

古树名木有的以姿态奇特、观赏价值极高而闻名,如黄山的“迎客松”、泰山的“卧龙松”、北京市天坛公园的“九龙柏”等;有的以历史事件而闻名,如北京市景山公园崇祯皇帝上吊的槐树(现已无存);有的以奇闻轶事而闻名,如北京市孔庙的古侧柏,传说其枝条曾将明代奸相严嵩的帽子打掉,故后人称之为“除奸柏”。

古树名木是活的文物,历史的见证,是我国古代历史文化和经济发展的一部分,也是风景旅游资源的重要组成部分,具有极高的科研、生态、观赏和科普价值。因此,我们要做好古树名木的保护工作,加强养护管理,使古树名木更新复壮、焕发生机,延长古树寿命,为祖国古老灿烂的文化和壮丽山河增添光彩。

2. 保护古树名木的意义

中国古树名木种类之多、树龄之长、分布之广、数量之大、世界罕见。它对于研究古代历史文化、古园林史、古植物、古地理、古水文等都有很高的价值。

1)古树名木是历史的见证

许多古树名木经历过朝代的更替,具有较高的树龄。例如我国传说中的周柏、秦松、汉槐、隋梅、唐杏(银杏)、唐樟等。山东莒县浮来山“银杏王”和山西太原晋祠“周柏”已有3 000年以上树龄;台湾阿里山红松(台湾扁柏)树龄也在2 700年左右。

2)古树名木为文化艺术增添光彩

它们是历代文人咏诗作画的题材,往往伴有优美的传说和奇妙的故事。例如“扬州八怪”之一的李绍,曾有名画《五大夫松》,该画是泰山名木的艺术再现。此外,泰山的“望人松”,成了画家的水墨丹青。此类为古树名木而作的诗画,为数极多,是我国文化艺术宝库中的珍品。

3)古树名木是名胜古迹的佳景

树木是组成景观的重要因素,而古树名木更以其苍劲古雅、风姿多彩,吸引着中外游客。如北京市中山公园来今雨轩西侧的“槐柏合抱”、香山公园的“白松堂”、戒台寺的“九龙松”,泰山后石坞的“天烛松”“姊妹松”,苏州光福寺的“清、奇、古、怪”4株古圆柏,等等,它们把祖国的山河装点得更加美丽多娇。

4)古树对于研究树木生理具有特殊意义

人们无法用跟踪的方法去研究长寿树木从生到死的生理过程,而不同年龄的古树可以同时存在,能把树木生长、发育在时间上的顺序,以空间上的排列形式展现出来,使人们能以处于不同年龄阶段的树木作为研究对象,从中发现该树种从生到死的总规律,有利于科学研究工作。

5)古树对于树种规划有较大的参考价值

古树多属乡上树种,保存至今的古树,可证明其对当地气候和土壤条件有很高的适应性。故调查本地栽培及郊区野生树种,尤其是古树、名木,可作为制定树种规划的依据。

6)古树是研究自然史的重要资料

其复杂的年轮结构,蕴含着古水文、古地理、古植被的变迁史。

二、古树名木基本管理方法

这项工作主要包括古树名木的调查摸底、档案建设和日常管理三方面。

1. 调查摸底

调查摸底就是对责任区域内的古树名木状况进行调查和分析，以便做到心中有数和有的放矢。调查内容主要包括树种、树龄、树高、冠幅、胸径、生长势、病虫害、立地条件（土壤、气候等情况）、株数、分布以及对观赏和研究的价值、养护现状等，同时还应包括有关古树名木的历史及诗、画、图片及神话传说等资料，在详细调查的基础上分析它们各自的重要性和生长发育现状，并据此进行相应的等级划分，以便在日常管理时分级管理、突出重点。

2. 档案建设

为了管理工作的连续性和稳定性，古树名木的档案建设必不可少。档案内容不仅应该包括所有的调查内容和分析结果，而且要根据古树名木的动态变化及时更新。为了便于储存和更新，最好采用电子档案方式，但要注意备份和保存的安全性。

3. 日常管理

日常管理主要包括广泛宣传、严格执法和生长环境保护三方面。

（1）广泛宣传。为了培养和强化广大公民自觉保护古树名木的思想意识，对保护古树名木的作用与意义、毁坏古树名木的后果等相关内容要进行深入浅出的广泛宣传。宣传的形式应因地制宜、多种多样，最常见的是给每株古树或名木悬挂宣传牌，在宣传牌上简要注明该树的种类、年龄、作用、主要分布、保护价值以及保护古树名木的相关法律法规。

（2）严格执法。尽管古树名木的保护以预防为主，但有时还是防不胜防。为了惩前毖后或亡羊补牢，一旦有损坏古树名木的事件发生就要及时制止和严格执法，对责任人（单位）要从快从严公开处理，并把处理结果作为典型事例来对广大公民进行宣传教育。

（3）生长环境保护。古树名木在一定的生境下已经活了许多年，它们十分适应其历史的生态环境，特别是土壤环境。因此，对其生长环境的保护就是对它们最好的保护。具体措施主要有：严禁在古树名木旁挖土、取石；尽可能不要移植古树；不得向树根周围洒泼生活、工业污水；在树盘范围设置围栏；给生长在高处、空旷地或树体庞大的古树名木安设避雷装置；在古树名木附近施工时，应提前采取措施保护树体和根系，防止机械损伤。

三、古树名木的养护复壮

1. 古树名木生长状况的诊断

由于古树名木种类、年龄以及生长环境的多样性，必然导致它们生长状况的多样性。为了在古树名木的养护复壮工作中能做到对症下药和有的放矢，就必须对它们的生长状况进行全面而准确的分析和诊断。

1）古树名木常见症状的分析

（1）叶部常见症状分析表（表 1-13）。

表 1-13 叶部常见症状分析表

序号	症状表现	主要原因(可以是一个原因引起,也可能由几个因素共同引起)
1	叶卷曲	A. 除草剂、2,4-D 丁酯和苯氧基化学药剂的危害——造成叶扭曲症状; B. 蚜虫危害——有些蚜虫可造成严重的杯状叶或扭曲状叶; C. 低温危害——春天突然降温所致; D. 瘿螨科昆虫的危害——可造成类似 2,4-D 丁酯危害的叶卷曲症状; E. 白粉病——幼叶上的霉菌导致叶卷曲,可在受害叶片上找到白色或灰色的菌丝
2	叶萎蔫	A. 土壤缺水——应检查根区土壤含水量; B. 土壤水分过剩——是土壤板结和排水不良的常见现象; C. 煤气管道渗漏——树木叶片突然发生萎蔫,随后叶色变褐,是煤气渗漏缺氧的典型症状; D. 凋萎病——荷兰榆病、黄萎病和类似的维管疾病都可造成叶萎蔫; E. 输热管道中的热泄漏——叶片萎蔫、变褐
3	异常落叶(所有叶子,特别是幼叶脱落)	A. 营养不足——通常是发育不良的叶子先落; B. 虫害——寻找正在落叶时的鳞翅目幼虫,如舞毒蛾或毒蛾等; C. 病害——是初期炭疽病的典型症状
4	内膛叶脱落(老叶先落)	土壤通气排水不良——多发生在水分过多的黏重土壤上
5	叶成脉络状	咀嚼式害虫,如叶甲、梨蛞蝓及其他类似昆虫的危害
6	叶部隧道	潜叶害虫的危害,多发生在丁香、榆、桦、桤木和柑橘类叶片上
7	叶瘤	主要是某些胡蜂和摇蚊造成的虫瘿
8	叶缘褐色	A. 树木缺水—多发生于浅根性的树木上; B. 土壤含盐量高——造成生理干旱; C. 土壤营养缺乏——主要是缺钾,多发生在沙质土壤上; D. 药害——主要是炎热天喷施乳化浓缩液; E. 栽植伤根——多发生在春末裸根栽植后; F. 其他根系损伤——鼠害、化学物质、深挖或其他机械损伤
9	叶部绿色转黄	A. 土壤含氮量低——多发生于草坪或强度灌溉的砂质土壤上; B. 土壤过湿——溶氧量低或土壤氧气少,营养吸收量少; C. 栽植过深——土壤缺氧
10	叶黄脉绿	A. 微量元素不足——缺乏有效铁、锌或锰的供应; B. 干旱——土壤干旱; C. 土壤消毒剂——莠去津及其他类似化学物质存在的初期征兆
11	出现褐色、黑色、红色或黄色斑块	A. 昆虫卵块——检查判断是否是植物的一部分; B. 真菌孢子体——叶斑病; C. 药灼伤———般在叶片上表面,呈现不规则的斑点
12	呈现浅灰色、"盐和胡椒"或点状外貌	A. 叶螨危害——在温热气象条件下较为常见; B. 大气污染——臭氧危害可造成与叶螨取食相似的伤害
13	出现白斑、银白色斑或粉状物	A. 霉病——检查表面菌丝和小黑点孢子体; B. 大气污染物——检查叶表细胞的损害情况,没有菌丝; C. 蓟马——这种微小昆虫取食期间,叶细胞失去内含物而呈现银灰色

（2）枝干常见症状分析表（表1-14）。

表1-14 枝叶常见症状分析表

序号	症状表现	主要原因（可以是一个原因引起，也可能由几个因素共同引起）
1	梢端枯死	A. 低温——早霜或晚霜及寒潮袭击都可造成新梢枯死； B. 机械损伤——剪草机擦伤，其他机械撞伤以及不合理的修剪留桩等； C. 蛀虫——可在枯梢以下寻找蛀孔和排出物； D. 喷药危害——类似于冻害的症状； E. 土壤可溶盐浓度过高——地表可看到白色的盐霜皮； F. 赤枯型病害——可能是由细菌和某些真菌引起的溃疡
2	环状剥皮	A. 啮齿类动物——冬季老鼠或田鼠啃食树皮； B. 机械损伤——主要是剪草机和其他机械的损伤； C. 虫害——某些害虫，如小枝环刻甲虫等，差不多可去掉整圈树皮
3	树皮脱落	A. 剧烈变温——主要是冻害和日灼，多发生在幼树和薄皮树南侧或西侧； B. 雨季疯长——肥力太高，造成不正常的形成层活动； C. 闪电——能造成树皮撕裂或部分脱落； D. 某些树种的树皮可自然脱落，如二球悬铃木、沙枣等
4	下部枝条死亡	A. 过度遮阴——内膛枝也会发生这种情况； B. 病害——主要是溃疡病
5	枝条断落或枯死	A. 小枝环剥害虫——常见于白蜡，桧属树木也可偶尔发生； B. 蛀茎虫——松类树木相当普遍； C. 雹灾——常绿树因雹灾造成的顶枯可能要在数周或数月后才表现出来； D. 自然脱落——主要是铁杉、杨树、柳树、水杉、池杉等树种有此特性
6	枝干上出现白色、棉花状球团	A. 水蜡虫——室内植株比较普遍，白蜡枝条及山楂小枝也可能有； B. 蚜虫、绵蚜虫——常见于枝条下侧； C. 介壳虫——主要是棉介类危害
7	树皮变色	A. 日灼——多发生于幼树、新栽树木的南侧和西侧； B. 火烤伤也可导致树皮变色； C. 病害——囊壳孢属和类似的病原有机体可造成皮枯和死亡； D. 缺乏有效的根系——在新栽树木中很普遍
8	枝干肿大	A. 虫瘿——蚜虫、胡蜂和摇蚊等均可使茎形成不同的（有时为圆锥形）瘤状物； B. 锈病——圆柏、山楂锈病和松锈病形成的肿瘤； C. 其他癌肿——根癌，多发生于乔灌木的根和干基，以三角叶杨、柳、卫矛和蔷薇类树种居多
9	枝干上有排出锯屑的孔洞	蛀干害虫和小蠹虫等
10	枝干上有琥珀或橙色渗漏	火烧病和真菌溃疡病。有些病原有机体的分泌物主要发生在孢子释放期，在空气湿度较大的情况下最为严重

2）古树名木诊断中应注意的问题

（1）一般环境分析。在对古树名木进行具体诊断之前，必须先弄清树种名称、年龄大小和养护状况，然后仔细观察其周围的环境，看看相邻的同种或异种树木是否健康，在树木异常症状出现之前有没有进行过其他处理（包括施肥、修剪、用药、浇水等），附近有无施工痕迹或环境污染等。

（2）生长速度比较。经常检查古树名木的生长速度，将现在的生长速度与过去的生长历史相比较，有时就可较为直观地初步判断该树木的基本状况。

（3）树木干基或内部的损伤与异常。应先从土壤或树体内部找原因，如土壤紧实度、土壤污染物和树体维管系统疾病等。

（4）树木顶梢和外部的损伤或异常。应先从树木生长的环境找原因，如大气污染、施药伤害和寒害等。除此之外的原因还包括某些除草剂的伤害、营养失调及某些昆虫的危害等。

（5）昆虫。昆虫的存在不一定就是造成伤害的原因，应弄清是什么昆虫，其危害症状如何，是否可达到所观察的危害程度。

（6）注意病虫害的诊断。看不到病虫的征兆并不一定排除病虫危害的可能性，因为一种害虫可能留下取食的特征后，迁移到另外的植株或变为另一种虫态（卵、蛹），一种病原有机体可能还没有发育到充分显示其孢子体或其他明显症状的阶段。

（7）植株只有一侧受到伤害。可能是有毒雾滴的漂移或对根系的部分伤害，有时由于树体的木材部分扭旋生长，一侧根系吸收的水分和其他物质可能供给另一侧。

2. 古树名木的综合养护与复壮方法

1）改善地下环境

根系的养护复壮是古树名木养护复壮的关键，改善地下环境就是为了创造根系生长的适宜条件，增加土壤营养促进根系的再生与复壮，提高其吸收、合成和疏导功能，为地上部分的生长与复壮打下良好的基础。

（1）开沟埋条。在土壤板结、通透性差的地方，可以采用开沟埋条的方法，增强土壤的通透性，同时也可起到截根再生复壮的作用。

开沟方式和树木开沟施肥时基本一致，只是深度要求为 60~80 cm，而且最好能通过地下径流向外排水。沟挖好后先回填 10 cm 厚的松土，将树枝（最好是阔叶树的）打包成直径约 20~40 cm 的松散枝捆，铺在沟底，再回填松碎土壤，震动踩实，必要时还可在回填土壤中拌入适量的饼肥、厩肥、磷肥、尿素及其他微量元素等。开沟埋条处理不但改善了土壤的通透性，而且增加了土壤营养，为古树名木根系复壮创造了良好的条件。

（2）设置复壮沟—通气—渗水系统。城市及公园中严重衰弱的古树名木，地下环境复杂，有各种管线和砖石，土壤贫瘠，营养面积小，内渍（有些是污水）严重，必须用挖复壮沟、铺通气管和砌渗水井的方法，增加土壤的通透性，使积水通过管道、渗井排出或用水泵抽出。

①复壮沟的挖掘与处理。复壮沟的位置应在古树名木树冠投影外侧，沟深 80~100 cm，宽 80~100 cm，长度和形状因地形而定。回填处理时从地表往下纵向分层，表层为 10 cm 素土，第二层为 20 cm 的复壮基质，第三层为厚约 10 cm 的树枝，第四层是 20 cm 的复壮基质，第五层是 10 cm 厚的树枝，第六层为 10~20 cm 厚的粗砂或陶粒、或二者的混合物。

复壮基质多用松、栎、槲的落叶（60% 腐熟落叶 +40% 半腐熟落叶混合），再加少量 N、P、Pe、Mn 等营养元素配制而成。这种基质含有丰害的多种矿质元素，可以促进古树根系生长。同时有机物逐年分解与土粒胶合成团粒结构，从而改善了土壤的物理性状，促进微生物活动，将土壤中固定的多种元素逐年释放出来。当然复壮基质的配方应视古树及其土壤的具体需要而定。

埋入的树枝多为紫穗槐、杨树等阔叶树种的枝条，截成 40 cm 的枝段后埋入沟内，树枝之间以及树枝与土壤之间形成大空隙。古树的根系可以在枝间穿行生长。复壮沟内的枝条也可分两层铺设，每层 10 cm。

②通气管道的安置。通气管道多为金属、陶瓦或塑料制品，管径 10 cm，管长 80~100 cm，管壁打孔，外围包棕片等疏松透水物质，以防堵塞。每棵树约 2~4 根，垂直埋设，下端与复壮沟内的枝层相连，上部开口加上带孔的盖，既便于开启通气、施肥、灌水，又不会堵塞。

③渗水井的构筑。渗水井是在复壮沟的一端或中间，深 1.3~1.7 m，直径 1.2 m 的竖井，四周用砖垒砌而成，但井壁和下部都不用水泥勾缝，以使周围多余水分向内渗漏。井口周围抹水泥，上面加铁盖。井底要向下埋设 80~100 cm 长的渗漏管，有条件的地方最好让渗漏管直接连通城市的地下排水管道。雨季水大时，雨水如不能尽快渗走，可用水泵抽出。

（3）进行透气铺装或种植地被。为了解决古树名木表层土壤的通气问题，常在树下、林地人流密集的地方加铺透气砖，透气砖的材料和形状可根据需要设计。在人流小的地方，种植豆科植物，如苜蓿、白三叶、紫云英等地被植物，除了改善土壤肥力外还可改善景观效果。

（4）土壤改良。古树数百年甚至上千年生长在同一个地方，这里有限的土壤养分经过古树长期的吸收后已经变得非常贫瘠，常使古树出现缺素症状。另外，人为踩实，通气排水不良，对根系生长极为不利，从而造成古树生长的日益衰退。因此，改良古树生长的土壤条件是古树养护与复壮的重要环节之一，这项工作一般可以分为松土和换土两种方式。

①松土。在树冠投影范围内进行 40 cm 以上的深耕松土。不能深耕的，要查看根系走向，通过松土结合客土覆盖保护根系。对土壤板结严重的，结合耕锄，埋入适量有机肥或聚苯乙烯发泡颗粒（直径 1~4 cm 为宜）。

②换土。在树冠投影范围内深挖 0.5 m（随时把暴露出来的根系用浸湿的草袋子盖上），将原来的旧土取走 1/3~1/2，剩余部分与沙土、腐叶土、大粪（也可用其他有机肥）、锯末、少量化肥均匀混合后填埋其上。

（5）施用生长调节剂。给古树根部及叶面施用一定浓度的植物生长调节剂，如 6- 苄基腺嘌呤（6-BA）、激动素（KT）、玉米素（ZT）、赤霉素（GA3）及 2，4-D 丁酯等。调节剂有延缓衰老的作用，但具体使用浓度和方式须逐渐摸索、谨慎小心，否则会劳而无功，甚至适得其反。

2）加强地上保护

（1）古树围栏及外露根脚的保护。为了防止游人踩踏，使古树根系生长正常和保护树体，在过往人多的地方，古树周围应设围栏保护。露出地面的根脚应用腐殖土覆盖或在地表加设护板，以免造成新的伤害。同时要注意防治环境污染，还古树一个清洁的环境。

（2）病虫害的防治。古树衰老，抗病虫能力差，容易招虫致病。如不及时防治，病虫危害又会使古树生长更加衰弱，从而形成恶性循环，加速古树的衰老死亡。

古树名木的病虫防治和一般树木大体相同，只是更强调预防的重要性、防治的及时性和方法的安全性。

(3)病虫枯死枝的清理与更新修剪。古树的病虫枯死枝，在树液停止流动季节抓紧清理后烧毁，以减少病虫滋生，并美化树体。对具潜伏芽、易生不定芽且寿命长的树种（如槐树、银杏等），当树冠外围枝条衰老枯梢时，可以用回缩修剪进行更新。有些树种根茎处具潜伏芽和易生不定芽，树木死亡之后仍然能萌蘖生长者，可将树干锯除更新，但对有观赏价值的枝干，则应保留，并喷防水剂等进行保护。

(4)树体喷水。对古树名木进行树体喷水，除了起到普通喷灌的作用外，还能对沉降到古树名木树体表面的粉尘和其他有害颗粒进行及时冲洗。同时，根据古树名木的具体需要，所喷水分可加入适量的营养物质、生长调节剂或防病治虫的药剂。

(5)树洞的修补与填充。古树的主干常因年久腐朽形成空洞，其树洞的修补与填充方法与普通树木完全相同，只是树洞更大、难度更高、要求更严。

(6)支撑加固。古树由于年代久远，树体衰老，主干常有中空，主枝也常有死亡，加上枝条下垂，树冠失去平衡，树体容易倾斜，因而需要通过加固来稳定树体、保持平衡。

古树的人工支撑方法和大树移植的树体支撑没什么区别；树体加固应用螺栓和螺丝（参见树洞加固部分），切不可用金属套箍，以免造成韧皮部缢伤而加速古树的衰弱与死亡。

(7)靠接（或桥接）小树。靠接（或桥接）小树复壮遭受严重病虫、冻伤、机械损伤的古树名木，具有激发生理活性、诱发新叶、帮助复壮等作用。

在需要靠接（或桥接）的古树名木周围均匀栽植 2~3 株同种幼树，待幼树生长旺盛后，将幼树枝条靠接（或桥接）在古树名木枝干上，涂上保护剂，用绳子扎紧。愈合后，由于幼树根系的吸收作用强，在一定程度上增加了古树名木体内的水分和营养供应，对恢复古树名木长势有较好效果。

(8)树体输液。对于生长极度衰退的古树名木，可用活力素（或其他类似药剂）进行输液，也可以自行用适量激素和磷钾元素配制成营养液来输液。输液时，用铁钻在根茎、主干、中心干和骨干枝上，纵向每隔 1 m 左右交错钻一个向下与主干成 45° 左右夹角的输液孔，深度可达髓心。孔径与输液用的针头（或插头）大小一致，孔数视树木大小和衰弱程度而定，但分布要均匀。

常用的树体输液方法有三种。一是注射器注射：将注射器（一般用大号的兽医注射器）针头插入输液孔，让配制液慢慢注入孔中。二是喷雾器压输：在喷雾器中装上配制液，将喷管头上安装的锥形空心插头插入孔中，拉动手柄打气加压，待配制液输满孔口后拔出插头即可。三是挂瓶点滴：将装满配制液的瓶子倒挂在孔口上方，把外套塑料管的棉芯线两头分别插入瓶口和孔底，使配制液缓慢地通过棉芯线流入孔中，再输至树体全身。不管采用哪一种输液法，输液结束后都应该对输液孔进行严格的消毒和封闭处理，以避免病虫从此处侵入。

附件一：古树名木档案卡（兼作调查表）

古树名木档案卡如表 1-15 所示。

表 1-15　古树名木档案卡

植株编号：　　　　　　　　　　　　调查时间：　　　　　　　　　　　　调查责任人：

<table>
<tr><td colspan="3">分布位置：</td><td colspan="2">同树种株数：</td></tr>
<tr><td rowspan="2">分类情况</td><td colspan="2">树种名称（中文名和拉丁名）</td><td>所在科名（中文名和拉丁名）</td><td>所在属名（中文名和拉丁名）</td></tr>
<tr><td colspan="2"></td><td></td><td></td></tr>
<tr><td rowspan="2">生长与养护状况</td><td colspan="2">生长势（强、中、弱）</td><td>病虫状况（有无、名称、程度）</td><td>养护水平（好、中、差）</td></tr>
<tr><td colspan="2"></td><td></td><td></td></tr>
<tr><td rowspan="2">立地条件</td><td colspan="2">土壤（质地、养分、酸碱性）</td><td>水分（积水、适当、干旱）</td><td>光照（强、中、弱）</td></tr>
<tr><td colspan="2"></td><td></td><td></td></tr>
<tr><td rowspan="2">主要参数</td><td>树龄（年）</td><td>树高（m）</td><td>冠幅（m）</td><td>胸径（cm）</td></tr>
<tr><td></td><td></td><td></td><td></td></tr>
<tr><td>观赏价值</td><td colspan="2"></td><td></td><td></td></tr>
<tr><td>研究价值</td><td colspan="2"></td><td></td><td></td></tr>
<tr><td>其他</td><td colspan="2"></td><td></td><td></td></tr>
</table>

附件二：古树名木宣传牌

树种名称：　　　　　　　　　　　所在科名：

树龄（年）：　　树高（m）：　　　冠幅（m）：　　　　胸径（cm）：

主要作用：

主要分布：

保护价值：

相关法律法规：

责任单位（电话）：　　　　　　　责任人（电话）：

知识扩展

一、树体的支撑

对于树体结构脆弱，枝、干重量失去平衡及遭受伤害致使树体结构破坏，强度严重削弱的树木，一定要进行人工支撑，以减少树木的损伤，延长树木的寿命。

1. 人工支撑的类型与方法

虽然树木的支架与牵索是一种古老的园林实践活动，但是在支撑加固材料与方法上的改进还是近些年的事。以前使用铁箍、铁杆和铁链支撑的方法，既昂贵又不美观，不但效率低而且常常对树木造成危害。特别是铁箍加固，会严重妨碍树液的正常流动，对形成层的活动造成极大的损害，甚至造成新的腐朽。现代的树木支撑技术可分为两种主要类型，即柔韧支撑和刚硬支撑（图 1-43）。

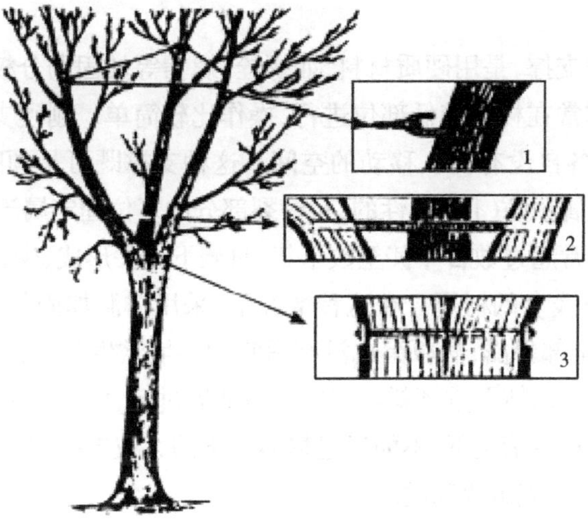

图 1-43 树体的柔韧支撑和刚硬支撑

1—嵌环与挂钩连接;2—螺纹杆加固;3—埋头螺栓加固

1)柔韧支撑

柔韧支撑又称软支撑,是除连接部件用硬质材料外,其他均用金属缆绳进行支撑,以加固树体的方法。柔韧支撑多用于吊起下垂低落、摩擦屋顶、撞击烟囱或有害于其他物体的枝条,易被强风或冰雹等折断的珍稀树木的枝条,以及用以加强弱分杈的强度等。这种方法可允许支撑枝条有一定自由摆动范围。根据缆绳排列方式可分为单引法、围箱法、毂辐法和三角法等(图 1-44)。

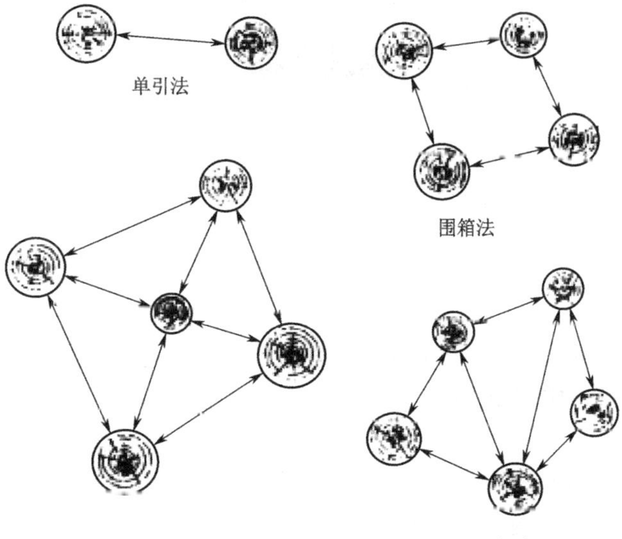

图 1-44 树体的柔韧支撑

2)刚硬支撑

刚硬支撑又称硬支撑,是用硬质材料,如螺栓、螺帽等加固弱分杈、劈裂杈、开裂树干和树洞的方法。硬支撑常在树体较低部位进行,操作比较简单。刚硬支撑是为了使固定部分牢固地结合在一起,各自没有什么移动的空间。这种支撑既可是预防性的,又可是治疗性的。对弱分杈的支撑属预防(保护)性的,对劈裂部分的复位固定属治疗性的。

有些古树的年龄常超过数百年甚至数千年,只剩下过去形成、现在已不完整的部分外壳支撑着树冠或只剩下残余的树冠。在这种情况下,采用树洞加固与填充的方法基本无效。由于树干中空、内膛全部暴露,病原菌也没有适宜的环境滋生为害,但要保持树冠的稳定却十分困难;还有些树木,树体严重倾斜或某些大枝伸展过远,树体严重失去平衡,极易翻倒或造成大枝的断裂。在这些情况下,不能通过树体上部的大枝支撑加固,恢复各部分的力学平衡,必须进行直立支撑才能解决问题。

支撑材料用于支撑加固的材料有钢索、紧线器、螺栓、螺钩或金属杆等。用于直立支撑的材料应有较高的强度,因为它不但要承受大枝甚至整个树冠的重量,而且要抵御树下行人活动的影响,稍有失误就会触发意外事故。一般可用金属管、水泥柱或木柱等。木柱不耐久,水泥柱虽耐久但过于笨重,支撑很不方便;钢管是最好的支撑材料,若涂抹防锈剂并稍加装饰,不但持久而且能协调与周围环境的关系。现在,许多地方采用不锈钢管材作为支撑材料,既美观,又坚固。

在其他领域已经成功应用的一些新方法或新技术,也可以嫁接到古树名木的养护与管理工作中,如利用电子触摸屏进行古树名木的档案查阅和保护宣传;运用电子眼监视及自动成像对比,发现异常马上报警的自动监控系统;对古树名木进行测土施肥;运用原子吸收分光光度法、元素分析法、荧光分析法等化学分析方法来判断树体的营养状况等。

测试训练

知识测试

一、名词解释

古树　名木　复壮沟

二、填空题

(1)调查古树名木时,所涉及的指标大致有______________。

(2)古树复壮的养护措施包括________________________。

三、简答题

(1)研究保护古树、名木有何意义?

(2)古树诊断时应注意哪几个问题?

(3)古树衰老的原因有哪些?

(4)古树养护的基本原则是什么?

(5)古树综合复壮的措施方法有哪些?

技能训练

实训 4–4 园林树木的伤口处理与树洞修补

一、目的要求

学会园林树木树洞修补的基本技术，初步掌握园林树木伤口的常规处理方法。

二、材料与用具

（一）材料

（1）树木材料：出现伤口或树洞的园林树木植株。

（2）用于园林树木伤口处理的材料：橡胶带或塑料袋、苔藓、塑料薄膜、沥青涂料、麻布、金属丝网、2%~5% 硫酸铜溶液（5% 石硫合剂溶液或 1%~3% 高锰酸钾溶液）、棉花（毛巾或海绵）、紫胶清漆、固体沥青、松节油（石油）、接蜡、羊毛脂、松香、天然树胶、亚麻仁油、丙酮等。

（3）用于园林树木树洞修补的材料：平头钉、用木馏油或沥青涂抹过的木条、建筑河沙、建筑石砾、水泥、硬材锯末（细刨花或木屑）、油漆、聚氨酯塑料、弹性环氧胶（浆）、油灰（装修业俗称腻子）、木板或金属板等。

（二）用具

不同长度的镊子、油漆刷、螺栓、螺丝、管钳等五金工具、钢锯、风钻、铁凿、铁锨、铁锹、大铁锅。

三、内容与方法

（一）园林树木的伤口处理

树木的伤口与人类一样，有些面积小、深度浅的伤口只要稍作处理，甚至不做任何处理都能逐渐愈合，但那些面积较大或深度较深的伤口就必须要进行规范处理才能愈合。为了不影响园林树木的正常生长和观赏价值，原则上对园林树木的伤口都应该进行相应的处理。完整的伤口处理主要包括伤口修整、消毒、涂敷和涂敷后的检查四个环节。在生产实践中，可根据树木伤口以及管理条件的具体情况自行选用相应环节。

（1）伤口修整。

（2）伤口消毒 。

（3）伤口涂敷。

（4）伤口涂敷后的检查。

（二）园林树木的树洞修补

尽管树木上的有些树洞对树木的生长发育没什么影响，但为了不影响园林树木的观赏价值，原则上对园林树木的树洞都应该进行相应的修补。完整的树洞修补主要包括树洞的清理、整形、加固、消毒、填充和封闭六个环节。在生产实践中，可根据具体需要自行选用相应环节。

树洞的清理和整形，可能使树木某些部位的结构严重削弱，为了保持树洞边缘的刚性和使以后的填充材料更加牢固，应对某些树洞进行适当的支撑与加固。生产上常用的加固方法主要有螺栓加固和螺丝加固两种（图 1-45）。

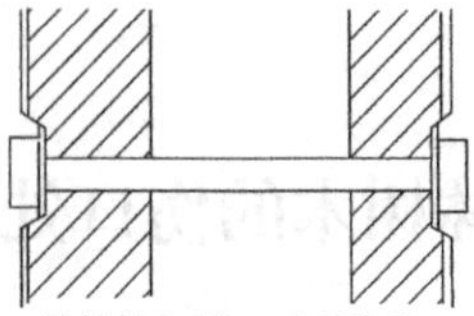

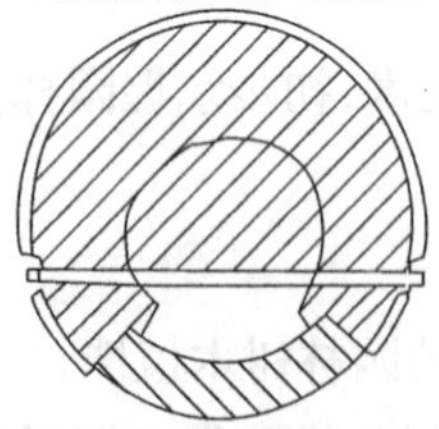

图 1-45　螺栓加固与螺丝加固示意图

（引自：郭学望. 园林树木栽培养护学. 中国林业出版社.2005）

（1）螺栓加固。

在树体劈裂处打孔，用直径为 1~2 cm 的螺纹杆穿过树体，两头垫铁片和橡胶圈，拧紧螺帽。螺栓及垫片应与树干木质部紧密结合，以达到加固和以后愈合体遮盖螺栓的目的。

（2）螺丝加固。按上述方法用螺丝代替螺栓，不但可以提供较强的支撑力，而且可以省去垫圈和螺帽，其安装方法因螺丝的粗细不同而有所区别。

螺丝直径小于 0.5 cm 时，一般可以直接用螺丝刀把螺丝旋入树体进行固定，但两端不得露头；螺丝直径大于 0.5 cm 时，应该选用比螺丝直径小 0.2 cm 左右的钻头，在适当位置钻一穿过相对两侧洞壁的孔，在开钻处向木质部绞大孔洞，深度应刚好使螺丝头低于形成层，然后用管钳等五金工具把相应长度的螺丝（螺丝过长时可用钢锯锯掉过长部分）拧入钻孔。

如果是平行于长轴的长树洞，除在树洞中部加固外，还应在树洞上、下两个方向上安装多个螺栓或螺丝来进行加固，这样可最大限度地减小枝干断裂的可能性（图 1-46）。

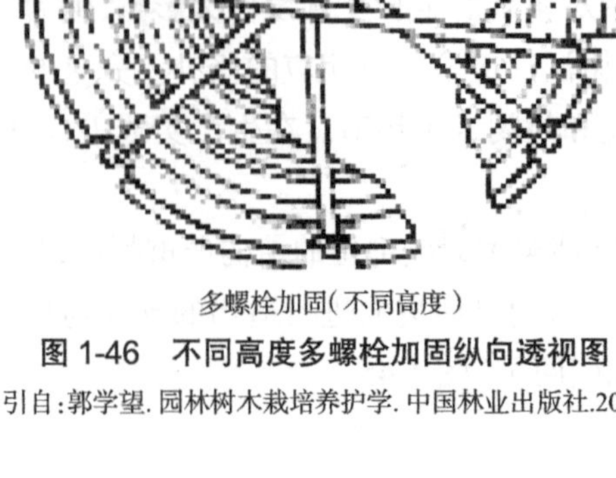

图 1-46　不同高度多螺栓加固纵向透视图

（引自：郭学望. 园林树木栽培养护学. 中国林业出版社.2005）

（三）消毒与涂漆

树洞处理的最后一道重要工序是消毒和涂漆。消毒是对树洞内表的所有木质部涂抹树木消毒液（同伤口消毒剂）。消毒之后，所有外露木质部都要涂漆，原先涂抹过紫胶漆的皮层和边材部分也要涂漆。

（四）树洞的填充

1）填充前的树洞处理

除前面所做的树洞清理、整形、消毒和涂漆的工作外，为了使填充物更好地与树体连接，可在树洞内壁均匀地横向钉一些平头钉（图 1-47），树洞较大时还可纵向钉上用木馏油或沥青涂抹过的木条。

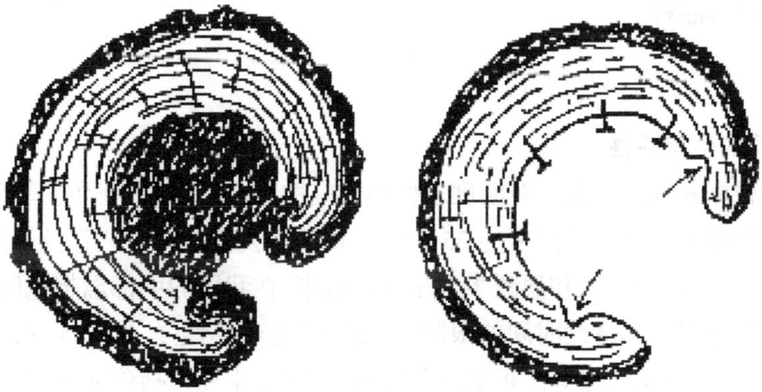

图 1-47　清除腐朽部分后在洞壁上横钉平头钉

（引自：郭学望. 园林树木栽培养护学. 中国林业出版社.2005）

2）填充材料及其填充方法

优良的填充材料应具有不易分解、在温度激烈变化期间不碎、夏天高温不熔化的持久性；能经受树木摇摆和扭曲的柔韧性；可以充满树洞的每一空隙、形成与树洞一致轮廓的可塑性；不吸潮、保持相邻木质部不过湿的防水性等特点。

目前生产上常用的填充材料主要有以下几种：水泥砂浆、沥青混合物、聚氨酯塑料、弹性环氧胶（浆）混合物。

（五）树洞洞口的封闭

除开放式树洞外，其余树洞都应该进行适当的封闭，以提高观赏效果和增强树体的机械支撑性能。

四、作业

提交实训报告。

任务五　草坪的建植与养护管理

学习目标

（1）掌握暖季型草坪草和冷季型草坪草的生态习性。

（2）掌握草坪的土肥水一般养护管理方法。

（3）掌握草坪的修剪和更新复壮当地方法。

内容提要

草坪草是草坪的基本组成和功能单位，一般具有密生的特性，通常配合修剪以保持表面平整。目前世界各地使用的草坪草有100多种，这些植物被人类选择出来，经过培育形成现代草坪植物的许多品种。

任务导入

一、草坪草的生态习性

草坪品种根据其地理分布和对温度条件的适应性，可分为冷季型和暖季型两大类。

暖季型草坪草的最适生长温度为25~35 ℃，草坪草大多起源于热带及亚热带地区，广泛分布于温暖湿润、温暖半湿润和温暖半干旱气候地带，在我国的中部温带地区亦有分布。其生长主要受极端低温及其持续时间的限制，主要特点是耐热性强，抗病性好，耐粗放管理，多数种类绿色期较短，色泽淡绿等。可供选择的种类较少，主要包括狗牙根属、结缕草属、画眉草属、野牛草属、地毯草属和假俭草属等十几个属20多个种的近百个品种。

冷季型草坪草的最适生长温度为15~25 ℃，此类草种大多原产于北欧和亚洲的森林边缘地区，广泛分布于凉爽温润、凉爽半温润、凉爽半干旱及过渡带地区。其生长主要受到高温的胁迫；极端气温的持续时间以及干旱环境的制约。就我国的气候条件而言，冷季型草坪草主要分布在我国的东北、西北、华北以及华东、华中等长江以北的广大地区及长江以南的部分高海拔冷凉地区。它的主要特点是绿色期长，色泽浓绿，管理需要精细等。可供选择的种类较多，包括早熟禾属、羊茅属、黑麦草属、翦股颖属、雀麦属和碱茅属等十几个属40多个种的数百个品种。

二、草坪的养护管理要点

1. 施肥管理

施肥是草坪养护管理的重要环节，科学施肥可以为草坪植物生长提供所需的营养物质，维持草坪植物的景观效果和生态功能。合理施肥还能增强植物的抗逆性，如抗旱、抗寒和抗病虫害能力，并促进草坪植株快速生长，提高与杂草竞争的能力。秋季适时施肥与其他养护措施相结合，可以延长草坪的绿叶期。

肥料的施用量和施用次数、施肥种类和施肥季节是由许多因素决定的，如草坪品种、要求的草坪质量水平、天气条件、生长季的长短、土壤质地、提供的灌溉量以及草坪修剪剪下的碎草是否取走等。

不同的草坪品种对肥料的需求量不同，一般生长慢的品种如结缕草、细羊茅、假俭草、地毯草等要少施肥或不施肥。高质量的草坪要勤施肥。环境条件影响施肥，如树荫下草坪，常常比阳光下生长的草坪需肥量少。运动场草坪比一般绿化草坪需肥量多，且应多施氮、磷肥。天气条件对安排施肥影响大，温度和水分条件有利于草坪植物生长时，生长旺盛，最需要营养，应及时施肥，且以氮素为主。当环境不适宜或发生病害时，应避免多施氮肥。

冷季型草种和暖季型草种的施肥不同。冷季型草最主要的施肥时间是初春和夏末，秋末施肥能促进根系生长和春季较早返青；暖季型草最主要的施肥时间是春末，其次是夏季施肥。

施肥还与土壤质地有关，沙土贮存养分的能力较低，淋溶性较大，同壤土和黏土相比，每次施肥量要少，但施肥次数要多。在重视氮、磷、钾大量元素的同时，不忽视铁、铜、锌、锰、钼等微量元素对草坪生长的影响。

施肥方法分为撒施颗粒肥、叶面施肥及灌溉施肥 3 种方式。撒施颗粒肥，是尿素及氮、磷、钾复合肥常施用的方法。叶面施肥是近几年发展起来的施肥新技术，一方面节省肥料，另一方面可以提高肥效，草坪叶面施肥的肥料主要是尿素、硫铵及磷酸二氢钾等，一般每 100 m^2 草坪使用 12~20 L 的水肥混合液。灌溉施肥是经过灌溉系统施用营养，肥料经过灌溉管道与灌溉水一起经过喷头而散布，目前主要用于一些高养护水平的高尔夫球场上。

2. 水分管理

草坪浇水能及时解除草坪植物因干旱出现的“旱象”，促使其正常生长发育。一般来说，浇水能提高茎叶的韧度，使草的茎叶经得起踩踏，而茎叶缺水干燥时，则容易断裂破碎。

草坪施肥后要及时浇水，以促进养分的分解和吸收。运动场草坪在白天被踩以后，傍晚要及时浇水灌溉，其效果是十分明显的，数小时后新损伤的茎叶即可复苏，并可免于因次日烈日暴晒而干枯。

在北方冬季干旱少雪，春季又缺少雨水的地区，入冬前浇一次冬水，能使禾草根吸收充足的水分，增强抗旱越冬能力。南方草坪进行春灌，能促进其提早返青。

南方地区近年种植冷地型常绿草坪草，如高羊茅、草地早熟禾和黑麦草等，最突出的是怕气候炎热，即越夏困难。如能采取傍晚浇水降温措施，则能使嫩草在夏季高温下安全度过。因此，浇水降温已成为南方种植常绿草坪不可缺少的养护工作。

久旱不雨时，需连续浇水 2~3 次，否则难以解除旱情。正常情况下，无雨季节每周浇水 1~2 次。使用水管喷灌，应安装喷头，使喷水均匀。无固定喷灌设备者，浇水应先远后近，逐步后移，这样可以避免重复践踏。

草坪浇水，最重要的是一次浇足浇透，避免只浇表层土，至少应该达到湿透土层 5 cm 以上。如草坪过分干旱，土层的湿润度则应增至 8 cm 以上，否则就难以解除旱象。

如草坪踩踏严重，表层土壤已干硬坚实，浇水一时难以渗透，则应于浇水前先用滚齿耙使草坪表面增添刺孔，然后再浇水。草坪浇水最忌在阳光曝晒下进行，应尽可能安排在早上与傍晚前后进行。

草坪浇水常用工具主要有高压橡胶或塑料水管、接头、固定或可以移动的传动式喷灌喷头、松土用的钉齿滚、无自动式水源的携带机动提水设备潜水泵、抽水机、运水车等。

如果条件允许，可在绿地中的重要草坪内安装自动化喷灌设备，使草坪浇水基本上实现自动控制。

3. 草坪的修剪

修剪是草坪与自然草地的根本区别之一。修剪能够控制草坪植物的生长高度，使草坪经常保持平整美观，以适应人们游憩活动的需要。修剪还可以抑制草坪中混生的杂草开花结籽，使杂草失去繁衍后代的机会，而使其逐渐消除。

修剪的最大优点，是促进禾草根基分蘖，增加草坪的密集度与平整度。修剪次数越多，草坪的密集度也越大。

修剪还能增加草坪“弹性”。这也是由于多次修剪留下的“草脚基部”增多了，踩踏其上，不仅能使人产生“弹性感受”，而且能增强草坪植物的耐磨性能。

暖地型草坪入冬前修剪，可以延长其绿色期；冷地型草坪，夏季修剪的嫩草可以增强越夏能力。

在草坪修剪前应进行一次检查，将草坪上的各种杂物，包括石块、三合土及树枝、废纸等全部清除，以利剪草机具等顺利工作，尤其是石块、铁丝、铁板等若不清除，则会碰伤滚刀，造成不必要的损失。

草坪修剪主要靠草坪修剪机来完成。一般滚动式剪草机修剪草坪质量好，然而剪革机灵活性差，维护费用高，主要用于高尔夫球场、体育场、公园等草坪管理。悬刀式剪草机费用低、操作灵活方便、维护简便，是最常见的剪草机，主要服务于庭院草坪或其他设施草坪。扫雷式剪草机有两种类型：一种刀片可以折叠起来，主要服务于无须经常修剪的设施草坪，另一种是用尼龙绳高速旋转剪断草坪的割灌割草机，适用于修剪普通剪草机难以接近的地方或树丛，街路的分车岛绿化区等。

剪草机在草坪上运行，通常习惯采用条状平行方向进行；面积较大的草坪则多采用环条形方向运行，以免遗漏或重复。

运动场草坪的修剪方法，不同于一般草坪。为了让运动场草坪减少磨损，或者磨损以后能够迅速恢复，宜采用条状花纹形式间歇修剪草坪。所谓间歇修剪，即将草坪的剪草分两次完成，第一次草车运行时，先修剪其中单数线条花纹，间歇一段时间后再修剪其中双数线条花纹。两次轧剪时间不同，就使得草坪球场显示出明显的条纹。

新建植草坪的草比较娇嫩，初次修剪时应特别小心。修剪时，草坪草的高度应高于维持高度的 1/3。例如维持高度 5 cm，当草坪生长到 7.5 cm 时开始修剪，如有可能不要剪掉草高的 1/3。初次修剪，特别是土壤松软时，最好不要用重型机器，并保证刀片锋利，否则易把小草从土壤中拔出来。土壤太湿太松都不宜修剪，等到能修剪时草已超过应修剪高度时，应逐渐降低修剪高度，直到达到所要求的高度为止。

草坪春季返青之前，应尽可能降低修剪高度，剪掉上部枯黄叶，以利于下部活叶片和土壤接受阳光，促进返青。

草坪刺孔、加土：刺孔不仅能促进水分渗透，还能使土壤内部空气流通。这项养护操作常被人们忽视，希望能引起注意。

草坪经过一年的践踏使用之后，应在秋、冬季使用钉齿滚（带有粗钉的滚筒）在草坪上滚动刺孔。草坪面积不大的可以使用叉土的叉子在草坪上扎洞眼。也可以对草坪进行耘耙，这种方法能将枯死的草叶连同幼小的野草除掉，并疏松草坪土壤，保持湿度透气，促使土层中养分分解等。如草坪土质黏性，在刺孔或耘耙前适当在草坪场上撒入一些沙子，有利于改良土壤。

表层加土是把一层薄土撒在草坪上，目的是控制枯草层，使运动草坪表面整平、促进受伤或生病草坪的恢复，改变草坪生长基质的性质等。覆土通常以含沙土壤效果为好，可以不用有机质，覆土厚度 1.5 mm 左右。

4. 草坪杂草的防除

杂草防除是草坪建植和养护的关键环节，尤其是建植的新草坪，一旦杂草不能得到有效控制，整片草坪很可能彻底毁灭。

杂草作为一种野生植物，由于长期的生态适应，在任何地区都可以称作“乡土植物”，具有顽强的生命力。所以杂草防除必须使用抑制杂草和防治杂草相结合的办法。

人工拔除杂草目前在我国的草坪养护管理中仍普遍采用，它的最大缺点是费工费时，还会损伤新建植草坪的幼小草坪植物。

生物拮抗抑制杂草是新建植草坪防治杂草的一种有效途径，主要通过加大播种量，或混播先锋草种，或对目标草种的强化施肥（生长促进剂）来实现。

大多数草坪植物的分蘖性很强，耐强修剪，而大多数的杂草，尤其是阔叶杂草则再生能力差，不耐修剪。所以，通过合理的修剪不仅可以促进草坪植物的生长，调节草坪的绿叶期以及减轻病虫害的发生，还可以抑制杂草的生长。

化学除草的成败受以下几方面因素的影响：

一是正确选择除草剂，针对不同的杂草种类，选择不同的除草剂种类；

二是除草剂的使用剂量应当准确，既要考虑单位面积上的药剂量，又要考虑除草剂的使用浓度，剂量（浓度）过小，则除草效果不好，反之则可能产生药害；

三是在适当的时间使用能达到事半功倍的效果，反之，则可能效果不理想；

四是掌握正确的施用技术，做到均匀喷雾，防止局部药量过大而产生药害。

5. 病虫害防治

1）病害分类和防治

造成草坪草病害的主要原因是侵染性病害。侵染性病害是由真菌、细菌、病毒、线虫等侵害造成的。这类病害具有很强的传染性。

（1）防治方法。

消灭病原菌的初侵染来源：土壤、种子、苗木、田间病株、病株残体以及未腐熟的肥料，是绝大多数病原物越冬和越夏的主要场所，故采用土壤消毒。常用福尔马林消毒，即福尔马林：水 =1：40，土面用量为 10~15 L/m² 或福尔马林：水 =1：50，土面用量为 20~25 L/m²）、种苗处理(包括种子和幼苗的检疫和消毒;草坪上常用的消毒办法是:福尔马林1%~2%的稀释液浸种子20~60分钟,浸后取出洗净晾干后播。)和及时消灭病株残体等措施加以控制。

(2)农业防治。适地适草,尤其是要选择抗病品种、及时除去杂草、适时深耕细肥、及时处理病害株和病害发生地、加强水肥管理等。

(3)化学防治。即喷施农药进行防治。一般地区可在早春各种草坪将要进入旺盛生长期以前,即草坪草临发病前喷适量的波尔多液1次,以后每隔2周喷一次,连续喷3~4次。这样可防止多种真菌或细菌性病害的发生。病害种类不同,所用药剂也各异。但应注意药剂的使用浓度、喷药的时间和次数、喷药量等。一般草坪草叶片保持干燥时喷药效果好。喷药次数主要根据药剂残效期长短而确定,一般7~10天1次,共喷2~5次即可。雨后应补喷。此外,应尽可能混合施用或交替使用各种药剂,以免产生抗药性。

2)虫害防治

造成草坪草害虫危害的主要原因:草坪建植前土壤未经防虫处理(深翻晒土、挖土拾虫、土壤消毒等);施用的有机肥未经腐熟;早期防治不及时或用药不当、失效等。

3)草坪草虫害综合防治

(1)农业防治:适地适草、播前深翻晒地、随挖拾虫除虫、施用充分腐熟的有机肥、适时浇水管理等。

(2)物理和人工防治:灯光诱捕、药剂毒土等触杀、人工捕捉等。

(3)生物防治:即利用天敌或病原微生物防治。如防治蛴螬有效的病原微生物主要是绿僵菌,防治效果达90%。

(4)化学防治:杀虫剂以有机磷化合物为主。一般施药后应尽可能立即灌溉。以促进药物的分散,避免光分解和挥发的损失;对地表害虫常用喷雾法。但有些害虫,如防治草坪野螟等施药后灌溉至少应在施药后24~72小时后进行。常用方法是药剂拌种、毒饵诱杀或喷雾。

测试训练

知识测试

一、填空题

(1)草坪质量要求越高,修剪高度就越______。

(2)根据草坪的主要功能,可把其分为三大用途草坪:______、______、______。

(3)根据草坪生长习性科将其分为:______、______和______三种类型

二、选择题

(1)(　　)是分布最广的暖季型草之一,又名百慕大草。

A.结缕草　　B.天堂草　　C.野牛草　　D.狗牙根

(2)枯草层超过(　　)cm厚通常对草坪有不利影响

A.2.2 cm　　B.2.0 cm　　C.1.9 cm　　D.1.5 cm

(3)(　　)俗称天鹅绒草。

A. 白三叶　　B. 细叶结缕草　　C. 结缕草　　D. 狗牙根

(4)下列不属于暖季型草坪草的是(　　)。

A. 狗牙根　　B. 细叶结缕草　　C. 匍匐剪股颖　　D. 地毯草

(5)(　　)草坪代表了草坪培育的最高水平

A. 足球场　　B. 滚木球场　　C. 高尔夫球场　　D. 公园绿地

(6)下列哪些环境下易发生草坪病害(　　)

A.. 水肥适合　　B. 低洼积水　　C. 土质疏松　　D. 管理合理

(7)下面哪项不属于草坪辅助管理措施(　　)

A. 打孔　　B. 梳草　　C. 覆沙　　D. 施肥

(8)对于暖季型草坪而言,(　　)进行打孔较为合适

A. 返青以后　　B. 休眠期　　C. 秋初　　D. 秋末

三、简答题

(1)简述草坪草的一般特征?

(2)简述草坪修剪的作用。

(3)试举出三种暖季型草坪草,并论述其各自的栽培管理措施?

技能训练

实训 4–5　草坪机械使用

一、目的要求

现场了解常用草坪机械的种类、特点并进行实际操作,熟练掌握常用草坪机械的操作要领及注意事项。

二、材料及用具

(1)常用的草坪建植机械(包括拖拉机、犁、耙、旋耕机、镇压器、播种机、补播机、起草皮机等)。

(2)常用草坪养护机械(包括剪草机、施肥机、打孔机、草坪辊、修边机、喷雾机、喷粉机)。

(3)配套工具、用品等一套。

三、内容与方法

(1)在实验室内或室外实训现场(可模拟或在木草坪区),有教师讲解示范各种草坪建植及养护机械的操作要领,然后分组轮换练习,直至能独立熟练操作为止。

(2)在草坪建植现场,进行草坪建植的实际机械操作,如整地、播种、震压等过程的机械操作。此内容可结合教学或毕业实习进行安排。

(3)在草坪养护现场,进行草坪养护的实际机械操作,如修剪、施肥、打孔、滚压、修边、

病虫害防治等各过程的机械操作。此内容可结合教学或毕业实习进行安排。

四、作业

简述所操作机械的操作要领及注意事项。提交实习报告。

实训 4–6 草坪的修剪

一、目的要求

初步掌握常用剪草机的使用方法,掌握不同类型草坪的修剪技能。

二、材料及用具

剪草机、冷季型草坪草和暖季型草坪草

三、内容与方法

选择当地不同功能的有代表性的冷季型和暖季型草坪各 1 ~ 2 种,每人 1 块进行草坪定期修剪实习,按 1 / 3 修剪原则进行修剪,每次修剪都从不同的起点开始,不同方位进行,修剪后的草屑运出场外。教师检查修剪后的质量。

四、作业

把修剪的情况填入"草坪修剪情况记录表"。

草坪修剪情况记录表

草种名称	修剪高度	修剪日期	两次修剪间隔天数	一年修剪次数	备注(修剪后草坪生长情况等)

模块二　物业清洁空间维护与营造管理

项目一 保洁概述

学习目标

(1)了解目前保洁行业的特点。

(2)了解保洁行业的危机。

(3)知晓保洁行业的未来出路。

内容提要

保洁服务人员是专业化、标准化、职业化、社会化的建筑设施维护和保洁工作者,践行维护城市环境、建设美丽城市的社会责任,在保障建筑设施整洁的同时,实现“绿水青山就是金山银山”的生态环保理念并守护城市环境面貌,为整个社会的生态环保事业贡献自己的价值和力量。

任务导入

一、保洁概念是什么

“保洁”就是保护和保持环境清洁卫生、人们工作与生活场所的干净与整洁,为人们创造舒适、温馨、如意的工作环境与生活空间的一种服务。“保洁”不再是人们所称的“清洁”这一概念了,它已经被注入了人的主动性服务,即强调了对环境主动保护,从而保持环境的洁净。“保护”一词有提前预防的意思,“保持”有及时性的意思。这两种意思准确无误地告诉大家,“保洁”不再是人们所想象的“扫一扫”“擦一擦”等简单的工作,不是哪里脏了才去打扫的被动工作,而含有服务意识。服务并不是简单的操作技能,而包含了许多因素。在20世纪八九十年代,“保洁”一词并没有出现,出现的是“清洁”。那时候,“保洁员”都统一称为清洁工。“清洁”这一词隐含了被动的意思,脏了去打扫一下,乱了去整理一下,这是种被动的工作状态,没有服务意识。所以,近十几年来,“清洁”一词被“保洁”这一概念所取代,之前的清洁工,现在统一称为“保洁员”了。

保洁员的基本工作是什么?

在人们的印象中,保洁员就是把自己所负责的环境打扫干净并做好垃圾处理工作。其实,现在保洁员的工作呈现出规范化、多样化、差异化、服务化、国际化的发展趋势。

1. 规范化

1)服装规范化

保洁员上班必须穿统一的工作服和统一的工作鞋,甚至连发型也要一致。

2)工作语言规范化

保洁员上班时,肯定会与客户交往,在与客户交往的过程中,必须使用您好、对不起、谢谢、我愿意、立即、马上等工作语言,不允许工作时语言的随意性与粗俗。

3)作业的规范化

作业的规范化包括保洁工具与清洁剂的使用规范,岗位作业流程的规范,处理突发事件的规范,处理投诉的规范,等等。

2. 多样化

1)服务对象的多样化

服务对象根据业态分为住宅、写字楼、酒店、商场、工厂、码头、学校、机关、娱乐场所、旅游胜地等,根据客户群分为国内客户、国外客户等;根据服务时间性分为一次性服务、周期性服务、长期性服务等;根据服务区域分为室外作业、室内作业、高位作业、专项作业等,室外又可分为外围广场保洁、外围设施保洁、外围绿化区域保洁等,室内又可分为电梯保洁、楼层保洁、洗手间保洁、办公区保洁、垃圾清运等。

2)工作内容多样化

保洁工作包括玻璃幕墙的清洗、地毯清洗、家具保养、石材养护、二次供水消毒、四害防治等。

3. 差异化

1)员工工作服装的差异化

根据不同的服务客户,选择恰当的工作服装款式与颜色。例如:在小区服务中,可能使用色彩明亮富有朝气的颜色服装,因为小区老人和小孩较多,要给人朝气和活力,不可以使用冷色、灰色作为工作服的颜色。在写字楼,特别是高档写字楼,要注意工作服装的款式新潮性、美观性、高档性,这要与写字楼的高档定位相符。

2)员工年龄要求的差异化

根据不同的服务客户,提供不同文化层次与年龄结构的员工。例如:高档楼盘的售楼处、五星级酒店的保洁员,一般要求有文化、较年轻、形象端正的员工。

3)保洁工具与清洁剂的差异化

根据不同的服务客户,配置相应的保洁工具与清洁剂。就拿扫把来说吧,写字楼清扫地面的扫把与小区清扫地面的扫把可以有区别,售楼中心保洁地面的扫把可以与保洁小区地面的扫把有所区别。建议小区用塑料扫把,写字楼与售楼中心用棕扫把。清洁剂的使用方面,高档区域应尽量使用无色、无异味、无腐蚀性的清洁剂。

4)保洁服务流程的差异化

根据不同的服务客户,可以对保洁服务流程进行差异化处理。例如:小区与写字楼的保洁服务流程就存在明显的差异性。

5)保洁服务品质的差异化

根据不同的服务客户,应采取不同的品质标准去服务。对于某些大客户,可能在服务中存在不赢利、不愉快的合作问题,但是为了自己公司的品牌影响力,而不是去斤斤计较公司的眼前利益得失。只有这样,公司才能把品牌做上去,做大做强。

4. 服务化

1）体现在员工的服务意识上

员工是服务体现的关键要素。保洁工作不是简单的体力劳动作业，而是实实在在的服务性工作。员工服务意识的提高与强化成为客户满意度的有力保障。只有在工作中体现服务意识，才能真正让客户满意，真正做好保洁工作。

2）体现在公司的服务意识上

公司的服务意识决定员工的服务意识。公司只有具备良好的服务意识和服务心态，才能让员工全心全意致力于服务客户，致力于做好保洁工作。

3）体现在行业服务意识上

行业的服务意识决定保洁这个工作的起点与高度。一个行业，应从服务的高度上去要求这个行业的公司与员工在就业基本要求、工作基本操守上制定相关的服务标准。从未来发展的高度去要求做好行业服务性工作，这个行业才能持续不断地发展与壮大。

5. 国际化

自中国加入世界贸易组织（WTO）以来，中国与世界各国的经济与行业交流越来越多，行业管理和发展与国际化高速接轨。而保洁行业面临国际化的竞争压力，同时也面临着进入国外保洁市场的契机。国际化是中国保洁行业不可回避与轻视的课题。这就要求我们要居安思危，勇于开拓国外市场，学习国外先进的保洁管理经验，结合自身的优势，发展壮大中国保洁行业。

二、目前保洁行业的特点

1. 保洁发展的起因

改革开放以来，伴随着国家经济的高速发展，城市化进程加快，特别是近十几年，许多城市建筑雨后春笋般拔地而起，加上人们对高品质生活的追求，人们对工作场所和生活场所，甚至休闲场所的环境要求也越来越高。建筑物室内装修也朝高档、复杂、人性化方向发展，大量昂贵装饰材料和配套设施的广泛应用使得室内的环境面临人为的污染与破坏。人为的污染与破坏使得传统的保洁方式不能满足人们的要求，专业的保洁受到人们的日益关注。在此基础上，专业的保洁队伍就产生了。

2. 中国保洁行业的前期发展

中国的保洁行业起步较晚，基本上在20世纪90年代才出现。比较有名气的专业清洁公司主要集中在深圳与上海等沿海经济发达地区。其中最为著名的规模大、有品牌影响力的公司基本上都在深圳。这是因为中国第一家物业管理公司是在1981年3月10日于深圳成立的。在最初的物业管理中，保洁是物业管理工作中的一部分。它与物业管理紧紧联系在一起。但是在实际工作中，物业管理中的保洁遇到许许多多的困难。比如：物业管理中的保洁人员不愿意做清掏化粪池等太脏太累的工作；物业管理中的保洁人员也不愿做外墙高位清洗；保洁人员年龄偏大；保洁员工作业和管理安全风险大；员工文化层次偏低；整个保洁队伍不好带、不好管。在这些商机的背后，有些人就开始组织人员进行专项保洁工作，借鉴国外经验，成立了清洁公司。在市场发展和专业化高度发展的情形下，保洁工作产生了外包服务，专业的清洁公司才逐渐成立、成长起来。同时，国外的清洁公司也瞄准中国的清洁发展契机，于20世纪90年代成功进入中国深圳市场，并拓展到了全国其他城市。

3. 中国保洁行业的专业化

随着中国经济的不断发展，各类清洁公司相继出现，并且有各自擅长的专业领域，主要有以下几大类型。

1）专业家政公司

注册资金少，有些只做家庭保洁的根本不去注册，只需发名片就行。成本低，利润率相对也低。年收入一般在100万元以下。其主要从事家庭保洁、开荒保洁、日常保洁、地毯清洗等短期的、临时性的业务。

2）清洁服务有限公司

注册资金最低50万元。有些城市明文规定按注册资金、管理人员的证件、业绩和公司的注册成立年限以及相关的荣誉证书如"重合同守信用单位"等，给清洁公司划分资质等级，如A级资质公司、B级资质公司、C级资质公司。清洁服务有限公司的业务范围比较广，定期、长期、短期保洁服务都可以承接。有些清洁服务有限公司为了扩大自己的业务范围，相继取得相关资质，承接四害消杀、白蚁防治等业务，增加公司的利润。此类公司的利润依照公司的规模、从几十万到几百万、上千万不等。在行业中的品牌影响较大，也出现了全国分布连锁经营的全国性大型公司，从业人员已达几万人，年利润已达几千万元。

3）专业市政清洁公司

市政保洁这块蛋糕，以前归市政国有单位所有。现在随着市场经济的高度发展，清洁事业单位的转型，市政保洁已逐步外包给专业市政清洁公司。

4）专业开荒公司

开荒相对于日常保洁来说，作业时间短、风险小、利润率较高。所以，开荒深受没有多少资金但人力资源丰富的公司青睐。开荒市场前景广阔，许多大中型城市都活跃着进行开荒保洁的专业队伍。

5）专业外墙清洗公司

由于外墙清洗作业的风险性，以及员工作业要求的特殊性，如外墙高位作业的风险性、员工年龄与性别有特殊要求、员工健康有特殊要求、工作时间有特殊要求等，所以一般的清洁公司不敢涉足其中业务，有些虽承接了外墙清洗业务，也会再次承包给专业的外墙清洗公司。外墙清洗公司员工的工资水平在保洁行业中属于高收入水平，人均日工资200元左右，并有逐年上涨趋势。

6）专业的石材养护公司

此类公司投入成本少，作业员工少，利润点高。所以近几年来发展势头迅猛，并建立了相关的石材行业员工操作标准与从业资格证制度。

4. 保洁服务行业的业务范畴

现在保洁服务行业的服务类型涉及小区、商场、写字楼、医院、酒店、工厂、码头、娱乐场所、旅游区、公园、公路、机场、街道、政府机关等各种服务场所和专业场所。专业清洁公司的业务范围涉及家政保洁、开荒保洁、日常保洁、专业清洗、专业清掏、二次供水清毒、石材翻新及养护、幕墙清洗作业、四害消杀以及白蚁防治等综合业务。

三、保洁行业的危机

1. 行业规范性差

中国保洁行业目前最缺的是行业的规范性管理，没有形成全国统一的公司资质等级划分执行标准。全行业既没有从业管理人员的执业资格标准，也没有从业员工的作业等级认证标准，没有形成全国性的行业培训权威性机构及教科书去指导、培训这个行业的管理人员与员工。市场业务与公司规模、资质等没有有效的等级划分与有效对接，造成这个行业的清洁公司什么业务都敢接，什么承诺都敢许诺的假、大、空局面。例如家政公司的业务有保姆、月嫂、室内保洁、地板打蜡，甚至开荒业务。日常清洁公司的业务有小区的日常保洁、写字楼的日常保洁、商场的日常保洁等，凡是日常保洁，不管是哪样的，哪个地方的，都去做。只要能发展，只要能挣钱，什么业务都接。这是保洁行业目前的实际状况。

2. 专业技术要求较低

由于保洁行业技术含金量较低，对从业人员的要求也偏低。员工进来培训一两天，甚至都不用培训就可以直接上岗。承包保洁业务风险低，只要有项目做，一般不会亏；行业容易起步，创业所需资金包括办公室和流动资金，只需十几万元就可以起步运作专业清洁公司了。所以，各个城市都有许许多多、大大小小的清洁公司。小的清洁公司规模几十人、几百人；大的规模人数有千人，甚至上万人。这种局面造就了许多清洁公司做几年，赚点钱，能生存就生存，不能生存就转行的不断改头换面的恶性发展趋势。同时，大多数清洁公司只追逐生存利润，而不去打造行业标准与品牌影响力。恶性竞争服务价格，造成行业员工工资水平偏低、员工福利保障差，影响了员工的从业年龄及素质，造成保洁行业从业人员的自卑心理，造成保洁员工工作积极性不高、员工流失率高，从而严重影响了公司服务质量的提高和整个行业地位的提升。

3. 行业的兼并影响

中国加入 WTO 之后，中国的服务行业受到外资、外商更大的冲击。国外清洁公司会在国内目前的保洁困局中，寻找商机，并逐渐发展壮大。假以时日，它们会收购或兼并中国有影响力的清洁公司，并最终影响这个行业的发展。同时，国内个别大型清洁公司也在寻找商机，对中小城市的保洁市场进行整合。

四、保洁行业的未来出路

1. 保洁行业要尽快形成一整套的管理体系

清洁公司的创建、业务的承接、清洁公司资质等级的划分应采取统一的、严格的、稳定的全国性标准，以避免保洁行业目前鱼龙混杂的局面。例如：可以规定哪个级别的清洁公司，只能承接保洁方面的哪些业务。这样做的好处是既能最大限度地避免行业恶性竞争，还能最大限度地保证客户的根本利益。举例说明：某知名公司新建商业广场开荒，由于进行开荒的清洁公司只是比较小的公司，从业人员没有技术职称，公司资产也少，管理人员文化低，素质不高造成在对该大楼石材地面进行污渍清除过程中，使用酸性清洁剂，造成大面积的石材被损坏、变色，导致该知名公司延期开业，从而影响该知名公司的广告效应及品牌影响力。如果规定了从业人员的从业执业认证及清洁公司的服务等级，就会杜绝此类悲剧的发生。

2. 保洁行业应紧跟国外保洁行业的潮流

借鉴韩国、日本、美国的经验，这主要是改变人们对保洁行业从业人员的偏见，提高保洁员的工资福利，以保障这个行业的从业人员整体水平。例如在韩国，保洁员的名称是环境美化员，虽然工作环境不够好，却是个受人羡慕的职业。招聘保洁员时，往往几十个人竞争一个岗位，其中大部分都是高中以上学历，年龄不大，不过，这一职位之所以逐渐受人追捧，主要是因为它的工资待遇。20 世纪 90 年代以前，韩国保洁员大部分都是高中以下学历，因为工作时间长、强度大，工资还低，受过教育的韩国人普遍不愿当保洁员。1991 年，韩国在加入国际劳工组织后，开始着手改善蓝领工作环境，提高其待遇。1997 年金融危机之后，韩国又修正了劳动法，明确规定包括保洁员在内的蓝领工人的最低工资，并规定每周工作时间不超过 40 小时。如今，韩国保洁员属于政府机关管理，享受公务员待遇，60 岁即可退休，更重要的是，收入高。由此可见，我国在提高保洁员工资待遇的同时，还应针对这个行业，开展保洁员的培训教育工作，对每一个保洁员进行培训考核管理，对保洁员的专业作业能力、服务能力、管理能力进行分级考核，分级颁发等级上岗证书、执业资格证书、进行正规化、证书化、等级化的科学管理。只有进行证书化、等级化的科学管理，才能给从事这个行业的员工和管理人员以前进的动力和不断进取的精神，才能让这个行业在目前的服务行业中，不产生就业歧视与偏见，而产生令人尊重、羡慕的氛围。

3. 清洁公司要努力创造自己的品牌

清洁公司应以创品牌为目的，避免行业恶性竞争，在鱼龙混杂的行业局面中脱颖而出，才是成功之路。那么，清洁公司的品牌怎样才能创造出来呢？许多人以为品牌就是搞几个公司的理念口号，再搞几个精美的公司宣传资料就行了；或者，不断进行低价竞争，不断扩大业务范围，不断扩张自己的服务“地盘”。虽然公司发展越来越快，公司员工人数越来越多，但是利润并未见高速增长，公司管理风险越来越大，到最后就如一座大厦轰然倒塌。这倒不是耸人听闻，在深圳早期发展的大清洁公司，如今还能见其辉煌的已剩下不多了。知道为什么吗？笔者认为就是公司没有树立真正属于自己的品牌，服务没有个性化，与其他清洁公司没有差别，没有自己的核心竞争力。树立品牌只是领导喊喊口号，员工喊喊口号，向客户喊喊口号，并没有落实在行动上。什么是品牌？品牌就是该公司同行业公司不同的地方，是让客户认为比其他行业公司更特别、更可靠、更优秀的地方。比如：一个小区招标保洁服务，同样是做保洁，你没有品牌，虽然你的公司规模大，资金充足。但是你的服务跟别人一样，没有差异性。那么，客户为什么不去选择服务价格更优惠的小公司而去选择你这个规模大的清洁公司呢？

4. 清洁公司要走更专业化的道路

预测：中国未来的清洁公司发展方向是以真正的专业化为主导，以在行业中有突出的技术优势和管理优势，进行高度专业化、集中化；清洁公司形成两极分化趋势，高度专业化、集中化是指清洁公司的服务主导方向呈现以某一服务为主，其他服务为辅，集中精力，更专业地服务于客户。例如:专业服务写字楼的清洁公司叫写字楼服务管家清洁公司,专业服务小区的清洁公司叫作小区服务管家清洁公司等。只有走更专业化的道路,才能体现专业价值。同时,社会分工越来越细,专业公司肯定也要走越来越细化的专业道路。随着市场的高度发展,大型清洁公司借助资金、技术、人员、工资福利等优势,必定压缩中、小清洁公司的生存空间。但是,由于家政市场家庭服务这一块的特殊性,导致大型清洁公司不会把主要业务精力放在这上面。所以,市场上还会存在数量较多的中小型家政公司。从整个市场层面上看,未来只会存在大型清洁公司和小型家政公司在保洁市场的分庭抗礼之势。

知识扩展

清洁服务人员的文明用语

说话是一门艺术,在公共场合工作应该掌握标准的服务用语,让客户感受到清洁服务人员的专业水准。清洁服务人员与客户交谈时要站立答话,全神贯注地聆听;不能侧身,或目视别处,或心不在焉,或说话有气无力;若预先知道有长时间的提问与应答,应做好边听边记录的准备。

清洁服务人员应答客户提问时,语言应简洁、准确,语气婉转,声音大小适中,不能随心所欲地谈天说地,或词不达意。如果客户讲话含混不清或语速过快,清洁服务人员可以委婉地请客户复述,不能随意回答。

清洁服务人员与多位客户交谈时,应按先后顺序、轻重缓急分别作答,不能只顾一人而冷落了其他人。

(1)称呼。称呼是指日常工作中与客户进行交流时的称谓。清洁服务人员在日常交往中,一般对男性统称“先生”,对女性统称“女士”。

(2)问候。问候是指清洁服务人员在日常工作中结合时间、场合及对象的特点,表示亲切问候、关心及祝愿。标准的问候用语在一些比较隆重或正式的场合中使用,由人称、时间、问候词组成,如“王先生下午好”“李女士早安”“陈经理,您好”等。一般场合使用的礼貌用语:如客户离开时可以说“请慢走”,面对多位客户时可统一问候,如“大家好”;先女士后男士,如“女士好”“先生好”。

(3)欢迎。欢迎是指清洁服务人员对于客户的到来表示高兴。清洁服务人员欢迎客户光临时一般用“目迎”。目迎就是行注目礼。清洁服务人员要专注,当客户已经过来时要转向他,用眼神表达关注和欢迎。

行注目礼的距离以五步为宜,在距离三步的时候就要问候“您好”等。清洁服务人员在整个欢迎过程中要面带微笑、面向客户。为了表示对客户的尊敬,很多服务场所都要求向客户行鞠躬礼。按照一般的惯例行 15° 的鞠躬礼即可,这样比较符合中国的国情。

当客户离开时,清洁服务人员应当说“您走好”“慢走”,当客户要去远方时可以说“祝您一路平安”。

(4)请托。请托是指清洁服务人员在服务过程中因不能及时为客户服务、打扰到客户、请求客户帮忙时所要使用的礼貌用语。当不能及时为客户服务时,说“请稍等”“请稍候”

等；当打扰客户时，用“对不起，打扰一下”等；当需要客户帮忙时，说“劳驾您了”“拜托您了”“您能帮我一个忙吗？谢谢”等。当需要客户帮助而被拒绝时一定不能表现出不愉快的情绪，而应该很诚恳地说“打扰您了，谢谢”以表示对他人的歉意。

（5）致谢。致谢是指受到别人帮助时表示感谢的言语。表示感谢一般使用“谢谢您”，加强感谢使用“十分感谢”“非常感谢”，表示具体的感谢使用“有劳您为这事费心了”。当得到别人帮助时，一定要表示感谢，说话时要面朝对方，不能边做事边说话。

（6）询问。询问是指清洁服务人员在为客户服务过程中征询其意见的文明用语。当客户的办公室或房间很乱时可以问：“您好！您这里需要我清洁吗？”清洁服务人员看到自己工作区域内的沙发或椅子旁有垃圾，而沙发或椅子上坐有人时，应当询问：“您好我能清理一下这里吗？”清洁服务人员在自己工作区域看到客户需要帮助时，应当主动询问：“您好！需要我帮助吗？”清洁服务人员帮助完客户，需要客户作出评价，如帮助客户整理办公桌，在摆放好物品后可以问：“您好！您看这样行吗？”

测试训练

知识测试

1. 现代保洁员的工作复杂多样，保洁员工作呈现出____、____、____、____、____的发展趋势。

2. 现代保洁员的工作复杂多样，保洁员工作呈现出哪些差异化趋势？

3. 保洁行业的危机包含哪些？

技能训练

实训 1–1　保洁员形象要求实训

一、目的要求

通过本实训使保洁员了解工装要求、面容和发型要求。

二、材料及用具

工作装、发卡等。

三、内容与方法

1. 掌握工装要求

学生分小组按照保洁服务人员上岗时要按规定统一着工装。工装应干净整洁，没有污渍和破损，衣扣扣好，长袖制服的衣袖要放直。要按要求将工作牌端正地戴在左侧胸前。工作制度和保洁用品要分开存放，防治工作制服被污染。

2. 掌握面容和发型要求

（1）男同学按照男性保洁人员的要求，应面容整洁，每日剃须；发型为短发，无大鬓角，无头屑；头发在领子以上，不遮盖耳朵；保证头发干净整齐，不得留怪异发型，不得剃光头。

（2）女同学按照女性保洁人员的要求，不得浓妆艳抹，不得留长指甲、涂指甲油，不使用味浓的化妆品；若留短发应梳理整齐，无头屑，头发在领子以上，两边不遮盖耳朵；若头发长过领子，应盘卷并用黑色发套罩住，不得散发；刘海干净，高于眉毛；发夹、发带、发套必须是黑色无花纹的。

四、作业

填写报告。

项目二　物业保洁工具和设备

学习目标

（1）掌握常用保洁工具的种类和用途。
（2）掌握常用保洁设备的种类和用途。

内容提要

保洁工具和设备发挥着高效清洁的作用，在降低保洁人力成本的同时也提高了工作效率和清洁度，是保洁服务不可或缺的一部分。

任务导入

一、常用保洁工具

根据清洁对象不同，保洁工具可分为玻璃类保洁工具、地面类保洁工具和其他保洁工具。其中其他保洁工具中包含了个人防护用品。

1）玻璃类保洁工具

（1）常用玻璃类保洁工具包括玻璃刮、上水器、伸缩杆、玻璃铲刀等，见表2-1。

表2-1　常用玻璃类清洁工具

名称	构造	用途	图示
玻璃刮	由刮水器架、橡胶皮条和手柄组成	用于玻璃、镜面及光滑平面等部位的清洁	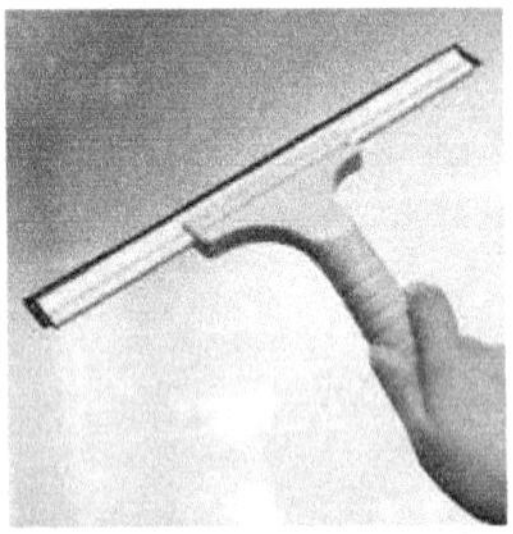
上水器	由上水器架和上水器套组成	适用于玻璃、镜面及光滑平面的清洁	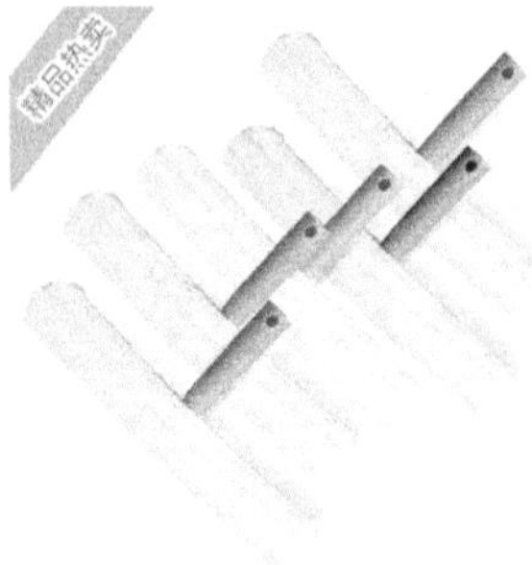

续表

名称	构造	用途	图示
伸缩杆	由不锈钢、铝合金或碳纤维等材料制成，有两节、三节或更多节等	配合上水器、玻璃刮等工具一起使用，主要用于清洁高位玻璃、瓷砖等材质表面	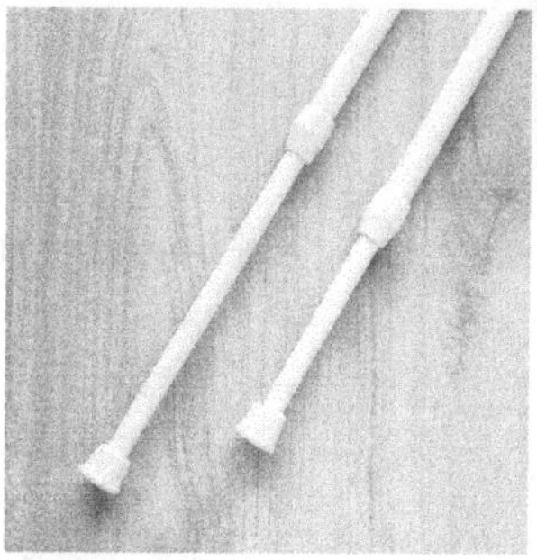
玻璃铲刀	由刀排架和刀片组成	用于铲除附着在玻璃表面的顽固污垢	

2. 地面类保洁工具

常用地面类保洁工具包括尘推、拖把、扫帚和簸箕（防风簸箕）、保洁桶、告示牌、榨水车、保洁工具车等，见表 2-2。

表 2-2　常用地面类保洁工具

名称	构造	用途	图示
尘推	由尘推杆、尘推架和尘推套三部分组成	配合牵尘剂清除地面的尘土，适用于各种地面及蜡面	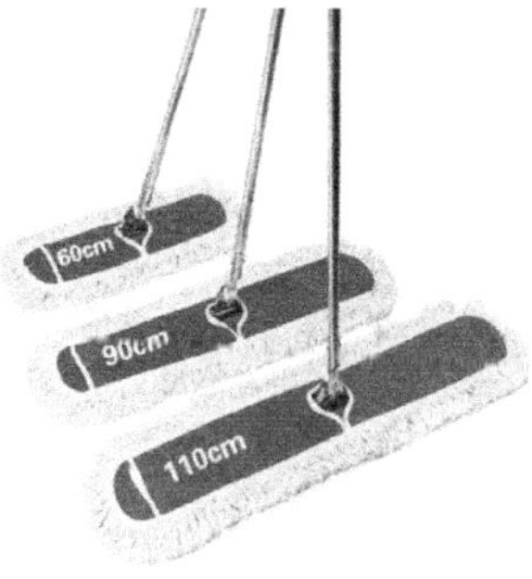

续表

名称	构造	用途	图示
拖把	由拖布头、拖布夹和长杆三部分组成	用于地面清洁和地面打蜡使用	
扫帚和簸箕	扫帚由芦苇、动物毛或塑料合成丝扎成； 簸箕由木长柄与簸箕斗两部分组成，由铁钉或木螺钉连接	扫帚用来清扫垃圾、杂物等； 簸箕一般用于在清扫地面时盛装各种尘土、垃圾	
保洁桶	由桶体和提梁组成	盛装清洁用水	
告示牌	一般告示牌的字样有如下几种："小心地滑""清洁进行中""暂停使用""高空作业""不准内进"等	在做清洁保养工作时，对可能受到影响的人给予告知，提醒注意安全并请求得到支持、帮助和谅解	

续表

名称	构造	用途	图示
榨水车	用工程塑料制成，由水箱和扭绞器、提梁、底部万向轮等部分组成	在清洁地面时，用来手动挤压拖把水分	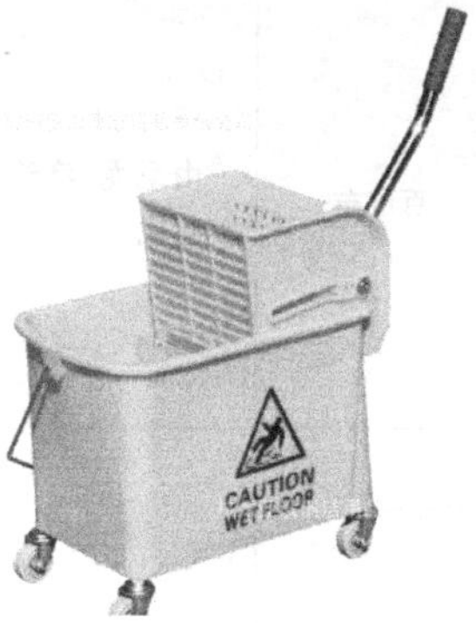
保洁工具车	由防火帆布和塑料配件、金属支架及车轮等框架组成	在清洁和保养工作中，用来放置清洁和保养使用的工具、药剂以及相关的清洁用品	

3. 其他保洁工具

其他保洁工具常见的包括喷壶、百洁布、垃圾袋、擦手纸、卫生纸、超细纤维毛巾、手提篮、梯子、工作服、手套、安全带、劳动防护用品、板刷、保洁刷、钢丝棉等见表2-3。

表2-3　其他保洁工具

名称	构造	用途	图示
喷壶	由盛料瓶、加压器、喷嘴三部分组成	用来分装各种清洁剂	

续表

名称	构造	用途	图示
百洁布	由尼龙、涤纶、金刚砂、黏合胶组成	广泛用于地面、金属打磨抛光及日常洗涤	
垃圾袋	主要原料为聚乙烯	主要用于装盛固体垃圾	
擦手纸	以加入湿强剂的木浆纸为主要原料加工而成	主要供酒店、宾馆、写字楼、机场、剧院、会所等公共场所洗手间擦手	
超细纤维毛巾	由涤纶和锦纶复合而成，具有去污、杀菌、清洁的效果	用于设施表面擦拭灰尘，还可用于设施表面的抛光、玻璃局部擦拭等各种功能擦拭	
手提篮	塑料制品，包括提梁、桶身	在清洁保养工作中，用来放置多种清洁剂和小工具	

续表

名称	构造	用途	图示
梯子	由两根长粗杆做边，中间横穿适合攀爬的横杆	用于爬高，分为升降单梯和升降人字梯	
工作服	—	为工作需要而特制的服装。工作服分为中式、夹克、POLO衫，是公司形象和专业的体现。面料要求具有防污、快干、防皱等功能	
安全带	以涤纶、尼龙为主要原料	高空作业时，为保障高处工作人员安全，为其提供的一种安全绳带	
劳动防护用品	包含头花、帽、鞋、眼镜、口罩、耳塞、手套等	在劳动过程中，消除或减少对人身健康安全的危害，防止事故和职业病的发生	

续表

名称	构造	用途	图示
板刷	由刷毛、托柄和手把组成	用来清洗地面及地毯上的顽渍	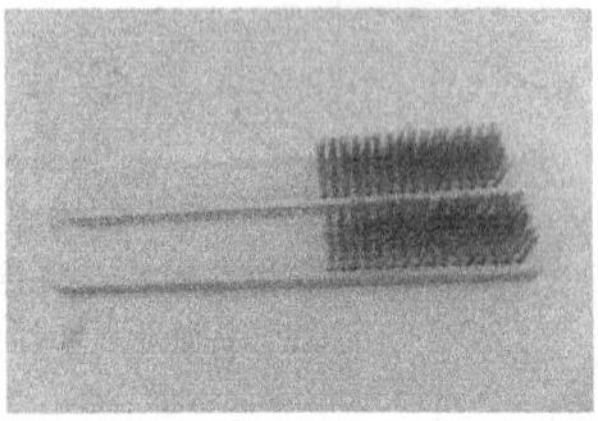

二、常用保洁设备

根据保洁作业方式划分，常用保洁设备分为环卫设施、扫地设备、清洗设备、吸尘吸水设备及其他设备。

1. 环卫设施

常用的环卫设施包括垃圾清运车、户内(外)垃圾桶、小型道路清扫机、铲雪机等，见表2-4。

表2-4 常用的环卫设施

名称	构造	用途	图示
垃圾清运车	压缩垃圾车由底盘、密封式垃圾箱、液压系统、操作系统组成。整车为全密封型，自行压缩、自行倾倒，压缩过程中污水全部进入污水箱。摆臂垃圾车由底盘、液压举升轴承、垃圾斗组成，通过左右两臂装运垃圾。挂桶垃圾车由底盘、箱体、自动提升装料装置、液压系统、操作系统等组成。密封垃圾车由汽车底盘、箱体、开门机构、举升机构、电液控制系统等组成。对接式垃圾车由底盘、液压控制系统、垃圾箱、操作系统组成。	主要用于市政环卫、大型厂矿运输各种垃圾，也适用于运输小区生活垃圾，并可将装入的垃圾压缩、压碎，使其密度增大、体积缩小，大大提高了垃圾收集和运输的效率	
户内(外)垃圾桶	桶身由塑料制成，部分户外垃圾桶除了含有内胆，也包含桶盖、手柄与底部滚轮等组件	室内用的垃圾桶基本上用于办公室、办公楼等地，用于盛放垃圾。户外垃圾桶是一种公共设施，用于盛放垃圾和废弃物，常放置于公园、路边、小区、学校等户外公共场所	

续表

名称	构造	用途	图示
小型道路清扫机	由底盘、工作装置、气力输送装置三大部分组成	主要用于高等级路面和城市路面以及广场的垃圾清扫	

2. 扫地设备

常用的扫地设备包括手推式扫地机和驾驶式扫地机，见表 2-5。

表 2-5　常用的扫地设备

名称	构造	用途	图示
手推式扫地机	由垃圾容积桶、主刷、手柄、橡胶车轮等部件构成	用于清扫室外路面、广场，能有效清除路面垃圾、纸屑等	
驾驶式扫地机	由边刷、滚刷、喷水设施、驾驶棚、电子系统、尘箱等多种器件组成	采用全封闭（或半封闭）式驾驶室，特别适合在寒冷、风沙等恶劣环境中使用。广泛适用于市政道路、物业小区、大型工厂、旅游景区、机场码头等环境作业，可对石子、灰尘、树叶、碎屑进行清扫	

3. 清洗设备

常用的清洗设备包括单擦机、三合一地毯清洗机、地毯干洗机、手推式洗地机、驾驶式洗地机、沙发清洗机、升降机、脚手架，见表 2-6。

表 2-6 常用的清洗设备

名称	构造	用途	图示
单擦机	由针盘、洗地刷、电子打泡箱 / 水箱、电动机、手柄等组件组成	清洗各种地面、处理石材结晶、低速打磨、地毯的干泡 / 湿泡清洗、地毯的布垫清洗	
地毯干洗机	由电动机、手柄、污物收纳盒以及高效吸刷组件等构成	适合各种地毯干洗，洗完 10 分钟物内速干，能大大减少潮湿导致的绒毛、化纤等毯面的霉变损害	
手推式洗地机	由控制柄、电动机、车轮、污水箱、清水箱、开关、地刷、吸用于大面积清洗各种硬质的地面，水装置与设备、喷水如商场、超市、停车场、广场等地面装置与设备、排水系统以及高效吸刷组件等构成	用于大面积清洗各种硬质的地面，如商场、超市、停车场、广场等地面	
驾驶式洗地机	由方向盘、电动机、车轮、开关、污水箱、驾驶式清水箱、地刷、吸水洗地机装置、喷水装置、排水系统以及高效吸刷组件等构成	用于大面积清洗各种硬质的地面，如商场、超市、停车场、广场等地面	
升降机	由行走机构、液压机构、电动控制机构、支撑机构组成	用于高处的清洁工作	

4. 吸尘吸水设备

常用的吸尘、吸水设备包括吸尘器和吸尘吸水机，见表 2-7。

表 2-7　常用的吸尘吸水设备

名称	构造	用途	图示
吸尘器	由动力部分（电动机、调速器）过滤系统（尘袋、前过滤片、后过滤片）、功能性部分多用于清扫地板（收放线机构、尘螨指示、按钮或滑动开关）、附件（手柄和软管、接管、地刷、扁吸、圆刷、床单刷、沙发吸、挂钩、背带）等组成	多用于清扫地板上的灰尘，清理毛发和碎物等	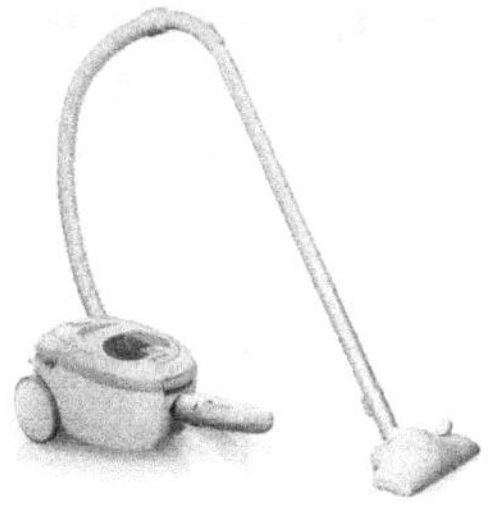
吸尘吸水机	由动力部分（电动机、调速器）过滤（吸水）系统（尘袋、前过滤片、后过滤片）、功能性部分多用于清扫地板（收放线机构、尘螨指示、按钮或滑动开关）、上的灰尘，清理毛附件（手柄和软管、接管、地刷、扁吸、圆刷、钢扒等）等组成	用于清洗后，配合吸水机吸污水，更换尘罩，也可用于地面吸尘	

5. 其他设备

常用的其他设备包括两速（三速）吹风机、高压清洗机、抛光机、扶梯清洗机、游泳池清洗机，见表 2-8。

表 2-8　常用的其他设备

名称	构造	用途	图示
高压清洗机	由高压水管、高压水枪、电动机、高压泵、加热器、喷油嘴、点火电极、油箱、枪托、燃油、滤清器、油泵、风机、高压点火线圈组成	用于迅速冲洗大量污垢和油渍，保证清洁的高效性，适用于各种重污区域	

续表

名称	构造	用途	图示
抛光机	由旋转手柄、抛光垫、百洁垫、配重铁、针盘、驱动器以光及驱动轮等构成	用于地面和蜡面的抛光	
扶梯清洗机	采用履带行走装置。履带行走装置由引导轮、支重轮、驱动轮和履带构成	用于建筑物内外自动扶梯的清扫、清洁	
游泳池清洗机	由吸尘电动机、滚刷电动机、地刷、尘袋、车轮、手柄、操作面板等组成	可以在泳池底部自主爬行，四周绕行，反复清洁池内的污垢，过滤池水，收纳垃圾，让泳池水质清澈	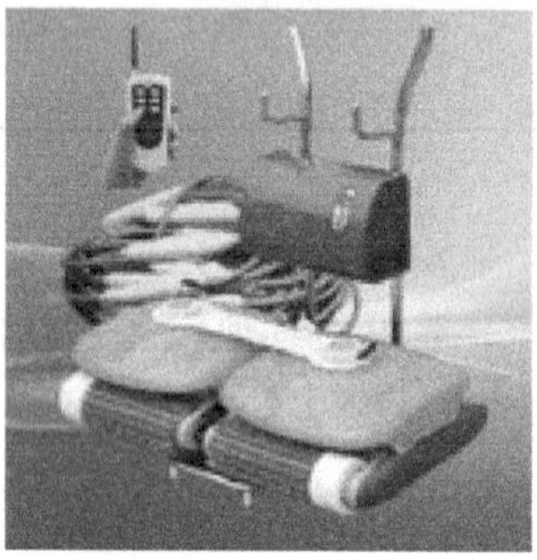

知识扩展

单盘刷洗地机的用法

建筑物清洁除污过程中需要进行大范围、多环境的擦拭工作。在进行地面的除污作业时，往往会用到单盘刷洗地机（以下简称单刷机）。单刷机是通过除污剂涂抹与盘刷高速打磨两项工艺结合实现清洁效果的机械，也是建筑物除污工作中常用的机械。

1. 单刷机的性能

单刷机在喷涂清洁剂进行污垢溶解的同时，利用机器刷旋转打磨表面实现快速清洁，能够在有效除污的同时实现一定的抛光效果。单刷机适用于水溶性污垢表面清洁和需要进行大范围除污工作的工况。

2. 单刷机的使用方法

1）准备工作

（1）调整手扶柄与地面的角度。一般的单刷机需要用脚踏住手扶柄与盘刷连接部分的踏板，前后调整手扶柄的倾斜度。一般图手扶柄与地面成 60° 、双手能曲臂 90° 平放在握把处为最好。

(2)关闭开关、断掉电源，将机体整体侧转 90°，然后打开电源和开关，观察发动机和转子的工况(是否正常运转，有无故障音)。

(3)取本次工作要求尺寸和材质的盘刷安装在指定位置，摆正机器。

2)操作方法

(1)双手握住手扶柄上端的方向调节把，一只手操作盘刷调节杆。

(2)打开开关，保持刷头与被清洁表面相对水平，保证刷头的平稳旋转。

(3)一般来说，逆时针旋转方向调节把会推动机器前进，相反，顺时针旋转调节把会令机器后退(极端情况下也有相反的操作，具体前进后退方式以机器说明书为准)。

(4)下压盘用调节杆可以令机器向左移动，相反可以令机器向右移动。

(5)人跟随机械移动方向一同移动。

(6)关闭电源可以令机器停止运行。

3)行进路线及方式

(1)利用单用机进行清洁时，一般为直线移动，很少后退或往复移动。

(2)清洁完一行后，第二行清洁轨迹要与第一行有所重叠，如图 2-1 所示。

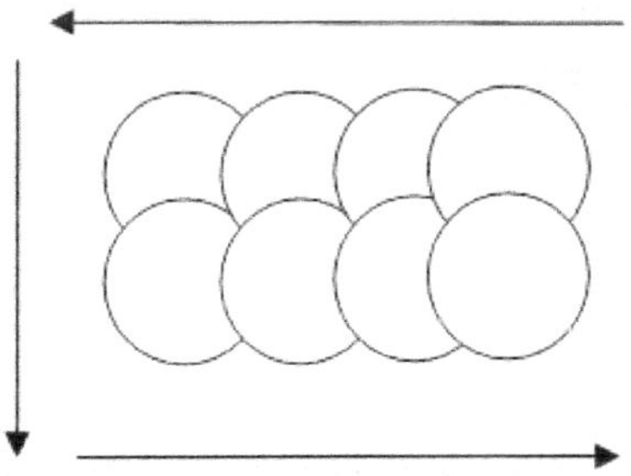

图 2-1　清洁路线轨迹

(3)在清洁墙壁部分的死角时，用机器前端顶住墙角，由左向右移动，注意不要弄脏墙壁。

(4)行进时要注意保持人与机器平行移动，避免前后移动导致清洁服务人员脚部污染已清洁的表面。

3. 单刷机的收纳

(1)切掉电源开关，将机体与手扶柄成 90° 横置。

(2)卸下盘刷，盘刷调节柄保持舒展状态，查看链接螺丝松紧度，适当拧紧松动的螺丝，清洗残留机械上的污渍。

(3)将机器直立，擦洗盘刷方向调节手柄，将手柄处于自然放置状态，卷起电线挂于手柄上。

(4)利用机器上的车轮将机器运送到指定收纳点。

(5)由专业的清洗养护人员进行作业后养护。

测试训练

知识测试

(1)根据清洁对象,将清洁工具分为______、______、______。

(2)玻璃刮的构造由______、______、______组成。

(3)根据清洁作业方式划分,常用清洁设备分为______、______、______、______、______。

(4)简述垃圾清运车的用途。

(5)简述手推式扫地机的用途。

技能训练

实训2-1　利用洗地机对善思楼508实训室进行清洗

一、目的要求

(1)掌握洗地机的操作要领。

(2)掌握洗地机使用时的工作进行方式。

(3)掌握洗地机使用的注意事项。

二、材料及用具

洗地机、插座等。

三、内容与方法

1. 对508实训室进行清洗

(1)解开电源线,检查电源线有无破损、易漏电地方,若完好,则可以在机体院逆时针方向安装针座、洗地垫或洗地刷,洗平滑地面时,应装针座压紧百洁垫;洗不光滑地面时,应装上刷子,然后将手柄调节到便于自己操作的角度。

(3)将电源线放在背上,双手握住把柄,然后打开开关,此时刷盘或针盘与地面保持水平,抓稳操纵杆上下控制使机器左右移动,刷盘开始转动,确认无故障后,即可开始作业。

(4)工作时,不要靠自己臂力强使机器前后左右移动,而是通过按压把手,使机器本身移动,身体自然地随着机器移动。

(5)工作完毕或中止时,关上开关,机器停止转动。

2. 操作洗地机的工作进行方式

方法一:工作时应使刷盘或针盘的擦痕呈横向"一字形",并一点点后退移动,后一行擦痕应与前一行有几厘米重叠。

方法二:靠近墙壁的地方,可以先沿着墙壁擦洗,然后再擦洗中间,以防止操作不当弄脏或损坏墙壁,特别是安装落地玻璃的地方。

方法三:工作移动时,应注意接线的位置,不使接线绕在脚上或室内的设施上。

四、作业

写报告。

项目三　物业日常除尘作业

学习目标

1. 掌握建筑物、设施表面及家具的擦拭除尘的方法、除尘步骤及自检标准。
2. 掌握建筑物、设施表面的刷尘的方法、步骤及质量标准。
3. 掌握室内高出及家具表面的掸尘的方法、步骤及质量标准。
4. 掌握吸尘器的使用的方法、步骤及质量标准。

内容提要

工作、生活环境中的灰尘来源主要包括:人类活动中呼吸与空气流动的混合物,建材、衣物的自然损耗和自然环境中出现的尘埃。在不同环境中灰尘的来源决定了除尘工作的操作方法和作业特点。

任务导入

一、除尘的知识要求

1. 环境识别及除尘方法选定

1)环境污染情况识别

环境中灰尘累积情况可以通过嗅空气中是否存在异味、视觉判断表面灰尘累积情况、手指或棉签触检、参考天气预报或其他环境设备的灰尘指标报数等方法进行识别。在一场阵雨后可以嗅到泥土的气味,走进一间长时间没有人居住的房间,使人产生阵咳,都是灰尘流动造成的。灰尘为干燥的状态,遇水为泥,故其形态分干、湿两种。

2)除尘方法的选定

除尘要根据现场情况选择清洁工具,制定操作方法、清洁服务流程,以保证清洁服务质量。方法不当会使灰尘向外扩散,造成其他地方的污染。

2. 除尘工具、药剂、设备准备

1)常用除尘工具

常用的除尘工具包括超细纤维毛巾,毛刷、浴缸刷、厕所刷、板刷、清洁刷、超细纤维毛掸、笤帚、扫帚,尘推、拖把、平推,玻璃刮、上水器等。

2)常用除尘药剂

常用的具有除尘效果的清洁药剂包括玻璃清洁剂、静电除尘剂、空气清新剂、全能清洁剂。

(1)玻璃清洁剂。玻璃清洁剂是一种 pH 值为 6 的清洁剂,复合了清洁剂、光亮剂、抗静电剂、污垢分散剂等多种功能成分,具有环保、易于擦洗、无须水洗、不留痕迹、防雾防霜的优点。

玻璃清洁剂广泛应用于各类物业环境中的玻璃幕墙、玻璃板、橱窗及玻璃门的玻璃清洁，也可以用于瓷砖、镜面不锈钢、电镀表面等光滑平面的清洁。

使用方法一般为用上水器涂抹在表面，然后用玻璃刮刮净。也可以直接喷涂在表面，然后用干布抹净。

（2）静电除尘剂。静电除尘剂俗称牵尘液，也称尘推油，由多种光亮剂、除尘剂、静电吸附剂复配而成，能够吸附细微的粉尘，使打蜡地面和各种石材地面保持光亮、洁净、抗磨损，兼顾清洁与保养效果。多用于各种石材、木地板、瓷砖地面的灰尘清洁。

使用方法上，可以将其喷涂在尘推罩外侧，静置 8 小时以上，令溶液完全浸透，然后配合尘推动作，利用静电吸附作用，将难以清洁的细微灰尘吸起。需要注意的是，利用尘推油进行的除尘作业，地面全程不得着水。

（3）空气清新剂。空气清新剂是一种中性或偏弱酸性的药剂，主要成分为各种香料或挥发性成分，部分产品具有一定的杀菌消毒功效。多用于去除异味、清新空气和辅助杀菌消毒。

使用方法多为将兑水稀释的溶液利用喷壶向织物表面或空气中进行雾状喷洒。需要注意空气清新剂含有挥发性成分，在储存和使用中要保持容器的密封性，尽可能避免存放。

（4）全能清洁剂。全能清洁剂是一种 pH 值为 8 的弱碱性清洁剂，一般会含有强力去油剂、复合性表面活性剂、助洗剂，具有去污力强、易于擦洗、表面腐蚀性低的特点。

大多数硬质表面，如水泥、壁纸、大理石、花岗岩、瓷砖、金属等表面，都可以使用全能清洁剂进行一般的清洁。另外全能清洁剂在辅助杀菌消毒、快速溶解污垢尘块、保护瓷面釉面方面也有着较好的效果。

全能清洁剂在使用时需要加水稀释。水与清洁剂的比例根据不同环境不同工序略有不同，清洁人员需要根据说明书进行稀释，不得自行配比。另外，清洁剂整体呈碱性，清洁服务人员在使用时需要注意全程佩戴橡胶手套，避免对皮肤造成刺激。

3）常用除尘设备

清洁工作中经常用到的除尘设备包括吸尘器、手推式洗地机、驾驶式扫地机、空气净化器等。

（1）吸尘器（图 2-2）。吸尘器全称为电动真空吸尘器，是日常清洁中不可缺少的清洁工具。吸尘器广泛应用于地毯、地板、家具、帘帐、垫套和边缝脚落等的清洁。吸尘器可以吸进细小的、难以清除掉的灰尘，如缝隙、凹凸不平处、墙角以及形状各异的各种摆设上的灰尘，且不会使灰尘扩散和飞扬，清洁程度和效果都比较理想。

吸尘器可分为主体和附件两部分。主体包括电动机、风机和吸尘部分（由过滤器、储尘筒组成）。附件包括软管、接头弯管、塑接管（接长管）、刷头和扁吸嘴等。

吸尘器主要部件为电动机驱动的吸风机。吸风机叶轮在电动机驱动下高速运转，将叶轮中的空气高速排出风机，同时使吸尘部分内的空气不断地补充进风机。这样，在吸尘部分与外界之间形成较高的压强差。通过吸嘴和刷头，灰尘、污物随空气吸入吸尘部分，并经过速器过滤,将灰尘、污物收集于储尘筒内。空气过速后成为清洁空气,经过风机、冷却电动机,再经排气管、出风口排出。储尘筒内的灰尘和污物积累到一定程度必须进行清除,否则会造成吸力下降。

所有的吸尘器都配有一个组装刷头,一般在清理地板及地毯时使用。吸力式吸尘器还会配备一系列的清洁刷及吸嘴,以便清扫角落、窗帘、沙发和缝隙时使用。这些部件大体包括以下几种。

圆刷头,也叫小吸嘴,可做360°回转,方便清洁家具、帷幕、精细网织物、穗状饰物和呢绒服装等。

扁吸嘴,又称缝隙吸嘴,是一支细长、扁平的硬吸嘴,特别适用于清洁墙边、暖气片、角落及浅窄地方。

电动刷,类似直立式吸尘器的清洁头,是混合式吸尘器特有的配件,适用于清洁地毯、灰尘较多的地面等。

扫尘刷,用长而软的棕毛制成,适用于清洁窗帘、墙壁、灯罩、百叶帘和窗台等。作业时要注意机体表面保持干燥,除部分吸尘吸水一体机外,不得吸入任何液体。不能通过拉拽电源线移动吸尘器,也不能通过拉拽电源线拔插头,拔插头前要关闭机身上的电源开关。要在电源线长度范围内操作,进入其他房间时确保房间门敞开,避免门扇关闭夹住电源线。如果作业环境中有烟头、火柴等可燃物质要单独捡拾,不能同其他灰尘一同吸入,也不能吸入钉子、螺丝、大头针等尖锐硬物,避免划破吸尘器内部的集尘袋造成故障。

吸尘器在工作中最常见也是最为影响工作的故障是吸力下降。清洁服务人员如果遇到吸尘器吸力下降,首先要关闭吸尘器,检查自身吸尘动作是否规范,吸尘口与地面是否有足够空间实现空气流通;其次要检查吸尘袋是否处于清洁状态,储尘容器是否过满;如果以上情况正常,可以检查软管或吸嘴是否堵塞。上述检查后依旧不能找出原因的,应停止作业寻求专业维修人员帮助。

(2)手推式洗地机(图2-3)。

手推式洗地机是将喷水、洗地、吸水三个工序结合到一起的多功能地面清洁设备,通过自带动力源可以完成大范围除尘除污工作,多用于酒店大厅、车库、通道等环境的除尘作业。

图2-2 吸尘器

图2-3 手推式洗地机

手推式洗地机由控制柄、真空开关、清洗刷开关、蓄电池、控制面板、高效吸刷组件、污水箱、溶液箱、安全灯、后轮、清洗头、清洗裙罩、滚动轮等构成。

在操作前首先查看电表确认剩余电量，再检查外观，检查清洗垫或清洗刷是否完好，并提前清除地板上的杂物和颗粒类垃圾。确认一切正常后，将溶液流量杆拉起，关闭溶液阀门，打开溶液箱盖注入机器指定清洁溶液，边注入边注意溶液位置。将高效吸刷和清洗刷降至与地板接触的位置，保证刷子能充分刮擦地面。打开开关，刷子开始运转，调节溶液流量杆使溶液流量适当并向前推动机器。推动机器的轨迹遵循由外圈向内圈再由内部向外部依次进行的顺序。完成洗刷工作后关闭所有开关，如果溶液箱排空，要继续吸水，确保将所有污水吸入污水箱，然后排除污水和溶液，冲洗污水箱和溶液箱，防止液体残留干燥后堵塞系统。最后抬起清洁刷和高效吸刷，用干净的半干抹布擦拭机器外壳，干燥后移动到充电处充电。

清洁服务人员要注意，在使用手推式洗地机作业前应阅读操作手册，熟记所使用机器的性能和故障分析、排除方法。手推式洗地机结构相对吸尘器更加复杂，如果遇到不能判定的故障或莫名的机械效率下降，要及时停止作业报告维修单位，禁止擅自拆卸机身检查。

（3）空气净化器。空气净化器是一种能够吸附、分解或转化各种空气污染物的设备，主要用于高档物业环境的空气清洁。

空气净化器按清洁原理分类主要有机械滤网式、静电驻极滤网式、高压静电集尘式、负离子清洁式和等离子体清洁式，主要结构包括机箱外壳、过滤段、风道、驱动电机、电源线等。

在使用方法上，一般只需要在工作阶段保持机器处于开启状态，液晶屏上的功能选择为“净化”即可。平时注意机器表面的清洁和电源、电线的干燥，定期清理空气净化器保证工况正常。

关于空气净化器的清洁大致可分为两类。一类是滤网式空气净化器的清洁，清洁服务人员可以按照产品说明书上的指导，将滤网式空气净化器的滤网拆下，用抹布蘸取除尘清洁剂擦拭或用便携吸尘器处理。擦拭要注意力度，避免刮伤滤网。放置在阳光下自然干燥，干燥后按原样装回机身内部。

另一类是静电类净化器的清洁，这类净化器的清洁相对简单，一般只需用毛刷或抹布擦拭静电模块或集尘模块，保证外观清洁，等待自然风干后重新装回机身即可。

二、除尘作业

1. 建筑物、设施表面及家具的擦拭除尘

1）擦拭除尘的方法

（1）干擦。

干擦可以去除物品表面的灰尘。此方法通常是在水作业过后采用，用干擦干表面水分，达到表面干燥光泽的效果。还有些作业面如漆面、铜面、玻璃面、不锈钢镜面不能使用湿布擦，需要干擦清洁和保养。操作时注意动作要慢、轻，像抚摸一样轻轻地擦去表面的灰尘，如果用力干擦可能会产生静电反而黏附灰尘。

(2)半干擦。

有些作业面不能用湿擦法,但干擦法又难以达到清洁的目的,这时便需要用半湿半干的抹布擦拭。抹布半干擦比干擦更易于黏附灰尘,一次性完成清洁工作,达到较好的清洁效果。

(3)湿擦。

湿擦又叫水擦,是作业面上清洁灰尘和污垢运用最广泛的一种擦拭方法。其清洁原理是湿抹布将污垢溶于水中,再经过擦净污水达到清洁的效果。在具体操作时,用干净的湿抹布擦拭后,再用干的抹布擦拭水印。

(4)加清洁剂擦拭。

油脂性污垢不易溶于水,用湿擦法很难擦干净,这时便需要用蘸有溶油性清洁剂的抹布擦拭。擦拭干净后,再用清水投洗干净抹布,彻底去除清洁剂残留物后,再擦干。

(5)油处理抹布擦拭。

用少量石油类的油浸渍处理后的抹布叫作油处理抹布。这种抹布黏附灰尘的效果好,广泛用于清洁作业当中,通常金属、皮革表面需要采取这种擦拭方法。

2)擦拭除尘的步骤

步骤1:准备。把擦拭用抹布、橡胶手套清洁桶、告示牌和全能清洁剂准备好,通知业主以求得到对方的配合。

步骤2:擦拭。使用擦拭工具进行擦拭除尘,遵循先左后右、先上后下的原则,用力均匀,一次性擦拭完成,切不可来回反复擦拭,造成二次污染。

步骤3:自检。对工作效果进行自评,检查擦拭是否有遗漏、擦拭后的有无印迹。

步骤4:复位。将因擦拭需要而移动的家具、办公用品等物品按清洁前原位放好。

步骤5:整理。清洗污染的清洁用具,拧干用过的抹布。检查使用过的工具、装备、药剂的消耗情况,如有不足或损坏,及时补充或报修。将工具收纳到工具车或仓库。

3)擦拭除尘的自检标准

(1)擦拭工作中移动过的物品要恢复原位,且无遗失。

(2)擦拭过的表面干净整洁、无划痕。手指划过表面后,指尖无灰尘残留,空气中无异味。

(3)周围环境中没有灰尘或因擦拭造成的二次污染,清洁药剂无遗洒、残留。

(4)抹布重新清洗、拧干后无霉变或灰尘等异味。

2. 建筑物、设施表面的刷尘

1)刷尘的方法

刷的手法根据刷毛的软硬程度分为硬刷与软刷,对于硬质表面顽固污垢的处理一般采用硬刷,马桶、浴缸盆等设施的清洁则采用软刷。门窗缝隙、电梯门轨等狭窄环境的灰尘处理需要毛刷清洁。

(1)平刷。

平刷是将刷子按压在被清洁表面上水平移动刷扫灰尘的方法,适用于质地较硬的纹路表面(如木板墙或其他木质板材),作业时需要注意刷扫的方向要与表面的纹路方向一致,按从上到下、从左至右的顺序依次进行。根据被清洁表面材质质地，选择刷子的粗细和软硬，注意刷扫力度的把握以避免伤及表面。

地面除尘常用平刷法。积尘的外围地面，长时间没有使用的房间，需要大范围清洁的时候，可选择平刷方法除尘。

面盆清洁也可采用平刷法。将全能清洁剂喷洒在面盆表面，手持浴缸刷进行刷擦，刷擦时要保证浴缸刷与面盆表面平行，将刷头与面盆表面充分接触，面盆缝隙部位可以用刷子的边角部位进行刷扫。一般面盆刷洗的顺序为先内后外。刷擦结束后，要再次清洗面盆内外表面，然后用干抹布擦干，保证表面无残留水滴。

（2）浮刷。

浮刷是将刷毛掠过被清洁表面，避开表面易损的结构，对表层灰尘进行刷扫的方法，适用于织物、纱窗等脆弱结构的灰尘处理。与平刷一样，浮刷也需要注意刷扫的方向与表面纹路方向一致，按从上到下、从左至右、从内到外的顺序依次进行，刷扫力量要轻。

（3）弹刷。

弹刷是将刷毛充分探入缝隙，推动刷子一段距离后上挑，利用刷毛的弹力将收集到的灰尘弹出缝隙实现清洁缝隙灰尘的方法。弹刷时要求力量尽量放轻，避免弹出的灰尘造成更大范围的污染。有条件的情况下还可以在刷尘后对缝隙进行清洗。

常见的建筑设施缝隙包括电梯门滑轨、门窗接缝、瓷砖缝等。积存于缝隙的灰尘很难通过清洗、擦拭去除，因此需要用弹刷法进行除尘。不同环境中的缝隙刷尘的步强略有不同，但大体上都是将用毛探入缝隙处，沿缝隙走向推动刷头。沿一个方向将灰尘集中后，上挑刷毛，利用惯性和刷毛的弹力将灰尘从缝隙处剔除，如图 2-4 所示。

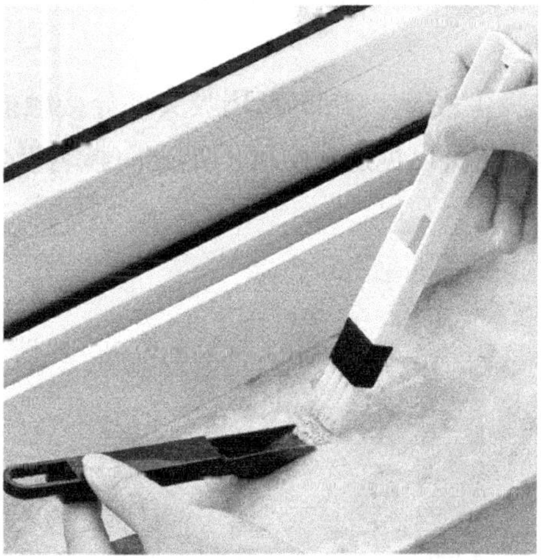

图 2-4　缝隙处刷尘

2）刷尘的步骤

步骤 1：准备。将刷子、百洁布、清洁桶、垃圾袋、簸箕、橡胶手套、全能清洁剂等准备好。

步骤 2：清扫垃圾。在除尘工作环境表面往往有其他垃圾，因此，为了除尘的效果，要先进行垃圾扫除，用扫把和簸箕搭配将垃圾集中清理。清扫要注意力度，防止尘土扬起造成空气污染。清扫效果以被清洁表面无可视垃圾为准。若除尘环境中无垃圾，直接进入步骤 3。

步骤 3：擦除污垢。如果尘土环境中部分区域内有污垢，需要先将区域内的污垢清除，再进行整体除尘。若除尘环境中无污渍，直接进入步骤 4。

步骤 4：刷尘。根据清洁环境特点选择刷扫方法，平刷法通过推动刷毛归拢被清洁表面尘土，以便集中冲洗或垃圾收集入袋；缝隙的刷尘则需要沿缝隙走向推动头，沿一个方向将灰尘集中再剔除。最后，要对清理出的灰尘进行集中清扫、回收处理。

步骤 5：保养。如果有需要保养的表面，用药剂或工具进行保养作业。

步骤 6：自检。对清洁效果进行自评，观察是否有二次污染或遗漏的被清洁面，如有，及时补做。将清洁过程中移动过的物品复位。

步骤 7：整理。点检使用过的工具与装备、药剂的消耗情况，如有不足或损坏，及时补充或报修。将没有问题的用品收纳到清洁车或仓库。

3）刷尘的质量标准

（1）点检刷尘工作中移动过的物品，做到清洁环境内的物品没有遗失。

（2）刷尘后被清洁表面无尘土、附毛、药剂残留。

（3）刷尘后被清洁表面结构与纹路完好。

（4）工作区域四周没有因飞散尘土造成二次污染。

（5）刷子在工作后及时清理，刷毛缝隙内无污物。在新一轮工作开始前，其他清洁用品干净整洁。

3. 吸尘器的使用

“吸”的清洁手段主要是使用吸尘器操作吸尘。由于吸尘器以电力驱动，这就要求清洁人员对电器使用方法有一定的认知，否则很容易在实践本节介绍的知识时发生电器使用事故。

1）吸尘的方法

（1）双手前后交替握住吸尘接管末端部分，用吸头部分接触被清洁表面（见图 2-5）。注意吸尘时不要用力下压吸尘接管，以免造成空气不足进而影响吸尘器吸力。

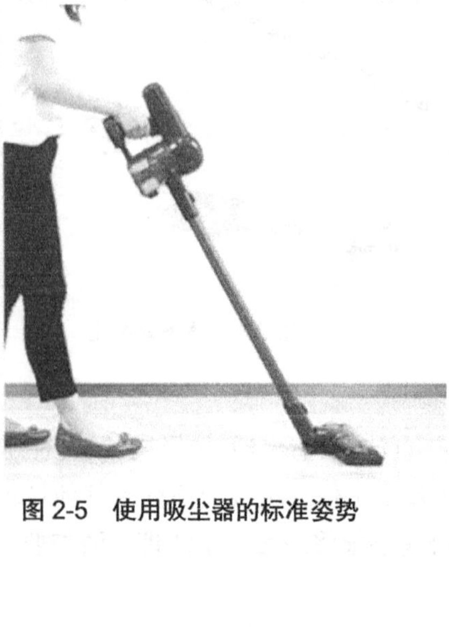

图 2-5 使用吸尘器的标准姿势

（2）推拉吸尘接管，使吸头移动。向后拉动时，要求地板刷前端接地，后端稍稍抬起，与被清洁面成一定角度；向前推动地板刷时，要求地板刷后端部分接地、前端稍稍抬起。如果是贴合地面类型的刷头，保证与清洁面的水平即可。注意推动地板刷的动作要尽量轻柔，慢慢移动。

（3）在吸完一片区域，开始清理相邻区域时，新的清理轨迹要与清理过的区域有一定重合（重合部分以大约 3 cm 为宜），依次横向移动，避免漏吸。

（4）吸尘时推动地板刷的方向要与被清洁表面自身的纹路方向一致。清洁地毯时要顺毛推动，不能来回推拉。

2）吸尘的步骤

步骤 1：清除大件垃圾。在进行吸尘器作业前，要先观察环境内的垃圾情况。如果有体积大于吸尘器口径的大件垃圾或硬质尖锐的废弃物，要事先捡拾、清扫干净，避免因此产生工作故障。

步骤 2：吸尘器的操作。

（1）准备好吸尘器，及其他的清扫工具，如扫帚、拖把、抹布等。

（2）安装配件（见图 2-6）。视作业面不同，选用不同的刷头或吸嘴。吸扫地板时，可使用地板刷，有些地板刷上装有地板、地毯选择开关，可按需选用；清除沙发、床垫和衣服上的灰尘，应选用圆形吸嘴和沙发扒头；如要吸除角落或缝隙里的灰尘，可使用尖管形吸嘴。将软管与外壳吸入口长接头、短接头连接妥当，将软管与各段超长接管以及接管末端的吸嘴等旋紧接牢。直钢加长长接头可以伸缩，扩大作业范围。

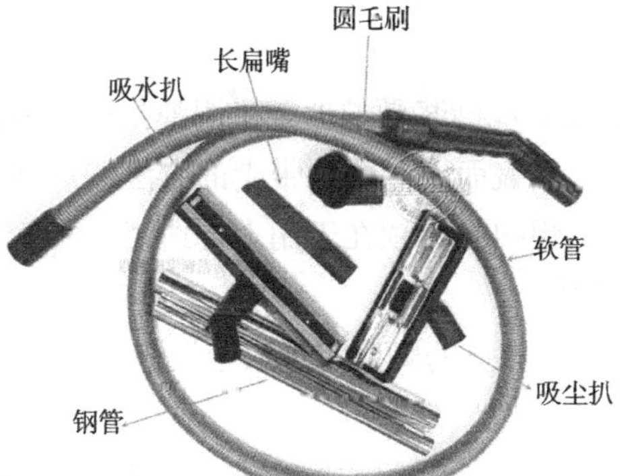

图 2-6　吸尘器配件

（3）接通电源，开始吸尘。应先接通壳体上的开关，然后接通握持把手上的开关。在清洁地面时，应从左到右、从里向外依次吸尘，不遗落。

（4）吸尘操作完毕，先关闭电源，收好电源线，再将配件依次取下，整理归放工具房内。

步骤 3：自检。检查被清洁面是否干净，有无垃圾遗落。

步骤 4：整理。收拾清洁工具，视情况清洁刷头和储尘筒，将吸尘器擦拭干净放回库房。

3)吸尘的注意事项

(1)吸尘器的移动。吸尘器在路途中搬运时,应用手提起,抓住机器顶部的手把,或者拉着手柄前行。禁止拉着吸尘管、电源线前行,防止机器受损。

(2)吸尘器在作业现场。每次使用前,要检查一下集尘袋是否清理干净。连续使用时,应注意及时清理集尘袋中的灰尘,以免储灰过多而堵塞过滤网,使进气量过小。

(3)吸尘器在工作状态中。吸尘器不能吸取未熄灭的烟蒂,或易燃、易爆物品和温度过高的物品,否则将烧坏机内的集尘袋。

使用时,不要使吸尘器的进风口受堵,如果进风口受堵时间过长会使电动机超速旋转而损坏。不能湿手操作,也不要用脚踩着电源线,更不要用力猛拉电源线,谨防触电,如果发现漏电、温度过高、冒烟、出现异常响声等现象,应立即切断电源,停止使用,及时进行修理。

(4)吸尘器在完成作业后。吸尘器用毕,必须把开关置于切断位置。若是满速的,应把调速旋钮拨到吸力最小位置。拔出电源插头,卷好电源线,并把所有配件集中在处,以备下次使用。

4)吸尘的质量标准

(1)被清洁表面无尘土残留,角落空间无漏吸。

(2)家具边角完好,无因吸尘器磕碰造成的损坏。

(3)吸尘器外壳干燥洁净,各项工况正常,清洁过的环境中无遗漏的吸尘器部件。

5. 地面的清扫除尘

1)扫尘的方法

(1)按扫。按扫是稍用臂力按着扫帚清扫地面的方法,是除去被清洁表面浮尘的有效方法。按扫的第一要义在于"按",第二要义在于"慢",就是要向下用力压着慢慢扫,防止浮尘飞散,造成二次污染。

(2)弹扫。细小缝处的纸屑或砂浆颗粒通常采用弹扫法。弹扫是用扫帚的一头将污物向外向上扫,通过弹力把被清洁表面上的污物带走的方法,不形成飞散的灰尘,这样可以提高清扫效率,提高工作质量。弹扫的要领在于用力要适当,太大容易导致灰尘飞溅,造成二次污染,太小达不到预期的效果。

室内入门处的小地垫,进出人员的脚底留下灰尘较多,难以清除,可以拿到外面,用此方法去除灰尘。

(3)浮扫。浮扫是将扫帚头稍微浮起扫掉尘土的方法,一方面不损坏被清洁表面,一方面又可将尘土处理掉。作业前应事先把较大的杂物、垃圾捡拾掉,剩下的较小的纸和灰尘可以用浮扫的方式处理。浮扫的要诀在于"轻"。轻一点就不会损伤到表面,而且一般来说灰尘都很轻,轻扫就可以处理干净。

(4)推扫。推扫是用双手下压扫帚往前推着扫的方法,一般使用竹扫帚推扫。如果庭院里有大量落叶,或者其他大量的杂物,采用推扫的方式更有效率。通常采用竹扫帚把杂物推扫到一起,然后再收集处理。推扫一般不容易处理得非常干净,所以推扫之后还要用小扫帚再扫净。

2)扫尘的步骤

步骤1:选择清扫方法。按扫不易扬尘;在家具与地面的细小接缝处,通常采用弹扫法;浮扫是轻轻将被清洁表面的灰尘处或杂物理掉;开荒保洁时,或者有其他大量的灰尘时,可以采用推扫的方式。

步骤2:粗捡。在开始作业前,如果被清洁表面上有较大的垃圾,可以不用手捡,而用竹夹子或捡拾器捡拾。

步骤3:清扫。使用扫帚进行清扫,针对不同的作业面采用不同的方法,或兼顾使用。

步骤4:清倒。把清扫得到的垃圾与灰尘倒入指定的垃圾桶内。

步骤5:后检。清扫完毕后,进行自检,达到无水道、无河道、无废弃物。

步骤6:整理。整理好清扫工具,并放回清洁间。

3)扫尘的质量标准

(1)被清洁表面无水迹、无废弃物、无污迹、无尘迹。

(2)收集到的垃圾和灰尘集中储存在垃圾桶内,无遗洒。

(3)扫帚的缝隙内无污物存留,空气中无尘土气味。

6. 玻璃及平滑硬质表面的刮擦

刮擦是日常清洁工作中最常用的清洁手段之一,其主要目的是清除玻璃、门窗和一些家具表面的灰尘。日常工作中使用的表面刮擦工具,包括喷壶、上水器、玻璃刮、超细纤维毛巾、水桶、塑料袋(下垫地面)、警示牌等。

1)刮擦工具及其使用

(1)上水器。通常用来蘸取稀释过的清洁剂或者清水,攥去多余水分,然后均匀地涂在玻璃等光滑的作业表面。上水器的手柄有短柄和长柄之分,按具体情况需要选择不同长度的手柄。

上水器的操作要领是蘸取一定量的清洁剂或者清水,以不滴水为宜,手柄与被清洁表面大致成45°,从上至下或者从左到右均匀涂在被清洁表面上,目的在于润湿并去除被清洁表面的污渍。图2-7所示为上水器涂抹路线。

(2)玻璃刮。玻璃刮配合上水器使用。上水器除去被清洁表面的污渍后,还留有水迹,这时候需要用玻璃刮将被清洁表面的水迹刮干净。玻璃刮的操作要领是玻璃刮与作业面成一定的角度(操作舒服为宜),按从左到右或者从上到下的顺序来操作,玻璃刮每刮一下,就要用布将玻璃刮上的水擦干,以免残留的污水将作业面刮花。操作时要注意作业面的边边角角,不能留污水迹。

(3)推水器(图2-8)。推水器和玻璃刮结构类似,但是柄比较长,能推走地面残留的积水和大面积液体污物,是雨天清理场地和平时洗地必备的工具。其结构包括推水器杆、推水刮条架和刮条。刮条为可拆卸部件,有海绵和橡胶两种材质,不规则的坑洼表面和室外场地应当采用海绵质的推水器,橡胶刮条的推水器更适合光滑平面。

图 2-7　上水器涂抹路线

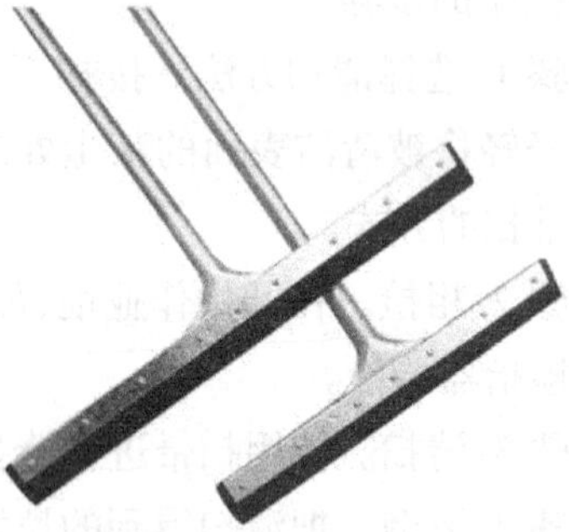

图 2-8　推水器

在使用推水器时,一只手要握住推水器杆的顶端,另一只手握住推水器杆上方,上身微前倾,推水器杆和地面保持 45° 左右的角度。应遵循由内至外逐行推擦。推水过后,将刮条与推水器本体分开清洗,清洗过后将推水器擦拭干净,避免固定刮条的部件生锈。

(4)铲刀、钢丝球等。遇到一些顽固的水泥点、砂浆、胶点可用铲刀去除;有时候玻璃上有一些不干胶或者其他顽固污渍,也可以用钢丝球处理掉。

2)刮擦玻璃的步骤

刮擦玻璃是清洁工作中的一项重要内容,尤其是现代建筑中,室内外玻璃门、玻璃隔断、玻璃装饰等被大量使用。

步骤 1:操作准备。准备好刮擦玻璃的工具,包括玻璃上水器、玻璃刮、铲刀、清洁桶和清洁剂等。

步骤 2:去除污渍。如果玻璃窗很久没有清洁或是残留一些水泥砂浆等杂物,可先用铲刀去除黏附在作业表面的污渍,或者用刷子去除灰尘。如图 2-9 所示为用刷子去除灰尘。

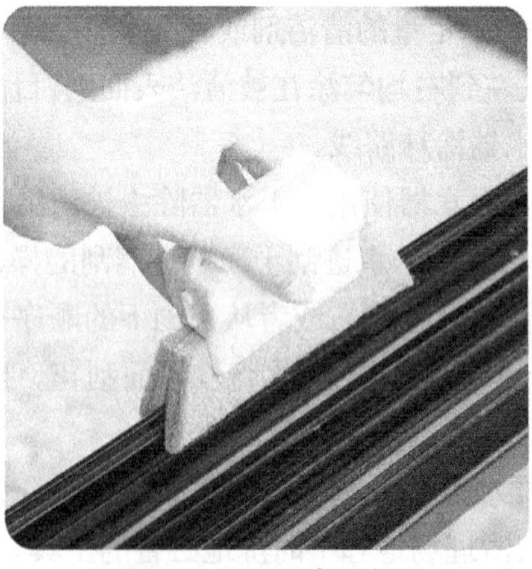

图 2-9　用刷子去除灰尘

步骤 3:上水器涂擦。将上水器浸入清洁桶中,待充分吸入清洁剂后用手轻轻拧一下(以不往下滴水为宜),均匀涂在玻璃表面,去除表面的污渍。

步骤 4:刮擦。用玻璃刮将玻璃上的水迹刮净,注意用力均匀,由上往下缓缓刮擦,熟练的清洁服务人员可以依据玻璃的面积大小一次性完成。

步骤5:擦净边框。用毛巾将玻璃表面未刮净的水迹和四个边角上的水迹抹净。

步骤6:自检。刮擦完要自检,玻璃上应无明显污迹、印痕,用手触摸无灰尘。

步骤7:整理。自检达到标准后,整理清洁工具。

在清洁工作中,包含玻璃在内的光滑表面均可以采用这种方法来清洁,比如瓷砖的墙面、玻璃家具等。在高空作业时,清洁服务人员除了要熟练掌握刮擦技能外,还要掌握高空作业安全操作要领。

3)刮擦地面的方法

下雨后室外平面场地,或者清洗地面后的大堂,地面往往积水比较多,这时候需要用推水器来刮擦地面,除掉地面的积水。

步骤1:操作准备。准备好工具,包括推水器、干拖把等。

步骤2:清除垃圾。用扫帚或者竹夹子清除地面可见大的垃圾。

步骤3:推除积水。用推水器从一边到另一边直线推走地面积水,可以直接推进下水道,也可以先推到墙角或者角落里,等到全部推到角落后,再用吸水机吸干净或者其他工具把积水清走。

步骤4:干拖。室内大堂等地面需要用干拖的方式,再把有水迹的地方处理一下,保证地面干净无水迹,如果是室外的场地则不需要这一步操作。

步骤5:自检。被清洁地面应洁净、无水迹、无尘土、无污迹、无杂物。

步骤6:整理。清洁拖布,把推水器、拖布收拾好,完全干燥后放回清洁间。

4)玻璃刮擦作业的质量标准

(1)玻璃表面无灰尘、无水迹和无擦拭印,边角部分无清洁液残留。

(2)清洁剂按照说明书的指示调配。

(3)玻璃表面整体光洁无刮痕,透明度好。

(4)玻璃周围的地面、墙面无污染痕迹。

(5)特殊要求的玻璃镜面的静电系数符合相关要求。

5)地面刮擦作业的质量标准

(1)地面无灰尘、无水迹。

(2)如果过程中使用了清洁剂,保证清洁剂特性符合地面材质需求。

(3)地面不打滑,特殊情况下设置“小心地滑”警示牌,或设置防滑垫。

(4)清洁用具在操作后要相对干燥,离开现场保证所有用具不滴水,无二次污染。

知识扩展

吸尘器的种类

吸尘器有不同种类,适用的范围也有差距,根据结构和操作方式不同,吸尘器一般分为直立式,圆筒式和肩背式三类,如图2-10所示。

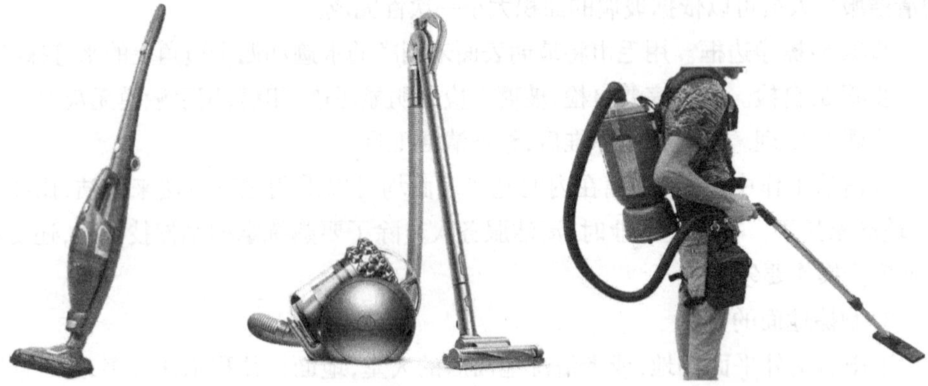

直立式　　圆筒式　　肩背式

图 2-10　吸尘器

直立式吸尘器，吸尘刷的旋转震动力可将地毯的绒毛拔开，以便抽吸深藏于地毯中的尘屑、污垢及细小沙粒。使用者不用弯腰曲背，非常方便。不过，由于直立式吸尘器的吸嘴通常较为高阔，在清洁时一些较接近地面的家具下方或其他浅窄的地方，如桌脚下方的地面、楼梯表面就不宜使用。另外，直立式吸尘器在操作时发出的噪声也比圆筒式吸尘器大。

圆筒式吸尘器，由于没有电动旋转刷的辅助，一般不用于清理地毯，具备较强的吸力，再加上一系列特别配件的帮助，对清理地板、家具、帷帐、比较薄的细软织物垫套，效果很不错。由于配备了扁嘴吸管，有利于清理一些较矮家具下方地面或较浅窄的地方，如桌脚下方的地面。

肩背式吸尘器，适用于面积狭小、人流量大而需要及时清理的空间，通常储尘袋的容积只有 5 L，所以更加适合在敞开式办公室，剧场、大型展览会等场合使用。使用肩背式吸尘器，手握吸柄，吸头将地面小杂物、小垃圾及时清理，不受电线控制，空调口、窗缝等高位隐藏处都可以使用。

测试训练

知识测试

（1）地面的拖擦的方法有______、______、______、______。

（2）______是保洁工作中的一项重要内容，尤其是现代建筑中，室内外玻璃门、玻璃隔断、玻璃装饰等被大量使用。

（3）列出几种常用的除尘方法，说明各自的适用工具、适用情况、操作步骤和质量标准。

（4）玻璃刮如何除尘？

（5）吸尘器的正确使用方法？

技能训练

实训 3-1　大型巩固购物中心的清洁

一、目的要求

(1)完成商城一层和地下超市早间人流密集时段的公共区域地面除尘工作。

(2)完成新装修楼梯间的开荒除尘工作。

二、材料及用具

尘推、干抹布、湿抹布、水桶、铲子、掸子、百洁布、扫帚、簸箕、拖布、超细纤维毛巾、榨水车、安全指示牌、迷你清洁机。

三、内容与方法

1. 清洁准备

根据清洁区域和目标,分为商城与超市区域的地面除尘工作准备和楼梯间开荒除尘工作准备两部分清洁准备工作。

1)商城与超市区域的地面除尘工作准备

①场景识别。

②着装准备。

③清洁方案准备。

2)楼梯间开荒除尘工作准备

①场景识别。

②着装准备。

③清洁方案准备。

2. 作业流程

(1)商城公共区域和超市的地面除尘。

(2)楼梯间的开荒除尘。

3. 作业整理

(1)商城一层与超市的除尘后整理。

(2)楼梯间开荒除尘后整理。

4. 清洁效果

(1)商城一层与超市的除尘效果。

(2)楼梯间开荒除尘效果。

四、作业

总结大型购物中心清洁重难点及注意事项。

项目四　物业垃圾收集与清运作业

学习目标

（1）能收集清洁作业产生的垃圾。

（2）能收集巡查发现的垃圾。

（3）能对垃圾进行分类。

（4）能分类装载垃圾。

内容提要

垃圾的收集、清运是日常清洁工作中的重要内容，直接影响人们的工作和生活环境。及时处理能有效减少蚊蝇滋生、细菌扩散、病菌传播，所以应该做到当日垃圾当日清理，并且按照要求进行垃圾分类和分类运输，对垃圾暂存区定时清理、消毒。

任务导入

一、清运垃圾的知识要求

垃圾清运的全程管理包括清洁人员分类收集和清运垃圾；环卫部门对生活垃圾分类处理，将可回收物进行回收再利用，将厨余垃圾堆肥或生化处理，其他垃圾进行卫生填埋或焚烧处理。有些城市要求将生活垃圾中的有害垃圾分出来，如过期药品、荧光灯管、杀虫剂包装等，进行特殊处理。

1. 环境识别

1）判断垃圾清理现场情况

（1）根据垃圾所处场所判断，一般分为室内和室外垃圾暂时集中区或暂存区。

室内垃圾暂时集中区或暂存区。暂时集中区是临时集中袋装垃圾的地方，位置不固定，与周边环境没有界限划分。垃圾在暂时集中区停留时间不能过长，不能影响该区域正常使用。暂存区一般指建筑内特定的专门用于暂存垃圾的空间，如楼层垃圾间。一般放置几只大桶，供清服务人员将日常清洁工作中收集的垃圾倾倒、集中在此。

室外垃圾暂时集中区或暂存区一般指垃圾桶站或指定的集中存放垃圾的场所。

（2）根据所产生的垃圾种类和数量判断，一般情况下食堂、办公楼、交通枢纽、住宅区等业态和场景不同，产生的垃圾种类和数量也不同。

食堂、餐馆等场所产生大量的厨余垃圾（餐厨垃圾）、其他垃圾（餐巾纸一次性筷子等）。可回收物主要是纸箱、饮料瓶罐。

办公楼产生大量可回收物，如报纸、打印纸等。

大型交通工具、交通枢纽，如火车、火车站、地铁站、飞机场等产生大量饮料瓶罐和其他垃圾，如面巾纸。

住宅区厨余垃圾和其他垃圾较多，其他垃圾中厕纸、食品包装袋占比重较大。

2）确定清运垃圾的方法

垃圾清运要有利于保持环境整洁，有利于垃圾末端处理。

选择合适的清理工具和设备。室内垃圾间需使用密闭性良好的垃圾桶暂时存放垃圾，在转运至垃圾站的过程中要避免遗撒。厨余垃圾需使用密闭性好的垃圾桶存放，用专门的餐厨垃圾车运送至堆肥厂或厨余垃圾处理厂。

垃圾分类存放、分类运输。可回收物可再细分类，如玻璃、塑料、金属、纸箱、报纸等分类存放，便于末端送至不同工厂进行回收再利用。厨余垃圾、可回收物、有害垃圾分别存放，方便环卫部门运输车分类送至堆肥厂、厨余垃圾处理厂、填埋场或焚烧厂、危险废弃物处理中心。

2. 常用清运垃圾的设备、工具

垃圾收集设备、工具包括分类垃圾桶、分类垃圾箱、非机动垃圾车、机动垃圾车等。

1）分类垃圾桶

垃圾桶根据容积大小及款式不同，使用在不同的环境场景中。一般一组分类垃圾桶包括可回收物桶、厨余垃圾桶、其他垃圾桶和有害垃圾桶。

近年来，越来越多的技术应用于垃圾桶，如压缩功能、感应功能、自称重功能、语音功能等，如图 2-11 所示。带感应功能的垃圾桶能感知人手自动开关；带压缩功能的垃圾桶靠太阳能集能板提供能量自动感知垃圾高度，自动压缩，容积可增加 5 倍。

图 2-11　带感应的垃圾桶

2）分类垃圾箱

垃圾箱是容积较小的垃圾桶，也叫果皮箱，放置于路边、车站、公园、广场、大厅等公共场所。垃圾箱一般分为可回收物箱和其他垃圾箱两类。垃圾箱应美观、实用，与周围环境协调，常见的垃圾箱有立式、造型式、筒式等。建筑物电梯边会设置立式垃圾箱；市政道路、公共汽车上落站点、地铁站出站出入口以及人流量大的站点都有筒式垃圾箱；随着时代发展又出现了体现城市特点和时代特色的动物造型、科技造型、树木造型等垃圾箱。

垃圾箱应放置垃圾袋,实行垃圾袋装收集。箱体应干净整洁,无垃圾污垢,无乱涂、乱画、乱张贴,周围地面无散落、存留垃圾和污水。垃圾箱要及时清运,垃圾不能外溢,可根据人流量确定垃圾清倒整理的频率。对于环卫道路的一、二级清运道路的垃圾每天清理两次以上,每周清洗一次;三、四级清洁道路的垃圾箱每天清理一次以上,每两天清洗一次。

3)非机动垃圾车

非机动垃圾车指用于收集清洁作业产生的垃圾,或清理垃圾桶、垃圾箱产生的垃圾,将其运输到指定地点使用的三轮、两轮车及电瓶车,如图 2-12 所示。车的外观应保持整洁完好,无破损、无锈迹、无外泄、无积存垃圾。非机动垃圾车要每周清洗消毒一次,每季度或半年维护保养一次,尤其是电瓶式的垃圾收集车。

图 2-12 非机动垃圾车

4)机动垃圾车

(1)压缩式垃圾车(见图 2-13)。

压缩式垃圾车由密闭式垃圾箱、液压系统、操作系统组成,整车为全密封型,自行压缩、自行倾倒,压缩过程中产生的污水全部进入污水箱,避免运输过程中的二次污染。

(2)摆臂式垃圾车(见图 2-14)。

摆臂式垃圾车由液压控制系统操纵摆臂装卸垃圾箱,造型美观,安全可靠,驾驶便捷,结构紧凑合理,车厢容积大、强度高,易于轻松装卸。

图 2-13　压缩式垃圾车

图 2-14　摆臂式垃圾车

（3）自卸密封式垃圾车（见图 2-15）。

自卸密封式垃圾车主要由汽车底盘、箱体、开门机构、举升机构、液压控制系统等组成，是机、电、液一体化的全密封垃圾运输车，垃圾收集方式简单，高效环保，整车利用效率高。

图 2-15　自卸密封式垃圾车

5）垃圾清运中常用的清洁工具设备

垃圾间、垃圾桶站需要经常清扫、冲洗、消毒地面，清除散落垃圾及污渍，垃圾场、垃圾箱需要经常清洁、消毒。常用到的工具设备有高压水枪、多功能洗地机、抹布、百洁布、笤帚、簸箕等。

3. 垃圾分类

实现垃圾管理的无害化、减量化、资源化，与国际上通行的 3R（Reuse，Reduce，Recycle）原则接轨。

2017 年 3 月，国家发展改革委、住房城乡建设部发布《生活垃圾分类制度实施方案》（以下简称《实施方案》），提出“遵循减量化、资源化、无害化的原则，实施生活垃圾分类，可以有效改善城乡环境，促进资源回收利用，加快‘两型社会’建设，提高新型城镇化质量和生态文明建设水平。”“到 2020 年底，基本建立垃圾分类相关法律法规和标准体系，形成可复制、可推广的生活垃圾分类模式，在实施生活垃圾强制分类的城市，生活垃圾回收利用率达到 35% 以上。”

2017 年 11 月，《北京市人民政府办公厅关于加快推进生活垃圾分类工作的重见》发布，提到“以餐厨垃圾、建筑垃圾、可回收物、有害垃圾、其他垃圾作为生活垃圾分类的基本类别”，鼓励采用“大小桶”等收集模式，保障垃圾收集“干湿分开”。

大部分城市将生活垃圾分为三类：可回收垃圾、厨余垃圾（餐厨垃圾）和其他垃圾。北京、上海、广州率先将有害垃圾单独分出来，以减少环境污染。

具体而言，居住小区的生活垃圾分为厨余垃圾、可回收物、其他垃圾三类，宾馆饭店、党政机关等单位生活垃圾分为厨余垃圾、可回收物、其他垃圾三类，公共场所、办公场所生活垃圾分为可回收物和其他垃圾两类等。

根据不同的标准，垃圾的分类方法各不相同，《实施方案》将生活垃圾分类为有害垃圾、易腐垃圾和可回收物三大类，分别对应的主要品种、投放暂存及收运处置说明如下。

1）有害垃圾

（1）主要品种。

有害垃圾包括废电池（铬镍电池、氧化汞电池、铅蓄电池等），废荧光灯管（日光灯管、节能灯等），废温度计、废血压计、废药品及其包装物，废油漆、溶剂及其包装物，废杀虫剂、消毒剂及其包装物，废胶片及废相纸等。

（2）投放暂存。

按照便利、快捷、安全的原则，设立专门的场所或容器，对不同品种的有害垃圾进行分类投放、收集、暂存，并在醒目位置设置有害垃圾标志。对列入《国家危险废物名录》（环境保护部令第39号）的品种，应按要求设置临时贮存场所。

（3）收运处置。

根据有害垃圾的品种和产生数量，合理确定或约定收运频率。危险废物运输、处置应符合国家有关规定，鼓励骨干环保企业全过程统筹实施垃圾分类、收集、运输和处置：尚无终端处置设施的城市，应尽快建设完善。

2）易腐垃圾

（1）主要品种。

易腐垃圾包括相关单位食堂、宾馆、饭店等产生的厨余垃圾，农贸市场、农产品批发市场产生的蔬菜瓜果垃圾、腐肉、肉碎骨、蛋壳、畜禽产品内脏等。

（2）投放暂存。

设置专门容器单独投放，除农贸市场和农产品批发市场可设置敞开式容器外，其他场所原则上应采用密闭容器存放。厨余垃圾可由专人清理，避免混入废餐具、塑料、饮料瓶罐、废纸等不利于后续处理的杂质，并做到“日产日清”。按规定建立台账制度（农贸市场、农产品批发市场除外），记录易腐垃圾的种类、数量、去向等。

（3）收运处置。

易腐垃圾应采用密闭专用车辆运送至专业单位处理，运输过程中应加强对泄漏、遗撒和臭气的控制。相关部门要加强对厨余垃圾运输、处理的监控。

3）可回收物

（1）主要品种。

可回收物包括废纸、废塑料、废金属、废包装物、废旧纺织物、废弃电器电子产品、废玻璃、废纸塑铝复合包装等。

（2）投放暂存。

根据可回收物的产生数量，设置容器或临时存储空间，实现单独分类、定点投放，必要时可设专人分拣打包。

（3）收运处置。

可回收物产生主体可自行运送，也可联系再生资源回收利用企业上门收集，进行资源化处理。

二、清运垃圾作业

1. 垃圾收集

由于垃圾临时存放的容器容量都比较小，所以清洁服务人员要及时把垃圾桶中的垃圾转运到清洁项目所在地的垃圾集中地，一般物业的垃圾集中地为垃圾楼，道路垃圾集中地为垃圾中转站。

1）垃圾收集基本操作

（1）清洁服务人员应巡回收取垃圾容器内的垃圾，保证垃圾容器内的垃圾不超过容积的 2/3，以方便客户使用。

（2）收集垃圾容器内垃圾时，应先将垃圾袋口系紧，再将容器内的垃圾袋提出，放进垃圾车内，再重新铺好新的垃圾袋。

（3）更换的垃圾袋应将垃圾袋口完全张开，袋口反卷 5 cm 折贴在垃圾箱外沿，再盖好垃圾容器的盖子。因环保要求不使用塑料垃圾袋的，此步骤可以省略。

（4）将收集到的垃圾运送到垃圾集中处存放，将垃圾分类摆放整齐。

（5）有回收利用价值的垃圾应拣出来分类存放。

2）垃圾收集步骤

步骤 1：准备。准备垃圾袋、扫帚、拖布、超细纤维毛巾等必备工具，通常使用黑色垃圾袋，注意医用垃圾采用黄色垃圾袋。

步骤 2：分类。将垃圾容器内可以回收的废弃物分类拣出，装入另外的垃圾袋，对剩下的不可回收物，直接将垃圾袋口系紧并提出，放进垃圾车内，再重新铺好新的垃圾袋。

步骤 3：清理现场。完成收集工作后，清理现场，保证现场干净。

步骤 4：继续收集。清理完成一个垃圾桶，再去另一个工作点继续清理。

步骤 5：整理工具。收集垃圾的整个过程完成后，整理、清洁工具。

3）垃圾收集注意事项

（1）垃圾容器设置。垃圾容器放置位置应该合适，摆放整齐，方便投放。垃圾桶应设置在单位红线内不影响观瞻的隐蔽位置。严禁将敞口垃圾桶、敞口垃圾池摆放在市政道路边。

（2）垃圾桶 / 箱清洁。垃圾桶 / 箱应该没有残缺、破损，封闭性好，内外容器壁干净。

（3）收集点清洁。收集点及周围应整洁，无散落、存留垃圾和污水。垃圾桶和桶屋要每天清洗消毒至少一次，周围没有散落的垃圾、积存污水或乱堆放杂物，应该做到“垃圾入桶，桶入屋”。

(4)垃圾不外露。垃圾投放于垃圾桶内,不得裸露堆放。

(5)溢洒处理。遇到液体溢洒,如在放置垃圾袋的地方,或者在电梯里面,应该及时清理,保证干净。

2. 垃圾的清理外运

垃圾的处理可分为两个方面:一方面是对具体清洁场地,清洁服务人员负责垃圾收集和清运;另一方面是由环卫部门对集中起来的垃圾采取填埋、填肥等方式处理。

从建筑物等物业将垃圾集中清运到场外,运到环卫部门指定的垃圾处理场,这一工作一般由专门的垃圾回收单位负责,不属于清洁公司日常业务范围。但垃圾外运后,清洁服务人员要及时清扫垃圾集中场地,将垃圾容器擦洗干净并摆放整齐。

1)垃圾清理

清洁服务人员要做到当日垃圾当日清理,并建立合理的分类系统,对垃圾中转站定时消毒杀菌、定时清理。如果采取垃圾通道的方式,要保持通道清洁;如果采用在各楼道、各道路设置垃圾桶,必须设专人负责垃圾清理。

2)城市生活垃圾运输

(1)城市生活垃圾应采取密闭方式进行转运,禁止敞开式运送垃圾。

(2)在垃圾运输过程中无垃圾扬、撒、拖挂和污水滴漏。挂桶式垃圾车应加盖,不得超高超载、挂包运输垃圾。垃圾压缩车应加装污水收集装置,在垃圾转运站装运垃圾时,应将污水箱的排污口打开,将污水排放干净,出站前再将排污口关上,防止沿途洒漏,并定期检测车辆密封性能。集装箱式垃圾车应定期更换密封条,确保密封构件完好,不洒漏污水;在垃圾处理场卸完垃圾后,应将污水箱的污水排放干净,并对车辆进行清洗。

(3)运输垃圾应尽量避开上下班高峰期。装卸垃圾应符合作业要求,不占道,不妨碍交通,不得乱倒、乱卸、乱抛垃圾;在居民住宅附近的垃圾中转站装运垃圾时,应尽量避开早晨、中午休息时间,作业时注意降低噪声。

(4)垃圾运输车辆应车容整洁,车况良好,车牌号码完整,车门喷印清晰的单位名称,车顶无乱焊铁架等现象。

(5)运输作业结束,应将车辆清洁干净并停放到指定地点。

3)道路垃圾运输

(1)项目开始即按实际路段规划清运路线,明确每台车辆所负责片区。

(2)自卸式垃圾清运车每天早上大扫结束时前往各路段依次收运垃圾桶(两台车来回直至清运完毕),清洁服务人员协助司机把袋装垃圾装车,装卸垃圾时垃圾车不占道,不妨碍交通。停车装载垃圾时(特别是晚间),应设置醒目的安全警示标志,并做好防护措施。

(3)自卸式垃圾清运车运送垃圾的过程应覆盖密闭,保证转运过程无污染,做到“垃圾不落地”收运,避免造成二次污染,并定时进行清洗消毒。

(4)袋装垃圾到中转站后随即倒入垃圾箱,避免造成二次污染。自卸车司机应遵守垃圾转运站的管理制度,听从垃圾转运站操作人员的安排有秩序地倾倒,禁止乱放。

（5）运输垃圾应尽量避开上下班高峰期。装倒垃圾应符合作业要求，不得乱倒、乱卸、乱抛垃圾，在居民住宅附近的垃圾中转站装运垃圾时，应尽量避开早晨、中午休息时间，作业时注意降低噪声。

4）垃圾清运注意事项

（1）劳动安全防护。清运垃圾时清洁服务人员应该戴好防护手套和口罩，作业结束后要及时洗手消毒。

（2）清理频次。每天至少要清理一次垃圾桶，有些场所可能在特殊时间内会有很多垃圾，这就需要清洁服务人员经常巡视并把垃圾及时运送到垃圾集中场。

（3）清理路径。收集、清运垃圾时尽量不要给作业区的客户造成不雅观的印象，要选择适当的通道和时间，楼层的垃圾收集可选用步行梯或者货梯等人少的通道。

（4）遗撒预防。为了防止厨余垃圾汤汁流出或者垃圾洒落，收集清运时垃圾车不能太满，装有垃圾的袋子不能有漏洞。

（5）扬洒预防。收集纸屑类垃圾时，为了防止纸屑扬起洒落，一般可使用安装有帆布袋的轻便小垃圾车。

（6）火险预防。收集烟灰、烟头时应该采用耐燃的金属制品垃圾容器，同时自查烟头是否已完全熄灭。

（7）清洁养护。自卸式垃圾清运车出车前应进行车辆检查，发现故障及时排除确保车况良好；作业完毕后，应对车辆及垃圾桶进行清洗、消毒和维护。

5）垃圾清运的质量标准

（1）做到垃圾袋摆放的场地整洁，无撒落垃圾和堆积杂物，无积留污水。每周喷洒药物二次，做到基本无蝇。

（2）袋装垃圾收集采取密闭方式，在运输过程中无垃圾扬、撒、拖挂和污水滴漏。垃圾桶应盖稳，不得超高超载。垃圾桶应无残缺、破损，封闭性好，外体干净，在可视范围内，苍蝇应少于 2 只 / 次。

知识扩展

某小区垃圾清运

1. 案例背景

案例项目为某居住小区 A，该小区占地面积 6.4 万 m^2，共 1 558 户约 4 500 人，共 58 个楼层（含 19 部电梯楼）。该小区生活垃圾日均生产量 2.5 t，其中厨余垃圾 1.3 t，可回收垃圾 0.1 t，其他垃圾 1.1 t。当地环保部门有意选定其进行垃圾分类试点工作，因此在小区内设置了整套的垃圾分类清运制度。

2. 垃圾回收人力、设备配置情况

某清洁公司承包了 A 小区的垃圾清运工作，人员配置标准为每 100 户 4 位清洁服务人员。电梯楼每层有 1 套厨余垃圾收集桶和其他垃圾收集桶；楼梯楼每栋有 1 套厨余垃圾收集桶和其他垃圾收集桶；每栋楼配置有害垃圾桶。垃圾桶规格分别为 50 L 厨余垃圾桶、

50 L 有机玻璃材质的有害垃圾桶和 100 L 其他垃圾桶。配备垃圾分类中转桶和垃圾分类运输车。购置和安装厨余垃圾就地处理设备。

3.A 小区垃圾分类清运工作制度

(1)垃圾分类劝导。除了一般的垃圾清理分类工作外,清洁服务人员还负责为小区居民垃圾分类投放提供建议和指导。工作中要求统一身穿印有垃圾分类标识的工作服,在劝导过程中,要求面带微笑,语气和蔼,耐心说服住户配合垃圾分类工作。劝导工作以流动形式进行,对垃圾分类不理想的楼层,进行长时间等候劝导。主动帮助住户投放垃圾,从而以切身行动促进垃圾分类工作在住户端落地。

(2)垃圾分类标准。A 小区将生活垃圾分为可回收物(如纸类、塑料、玻璃和金属等)、厨余垃圾(餐饮垃圾等易腐性垃圾)、有害垃圾(如弃置药品、废日用化学品等)和其他生活垃圾(如大件家具和家电等)四类。四类垃圾的垃圾箱进行分色管理:可回收物为蓝色,有害垃圾为红色,厨余垃圾为绿色,其他垃圾为灰色。

(3)垃圾清运流程。按照垃圾分类及其流向要求,把路面用和居民用的分类垃圾桶中的垃圾集中转倒至中转垃圾桶或垃圾车,分别运送至不同渠道处理。其中,厨余垃圾转运至厨余垃圾就地处理设备(堆肥处理);其他垃圾转运至车库角落进行人工分拣,分拣出可回收的垃圾,存放好等待回收处置;回收后的其他垃圾集中运至附近垃圾中转站,按垃圾性质送不同渠道销毁或拆解;有害垃圾与危险废物集中转倒至专门收集容器,等待危险废弃物处理企业定期上门收取(收集容器由危废处理企业提供)。

(4)二次分类处理。清洁服务人员将初步分类垃圾送至垃圾楼进行二次分类。每天清理两次厨余垃圾,收集的厨余垃圾转运至就地处理设备;其他垃圾每天清理一次,集中运至垃圾楼后,经人工分拣出可回收垃圾,再由专业公司统一运走;有害垃圾桶每月清理一次,收集一定量后,交给危险品处理公司。

(5)厨余垃圾处理。除需要交给垃圾回收和处理公司的垃圾外, A 小区能够自行对厨余垃圾进行回收处理。小区内配备有专业的堆肥桶和相关设备,由清洁服务人员负责按照清洁公司提供的设备操作指南操作,并进行日常管理。

4. 垃圾楼卫生维护

清洁服务人员应负责垃圾楼周围的卫生,保证垃圾楼里的垃圾存放齐整,地面无散落的垃圾。每天至少冲洗垃圾楼地面一次,炎热天气或垃圾处理量大的日子,可以适当增加冲洗次数。每天工作结束后,对垃圾楼进行一次消杀。垃圾楼卫生清洁标准如下。

(1)地面无散落垃圾,无污水、污渍;墙面无黏附物,无明显污渍。

(2)垃圾做到日产日清。

(3)所有垃圾集中堆放在堆放点,做到合理、卫生、四周无散落垃圾。

(4)可回收的垃圾另行存放。

(5)保持清洁无异味,每天定时喷洒药水,防止蚊蝇滋生。

(6)按要求做好垃圾袋装化。

(7)垃圾清运车在装载运送前,需检查货仓垃圾封装情况,要求垃圾不外露,无明显异味，不超载。

测试训练

知识测试

（1）如何收集作业产生的垃圾？

（2）如何对垃圾进行分类？

（3）如何采取措施防止垃圾扬撒、遗撒？

（4）如何管理垃圾集中地？

技能训练

实训 4–1　制定一张保洁设备管理卡片

一、目的要求

制定一张保洁设备日常管理卡片，以便每月对库存设备进行一次盘点，上报公司设备管理部门。

二、材料及用具

计算机、Excel 或 Word 等软件。

三、内容与方法

（1）建立保洁设备日常管理卡片。

（2）每月对库存设备进行一次盘点，并于当月底之前将新到的设备逐一填制库存设备报表，上报公司设备管理部门。

（3）保洁设备在存储过程中，必须按设备存储要求，采取防雨雪、防暴晒、防潮等措施，不得发生设备损坏、遗失、生锈等影响设备性能的现象。

（4）库房内的保洁设备需按不同类别、性能、特点和用途分类分区摆放，要码放整齐，标识明确，以使存取方便。

（5）库房应经常打扫，保持整洁。

（6）保洁工具每次使用完毕，必须清洗干净放回原处。

四、作业

制作保洁设备日常管理卡片。

项目五　物业保洁消毒作业

学习目标

（1）能对设备、设施表面进行消毒。

（2）能对各种室内环境进行消毒。

（3）能对垃圾桶、织物进行消毒。

（4）能对各种作业工具进行消毒。

内容提要

物业作为日常消杀和防控第一线，物业人应能根据需要选择消毒作业方式、需要使用的工具和药剂；能正确配置消毒剂；能进行各种方式的消毒来维护小区等的环境卫生和人民的健康。

任务导入

一、消毒环境识别

消毒环境的识别主要有两种。一种是定期消毒环境识别，一般由环境专家根据物业特点，预判环境内有害微生物和毒素的累积周期，设计消毒的周期与流程，由消毒人员根据设计好的周期和流程进行消毒。这种环境实际上不需要消毒人员在现场做具体的识别，但需要消毒人员熟悉消毒流程，明白什么样的时间和环境条件下需要对特定环境进行消毒。另一种是取样识别，即利用棉签、压板等工具对区域内墙面、门把手、地漏、工作服、手部表面采样，通过对样本的化验，检测环境内有毒、有害物质的水平，以指导后续的消杀工作。这种识别方法对消毒人员的化验能力和毒害物质辨别能力有一定要求。

二、消毒方法

1. 擦拭法

主要针对表面区域进行，包括公共区域的地面、墙壁、电梯，以及经常使用或触摸的物体表面，如门窗、桌椅、门把手、水龙头等。用按比例配好的消毒液拖擦或擦拭，每天至少 1 次。要按照从上至下，从左至右的顺序，时间为 30~60 min。

2. 喷洒法

（1）喷洒措施：主要针对垃圾房、垃圾桶、公共卫生间、楼梯等处进行消毒。将喷洒药品按要求进行稀释，注入喷雾器，在区域内进行来回消毒。

（2）注意事项：做好安全防护，如穿戴好防护衣帽、口罩等；作业尽量在人少的时候进行，不可在人员出入高峰期喷药；小区楼层消毒工作应避开业主休息时间，并提前告知业主注意事项；喷洒药液时，不能将药液喷洒在扶手或门窗上，更不能喷洒到小动物可以舔舐的地方；作业完成后，要用肥皂洗手，并更换衣裤。

3. 空气紫外线照射消毒法

紫外线照射可以杀灭空气内多种微生物，包括细菌繁殖体、芽孢、分枝杆菌、病毒、真菌、立克次体和支原体等，凡被上述微生物污染的表面、水和空气均可采用空气紫外线照射消毒。

4. 化学溶剂消毒法

利用调配好的化学溶剂浸泡零散的工具、生活用品杀灭微生物。

三、常用消毒工具

1. 喷壶与喷药器

1）喷壶

喷壶消毒适用于公共区域室内的消毒、杀虫、保洁。喷壶主要部件包括喷壶罐、喷头和增压器，利用壶内与外界的压力差将消毒剂挤入管道，喷洒在需要消毒的平面上。

作业前要将消毒剂按比例稀释，倒入喷壶。药液填充不要过满，一般不超过喷壶罐总容量的 80%，填好后拧紧。确认喷壶的密闭性之后，有增压器的喷壶需要利用增压器向喷壶罐内打气，注意打气时壶内压力水平，保证加压至手柄有一定的阻碍感即可，切忌强行加压破坏喷壶零件。

喷药时手握喷壶把手，控制水流开关，根据工作环境调节喷头出水为雾状或柱状（一般顺时针旋转为雾化，逆时针为水柱）。作业后要将剩余药液倒掉，清洗水管，防止喷头堵塞。

2）喷药器

喷药器与喷壶的原理和使用方法类似，但在构造上略有不同，且主要用于室外环境的消毒工作。一般的喷药器由喷药容器和喷杆两部分构成，中间由胶管连接。通过利用容器上的增压装置为喷药容器增压，将容器内的药液压向喷杆，再由喷杆上的开关控制水流。作业时将喷药容器背负在身后，一只手控制容器上的增压装置，一只手握住喷杆控制水流开关。喷洒时注意喷口的消毒液流量，如果喷洒药剂量不足，要及时进行加压操作。每进行大约 50 m^2 的喷洒，保洁人员要检查背后容器中的药液容量，在药液不足 10% 时要添加药剂，其余使用方法与喷壶类似。喷药器使用后要将剩余药液倒掉，不能存留到下次作业，清洗喷药容器、水管及喷嘴，防止堵塞。

2. 紫外线灯

紫外线灯也是常见的消毒工具，用于物业环境中空气、物体表面、水及其他液体的消毒。利用紫外线可以杀灭各种微生物的特性，紫外线灯可以消灭细菌繁殖体、芽孢、分枝杆菌、病毒、真菌等对人体有害的物质。

紫外线辐照能量低，穿透力弱，仅能杀灭直接照射到的微生物，因此紫外线灯消毒前必须清扫干净，移开遮挡物，使需要消毒的部位充分暴露于紫外线下。紫外线消毒的最适宜温度范围是 20~40 ℃，温度过高过低均会影响消毒效果，可适当延长消毒时间。用于空气消毒时，消毒环境的相对湿度低于 80% 为好，否则应适当延长照射时间。照射的方法分为直接照射和间接照射。间接照射法一般选用高强度紫外线空气消毒器，不仅消毒效果较好，而且可实现动态消毒，一般开机消毒30分钟即可达到合格标准。直接照射法是一种静态消毒模式，可采取紫外线灯悬吊式或移动式直接照射，用室内悬吊式紫外线消毒时，室内安装紫外线消毒灯的标准为平均每立方米不少于1.5 W，照射时间不少于30 min。

使用紫外线灯消毒后要注意室内通风，并对紫外线灯外壳进行消毒。

四、常用消毒剂

1. 消毒剂的种类及特点

消毒剂按照化学成分可以分为九大类，即含氯消毒剂、过氧化物类消毒剂、醛类消毒剂、醇类消毒剂、含碘消毒剂、酚类消毒剂、环氧乙烷、双胍类消毒剂和季铵盐类消毒剂。不同化学成分的消毒剂具有不同的作用机理和消毒效果。

1）含氯消毒剂

其有效氯含量为500~2 000 mg/L。主要代表药剂是1984年地坛医院的前身北京第一传染病医院研制成功的能迅速杀灭各类肝炎病毒的消毒液——84肝炎洗消液，后更名为84消毒液。

含氯消毒剂为无色透明液体，主要成分是次氯酸钠，其挥发性较强，属于高效消毒剂，能够将大多数病原微生物变性，起到消毒的作用，主要用于医院和公共场所地面、墙壁、卫生间、垃圾桶等处。含氯消毒剂腐蚀性较强，作用主要是依靠氧化能力，浓度越高消毒效果越好。但浓度越高也容易引起金属生锈和带色物品的褪色，对皮肤的刺激性也越强。

含氯消毒剂属于低毒级物质，但是有一定的刺激性和腐蚀性。其腐蚀性与漂白作用较强，对金属有腐蚀作用。对皮肤有刺激性，使用时要注意防护。盛装容器要加盖密闭，防止气体挥发造成人体呼吸道黏膜损伤。同时含氯消毒剂应放在安全区域，避免误服。

2）酚类消毒剂

酚类消毒剂为日常保洁消毒用品，主要成分是有效、低毒的酚类衍生物，属于中效消毒剂，能够使病原微生物的蛋白变性或酶系统失活，起到消毒的作用。

含酚类消毒剂主要代表药剂是来苏水。来苏水的主要成分是甲酚，也称为甲酚肥皂溶液，适用于器械、环境消毒和处理排泄物，也可以用于家居消毒，但来苏水毒性和气味均较大。来苏水中甲酚的浓度通常为0.3%~0.6%，高浓度的甲酚对皮肤有刺激和腐蚀作用，使用时要佩戴手套、口罩。如果来苏水不慎进入眼部，会造成结膜和角膜灼伤，应该立即用大量清水冲洗，严重者要去医院就诊。同时要注意避免误服，甲酚中毒严重者会引起休克，服食3 g以上甚至会有生命危险。慢性甲酚中毒可以引起人体消化系统、神经系统或肾脏的损伤。

含有对氯二甲苯酚的消毒剂属于低效消毒剂，能够杀灭真菌，具有防霉作用，以消毒洗涤产品为主，多用于物体表面和地面的擦拭消毒。通常的使用浓度为0.2%~5%。对氯二甲苯酚是低毒产品，对皮肤没有刺激性。对氯二甲苯酚不容易水解，可能造成少量残留。高浓度的对氯二甲苯酚对金属有轻微的腐蚀作用。如果在使用过程中分解，可能产生苯酚，对环境造成一定的污染。

3)含季铵盐类消毒剂

含季铵盐类消毒剂是一类阳离子型表面活性剂,能够吸附带负电的细菌体,使细菌生长受到抑制,同时还能够破坏细胞结构,导致细菌的溶解和死亡,有较好的抑制微生物生长的作用,属于低效消毒剂。

医疗卫生行业常用的消毒剂新洁尔灭,就属于季铵盐类消毒剂,其成分是苯扎溴铵。它的优点是杀菌浓度低,毒性与刺激性较小;溶液性质比较稳定,没有颜色和味道,能够溶于水,不会污染物品,也没有腐蚀和漂白作用。在医院里一般用于物品表面的保洁消毒,也可用于无菌医疗操作前的手部消毒。

4)过氧乙酸消毒剂

过氧乙酸由于腐蚀性过强,且不少医院业态精密仪器禁用,故不提倡使用。过氧乙酸消毒剂是种强氧化剂,用于食品加工厂、食品冻库、屠宰场、畜禽圈舍、病房、一般物体表面、工具消毒,对病毒、细菌、真菌和芽孢均能迅速杀灭。由于过氧乙酸消毒剂有腐蚀性,必须按比例稀释后使用,否则会造成灼伤。不能用于人体皮肤消毒。

5)洁厕剂

洁厕剂按照其物理状态可分为液态、粉状和膏状三种。液态洁厕剂清洁效果好、作用快且生产工艺简单,所以日常作业中液态洁厕剂种类最多。洁厕剂按酸碱度划分,可以分为酸性、中性和碱性。酸性洁厕剂较碱性洁厕剂具有更全面的去污能力,因此日常使用的洁厕剂多为酸性,而且是以中强酸居多,属于去除重垢药剂,在去除水锈、尿渍方面效果较好。此外,日常消毒作业中也有弱酸性或中性洁厕剂,主要用于尿垢较轻的便器保洁消毒,去除尿垢效果较弱。碱性洁厕剂的主要功能是除臭、漂白、杀菌和消毒,对尿垢、水锈保洁效果不明显。

2. 消毒剂的适用范围及注意事项

1)含氯消毒剂

在使用含氯消毒剂时应注意以下事项:含氯消毒剂有一定刺激性和腐蚀性。一般稀释浓度为 500 mg/L 的有效氯消毒剂,即 1 000 mL 水里面放 1 片消毒片(含氯消毒剂)。被消毒物品应该全部浸没在水中,浸没时间为 10~30 分钟,消毒以后用清水冲洗干净后才能使用。含氯消毒剂的漂白作用与腐蚀性较强,一般不用于表物的消毒。

2)过氧乙酸消毒剂

过氧乙酸适用于耐腐蚀物品、环境、室内空气等的消毒,不得用于精密仪器和锋利的器械消毒,擦拭消毒后立即用水擦洗干净。过氧乙酸对大理石和水磨石等材料地面有明显损坏作用,切忌用其水溶液擦拭地面。过氧乙酸不稳定,应贮存于通风阴凉处,远离可燃物质。用前应测定有效含量,原液浓度低于 12% 时不应使用。稀释液应现用现配,使用时限应小于 24 小时。过氧乙酸对多种金属和织物有很强的腐蚀和漂白作用,金属制品与织物经浸泡消毒后,及时用符合要求的水冲洗干净。接触过氧乙酸时应采取防护措施;不慎溅入眼中或皮肤上,应立即用大量清水冲洗。空气熏蒸消毒时,应确保室内无人在场。

3)洁厕剂

由于洁厕剂一般具有酸性成分,而消毒剂的主要成分是次氯酸钠,两者混合会反应生成有毒气体氯气，因而严禁将洁厕剂与其他消毒剂混用混放。酸性洁厕剂具有一定腐蚀性，由于大理石及水磨石地面的成分主要为碳酸钙，遇强酸易分解，因而使用洁厕剂可能会损伤此类物质的表面。仿瓷洁具多为高分子合成材料，长时间接触酸性物质容易老化、降解，从而损伤表面，因此使用时需要根据洁具材料而选用合适的洁厕剂。使用洁厕剂作业时，需戴上橡胶手套和口罩，做好个人防护。

3. 消毒剂的安全防护

1）消毒剂泄漏的处理措施

个人防护：佩戴适合的防护衣物、手套和眼睛 / 脸部保护装置。

环境保护措施：用大量清水稀释。

清理方法：泄漏量大时用土围堵，用木属或类似的惰性材料吸收，扫拢，装入容器并清洗受污染区域。

五、消毒作业流程

空气紫外线照射消毒的作业如前所述，以下介绍常用药剂消毒的作业流程。

1. 识别待消毒物体表面

有毒物质和微生物的识别一般很难通过直观感官识别，所以需要用采样的方式化验物体表面的毒害物质，或者依据上次消毒时间和现场具体情况来判断表面的有害物质累积情况。

2. 做好防护措施

消毒剂应在通风良好的场所配制，作业人员要穿工作服，戴口罩与橡胶手套等防护用品，如图 2-16 所示。作业中应避免消毒剂与皮肤、黏膜直接接触，一旦接触应立即用大量清水冲净；作业完毕后脱去的防护用品立即放入密封袋内，并进行手的清洗消毒；使用后的个人防护用品经消毒清洗后方可复用。

图 2-16　消毒工作着装

3. 稀释消毒药剂

稀释消毒溶剂的比例根据消毒对象、环境、灭菌的要求以及消毒剂的使用说明调配。消毒致病菌时需要加大稀释液的浓度。

4. 消毒

将按浓度配制的消毒液倒在消毒专用毛巾上或涂抹在待消毒物表面，遵循表面擦拭的操作要领和毛巾的使用方法擦拭作业；用喷壶装取一定量稀释好的消毒液，喷洒在被消毒物体表面；将待消毒物品浸泡在配制好的消毒剂中。

5. 检查

检查消毒作业面是否有遗漏区域，作业现场是否还有消毒药剂的大面积残留；在一些特殊作业环境，如医院，需要由专门人员进行效果跟进检查。

6. 整理现场

消毒过后，检查现场环境，确认无明显药剂残留（溶液、味道）后，收拾好工具和药剂，做到环境保洁的同时，现场无遗留。

7. 防止污染

对消毒工具进行消毒处理，预防消毒工具对环境和人员的二次污染。

六、消毒作业

1. 室内空气消毒

1）消毒准备

保洁服务师应做好个人防护，佩戴防护手套、口罩、护目镜，戴防毒面罩，穿防护服。消毒时房间的温度和湿度应适宜。盛放消毒剂的容器应耐腐蚀，大小适宜。

喷雾前应将室内易腐蚀的家具、电器等物品盖好。消毒原理是将消毒剂雾化成 20 nm 以下的微小粒子，在空气中均匀喷雾，使之与空气中微生物颗粒充分接触，以杀灭空气中的微生物。

按照说明书要求浓度配置好需要的消毒剂，按照一次消毒的用量加入喷雾器。

2）消毒步骤

步骤 1：关好门窗，关闭排风扇、中央空调，确保房间处于封闭状态。作业开始前，应在门外悬挂“保洁消毒中”提示牌，提示业主请勿进入消毒房间。

步骤 2：接通电源，即可进行喷雾消毒。按先上后下、先左后右、由里向外、先表面后空间的顺序依次均匀喷雾。

步骤 3：等待消毒剂的作用时间过去。消毒完毕，打开门窗彻底进行通风。

3）消毒的质量标准

消毒后首先要保证环境内的消毒药剂残留对人体不能造成直接伤害。其次确定环境内没有消毒的盲点和死角，消毒工具也要在事后保证进行一次消毒处理。

如果有条件，可以在消毒后对表面进行取样，化验细菌和有害微生物，按相关环境标准进行检测。

2. 室内墙面、地面消毒

1）消毒准备

准备消毒工具、设备，放入保洁车，注意抹布、拖布做到足量即可，不要过多，保洁剂和消毒剂的品种和浓度要按照标准进行准备，避免将相互作用产生毒害物质的两种或多种药剂混合使用。配制好一定浓度的消毒剂。配制消毒剂时要先加入冷水再放入消毒剂，避免泡沫与飞溅物产生。

2）消毒步骤

步骤 1：将调配好的消毒剂灌装到喷壶内，拖布充分浸泡在溶液桶中。取出拖布，用绞拧机或戴上橡胶手套用手拧至半湿，保证拖布表面润湿均匀。

步骤 2：利用喷壶或其他喷雾装置对墙面进行消毒剂喷洒，消毒顺序从室内的最上，最远端开始消毒，至门口或通道处结束，要保证包括墙角在内的所有区域都能消毒到位。喷洒结束后，留出一段时间等待药剂与墙面充分接触，然后用抹布擦拭墙面，去除剩余的药剂。

步骤3：拖地时先以一个点为起始点往前拖出一道，然后以绕8字的方式边擦拭边后退直至起始点。采取这种消毒方式的关键是保持拖布的运动方向不能反向，即必须保证灰尘、颗粒始终在拖布的前方，并且被拖布锁定。擦拭结束后，将拖布收纳于保洁车上，让消毒液继续保持在消毒表面。

3）消毒的质量标准

最科学的消毒质量标准检查，需要通过取样化验来实现，但化验受条件限制，只能周期性进行。而且不同环境下，物业对墙面和地面消毒效果的要求不同，因此保洁服务师在确定消毒的质量标准时，应参考所服务的物业给出的相关标准。

在喷洒、擦拭的过程中要严守操作流程，保证消毒的质量。

3. 室内各种设施表面消毒

常见的设施消毒包括医疗设施消毒、餐饮设施消毒、婴幼儿教育机构设施消毒等。规范的设施清洗消毒作业，能够保证环境、仪器设备、工器具处于正常的工作状态，有利于环境内人员的身体健康。

1）消毒准备

配制消毒液，准备消毒用的器具（喷壶、抹布、紫外线灯等）和个人防护用品。

2）消毒步骤

步骤1：检查设施内是否清空非消毒工作人员。非消毒及管理人员，未经消毒管理者代表批准不准进入设施消毒现场。另外，患有手外伤、皮肤病、腹泻的消毒工作人员不准进入消毒现场。指甲长、佩戴饰物的人员应剪指甲、摘下饰物后再进入现场。

步骤2：检查合格后进行个人消毒、更衣。先戴好帽子，前部头发不得外露，穿工作服，戴口罩。穿戴完成后，进行手保洁，滴上皂液，双手反复搓洗，然后在水龙头下冲洗干净。手部喷洒浓度为75%的酒精，并保持1.5分钟以上，手腕以下部分表面应全部覆盖。在水龙头下冲洗掉手上的消毒液，烘干双手后方可进入消毒现场。

步骤3：按照不同设施规定的消毒程序进行消毒，消毒人员将消毒情况记录在表中。

步骤4：其他人员，如检验人员、检查人员、参观人员等进入，必须按步骤1与步骤2执行，并遵守消毒程序中的安全规范。

步骤5：消毒程序结束后，清点、回收消毒器具并对工具进行消毒。

3）消毒的质量标准

设施内的消毒质量标准重点是消毒后环境对人的友好性。具体的数据可以参考《消毒与灭菌效果的评价方法与标准》（GB15981—1995）和该设施对应行业规定的相关卫生标准。一般来讲有以下几点标准需要保洁人员注意。

①在对饮食、起居环境中的设施进行消毒时尽量采用食品级消毒剂。

②在消毒前确定所用消毒器具用品经专业质检员检验合格。

③严格按照物业方、行业或国家规定的操作流程作业，消毒后通知质检人员按照标准实施监督检查。

4. 室外公共设施消毒

公共场所的各项设施暴露在外界,表面附着的细菌,有的能够存活长达数天。如果不经过彻底的消毒保洁,这些细菌可通过皮肤、呼吸道侵害人们的身体健康。对室外公共设施表面,可以使用含氯消毒剂和酒精进行消毒。

1)消毒准备

准备消毒器具、用品,如毛巾、拖布、喷壶、消毒桶、工作指示牌,手套、口罩、专用防护服、护目镜等防护用品。

2)消毒的质量标准

消毒剂配比合乎消毒操作标准,室外设施表面进行整体消毒、无漏项,立面消毒剂喷洒均匀,消毒器具用品在消毒作业后保证保洁,再集中收纳。

3)注意事项

消毒操作后,应该设置消毒提示牌或者进行人员提示。疫病流行时段,公共场所消毒作业每天至少一次,夏季应该增加频次。在消毒过程中,要做好人员的防护,保证保洁服务师的健康安全。

5. 卫生间消毒

1)消毒准备

准备毛巾、洁厕刷、拖布、洁厕剂、含氯消毒剂、全能保洁剂、手套和口罩等,红色毛巾用于擦拭大小便器,黄色毛巾用于擦拭卫生间附属物,使用蓝色成其他颜色毛卫擦拭面盆、浴盆、墙壁。

2)操作步骤

步骤1:配制消毒液。洁厕剂按照1∶5的比例稀释,全能保洁剂按照1∶40的比例稀释,含氯消毒剂按照浓度1 500 mg/L稀释。配制过程中保洁服务人员应戴好橡胶手套等防护用品,避免消毒剂与皮肤、黏膜直接接触。

步骤2:设立工作提示牌,明确消毒顺序。在卫生间进行保洁消毒工作前,需要在门口放置保洁工作提示牌。操作顺序一般由污染严重区域到轻微区域,具体顺序为马桶、小便池、洗手池、墙壁、地面及附属物等。

步骤3:马桶、小便池消毒。放水冲去马桶内污物;在小便池、马桶的内壁喷洒稀释的洁厕剂,同时使用洁厕刷对便器内壁进行保洁,除去污垢后再放水洗净;使用喷洒过含氯消毒剂的毛巾擦拭马桶坐便圈、便器外沿等处,使用干毛巾对坐便圈进行擦拭。

步骤4:面盆、洗手盆清洗消毒。用水冲洗面盆、洗手盆的内外壁,将稀释的全能保洁剂喷洒在毛巾上,先擦拭盆内壁,后擦盆外壁,必要时可使用百洁粉除去污垢后用清水冲洗干净。将按浓度配制好的含氯消毒剂喷洒在毛巾上,先擦拭盆内壁,再擦拭盆外壁,按此操作重复一次(重复作业时需要更换另外一块洁净毛巾),再次使用清水冲洗干净并使用洁净的干毛巾擦干。

步骤5:卫生间墙壁、地面及附属物清洗消毒。使用稀释的全能保洁剂对墙壁、面盆台面、水龙头等处擦拭保洁:将按浓度配制好的含氯消毒剂喷洒在毛巾上,按照从上到下,从里到外的原则进行擦拭消毒;再次使用清水将被消毒表面冲洗干净;使用洁净的干毛巾擦干。

步骤6:检查。被消毒表面洁净、光亮、无污渍、无污迹。

步骤7:整理现场。收拾消毒工具用品,毛巾应该分区存放。

步骤8:防止污染。所用工具使用完毕后必须经过消毒处理后分区存放。

3)消毒的质量标准

卫生间、卫生洁具必须每天清洗消毒,并且将消毒放在最后环节操作,清洗消毒后的洁具应无污垢,卫生间内无异味。通道的消毒每天至少一次,通常在每天早晨进行。卫生间消毒时应注意消毒与保洁相结合,做好卫生间的保洁和维护工作,也能达到一定的消毒效果,但应注意消毒和保洁均有不同的操作方法且使用不同的用品,故不能用保洁维护代替消毒或者用消毒代替保洁。在消毒过程中,需要做好保洁服务师的个人防护,以保证其健康安全。

知识扩展

消毒关键点提示

(1)含氯消毒剂和洁厕剂严禁混用,否则会发生化学反应,生成含氯离子的刺激性挥发气体,对人体呼吸道和黏膜组织造成伤害。

(2)应使用高效低毒的消毒剂,按比例配制,按要求喷洒,喷洒时应做好个人防护措施,穿长衣裤,戴口罩,完工后换衣裤,进行手部卫生保洁。

(3)喷洒消毒剂时,不应该将溶剂喷洒在餐具及生活用品上。

(4)小区、医院、公共场馆等公共区域的消毒应提前告知业主,应该在业主休息时间进行。

(5)避免在人员出入高峰期进行消毒作业。

(6)对于娱乐配套设施喷洒消毒,应在下班或者营业结束后进行。

测试训练

知识测试

(1)常用的消毒工具有哪些?使用时需要注意什么?

(2)消毒时的自我保护措施有哪些,如何安全操作避免消毒工作事故?

(3)室内消毒的基本顺序是什么?

(4)消毒可以分为______消毒法和______消毒法。

(5)紫外线消毒的最适宜温度范围是______~______℃。

技能训练

实训 5-1　全日制托幼机构的消毒

一、目的要求

通过对全日制托幼机构的消毒实训，掌握消毒工作的内容、消毒操作流程和注意事项以及消毒标准。

二、材料及用具

幼儿餐具、织物、被单、幼儿衣物、奶瓶、盛奶器、消毒柜、紫外线灯、消毒液等。

三、内容与方法

（1）消毒对象确定。协助老师培养幼托机构内幼儿的卫生习惯，负责幼托机构环境内卫生与常规的消杀工作。

（2）地点选择。全日制幼托机构。

（3）分小组分区域进行，煮沸消毒、流通蒸汽消毒、消毒碗柜消毒、消毒液浸泡消毒、擦拭、喷洒消毒、喷雾消毒、紫外线消毒等。

四、作业

写出全日制托幼机构的消毒报告。

项目六 物业虫害防治与灭杀作业

学习目标

(1)掌握蚂蚁的防治方法。
(2)掌握蟑螂的防治方法。
(3)掌握蚊子的防治措施。
(4)掌握苍蝇的防治措施。

内容提要

在物业环境卫生管理中,对虫害的灭杀工作是至关重要的。许多病媒生物容易在人群聚居地传播疾病,给人们的健康带来很大的危害,所以加强虫害的灭杀防治工作是物业保洁工作中不可忽视的环节。

任务导入

一、虫害的防治

1. 常见害虫种类

物业小区常见的害虫有以下几类。

1)昆虫类

蛾幼虫、臭虫、虱子、跳蚤、苍蝇、蟑螂、甲虫、鱼虫、螨虫、蜘蛛、蚂蚁、蚊子等。

2)啮齿类

主要是老鼠。

2. 蚂蚁的防治

蚂蚁的危害主要包括两方面内容:一是因为食害和污染所造成的经济损失。二是传染多种疾病,危害人体健康所导致的间接损失。防治时要保持环境卫生以预防为基础,以化学防治为重点,辅以其他各种有效的防治方法,才能收到良好的效果。具体防治方法如下。

方法一:化学防治。

(1)使用药饵诱杀,要选择适应性好、驱避作用强的化学药剂制成药饵,如氯丹、硼酸、烯虫酯、灭蚁灵等。

(2)在诱杀时可以采用覆堵蚁穴或喷雾灭蚁的方式。

方法二:物理防治。

家庭居室内常采用机械捕打,开水淋烫,堵塞缝隙等方法杀蚁,大葱、姜、蒜、花椒、风油精等均有驱避作用,为防止蚂蚁侵入糖罐,糖罐用后要盖严。

方法三:环境卫生的预防。

保持清洁卫生，不乱丢食品残渣，物品摆放要整齐有序，清除废旧食品包装盒 / 箱。

3. 蟑螂的防治

蟑螂除盗食食物、损坏衣物或书籍等造成经济损失外，更主要的危害是传播疾病。具体防治方法如下。

（1）滞留喷洒：使用药品，以悬浮剂为主，在墙体结构缝隙、公共区域等场所进行喷洒。在第一次喷洒或蟑螂密度较高的情况下，可以在较短时间内迅速降低处理场所的蟑螂密度（第一次喷洒即可使密度降低 80% 以上）。

（2）胶饵是进行蟑螂防治所选用的主要剂型，药效长达数月，效果显著，但对蟑螂的杀灭速度比滞留喷洒慢。将诱饵隐蔽地布放在蟑螂出没的地方，不影响卫生和美观；药效作用虽慢，但持效期很长，在干燥的环境里能保持两三个月的药效，可以补杀漏网及新滋生的蟑螂。

（3）粉剂。在不能喷洒且干燥的环境，可用粉剂处理，但需要注意避免可能的粉尘污染。主要用于供电和供暖设备内部的蟑螂防治。可对不便喷药或采取其他措施的地下管道、污水井、杂品库房（有密闭条件）等环境内蟑螂密度较高的区域选用烟雾剂熏杀。

（4）粘蟑板。将粘蟑板放在蟑螂出没的地方，既可用来监测蟑螂密度，也可用来捕杀蟑螂；无毒无味，使用安全，强力黏着，效果好，可单独使用，也可配合粘蟑螂屋使用。

4. 蚊子的防治

蚊子可以传播多种严重的疾病，因此其防治很重要。蚊类防治的重点始终围绕如何控制、消除滋生地展开的，一般药物消灭成蚊，只是辅助性的措施。具体防治方法如下。

（1）环境治理：尽可能清除蚊类滋生地，做好日常的保洁卫生，尽量将其清除在萌芽状态。

（2）物理防治：主要采用各种工具或设备进行，如纱窗、灭蚊灯等。

（3）化学防治：室内防治时，使用的方法主要有滞留喷洒、空间喷洒和蚊香以及灭蚊片的使用；室外防治时，一般多采用手提式或车载式超低容量器械开展室外空间灭蚊处理，在狭窄的城区可以用手提式热烟雾机进行处理；空旷地带多使用车载式热烟雾机进行处理。

特别提示：在使用药剂进行喷洒或喷雾灭蚊时，一定要做好安全防护措施，而且施药时户内不应有人停留，户外喷药时应关闭门窗。

5. 苍蝇的防治

苍蝇也是一种有害生物，极易传播各种疾病，对其主要从滋生地、蝇蛆和成蝇三方面实施综合防治，具体的防治措施如下。

环境防治：将各种垃圾及时清除处理，做到日产日清、收集袋装化、运输密闭化，处理无害化；做好日常的保洁卫生，及时清除苍蝇的滋生环境。

化学防治：使用化学杀虫剂如有机磷和菊酯类制剂，品种虽然较多，但多为气雾剂以及毒饵等。

物理防治：使用各种防蝇设施，如纱门、纱窗和风幕等；使用灭杀工具，如灭蝇拍、电击灭蝇器、粘蝇纸等。

6.鼠害的防治

老鼠既破坏各种物品，又传播各种疾病，因此对于其灭杀是重点内容。具体防治方法如下。

物理防治：使用器械如粘鼠板、捕鼠夹、捕鼠笼等。

化学防治：使用灭鼠药剂，如各种杀鼠剂、颗粒剂毒饵，并配合相关设备，如鼠饵盒、标志旗或其他标志。

二、灭杀工作

1.灭杀工作的安排

对于前述的各种有害生物，必须要定期进行灭杀。

1)昆虫类灭杀

前述的蟑螂、蚂蚁、蚊子、苍蝇等都属于昆虫，其具体的灭杀工作如下。时间安排：一般每天都应进行一次灭杀工作，在夏秋季节可以增加灭杀次数。灭杀区域：各楼宇的楼梯口、楼梯间及楼宇周围；会所及配套的娱乐场所、办公室、公共卫生间、沙井、化粪池、垃圾箱、垃圾房等室外公共区域或公用物件；员工宿舍和食堂。

灭杀药物：灭杀药物一般用列喜镇、灭害灵、家虫清、菊酯类药喷洒剂等。

灭杀要点：灭杀方式以喷药触杀为主，操作人员要穿好防护衣帽，将药物按要求进行稀释，注入喷雾器，对不同的区域进行喷杀，并注意以下事项。在楼内喷杀时，注意不要将药液喷在楼梯扶手或住户的门面上；在员工宿舍喷杀时，注意不要将药液喷在餐具及生活用品上；在食堂喷杀时，注意不要将药液喷在食品和器具上；不要在客人出入高峰期喷药。

2)灭鼠工作

时间安排：灭鼠工作每月应进行两次，在灭鼠前应该向小区内的业户广而告之。

灭鼠区域：对各楼宇、别墅、员工宿舍、食堂、会所及其他常有老鼠出没的区域进行灭杀。

灭鼠方法：主要采取投放拌有鼠药的饵料和粘鼠胶的方法。

饵料的制作：将米或碾碎的油炸花生米等放入专用容器；将鼠药按剂量均匀撒在饵料上；制作饵料时，作业人员必须戴上口罩、橡胶手套，禁止裸手作业。

饵料投放要点：先放一张写有“灭鼠专用”的纸片，将饵料堆放在纸片上；尽量放在隐蔽处或角落、小孩拿不到的地方；禁止成片或随意撒放；投放鼠药必须在保证安全的前提下进行，必要时挂上明显的标志。

清理工作：灭杀作业完毕，应将器具、药具统一清洗保管。一周后，撤回饵料，在此期间注意捡拾死鼠，并将数量记录在表中。

灭杀工作的管理与检查：灭杀工作前，必须详细告诉作业人员应注意的安全事项；将每次检查灭杀工作的进行情况记录在每天的工作日记中；现场跟踪检查，确保操作正确；应每月会同有关人员按检验方法和标准对灭杀工作进行检查，并如实填写好“灭杀服务记录表”。上述资料由部门归档保存一年。

2.灭杀工作安全管理

在灭杀服务的实施过程中，要首先考虑安全性。在灭杀服务的方案中，要紧紧把握以下几个方面。

（1）所选用的药剂和器械可以达到最高的杀灭效果：同时保证对人类和其他动植物及环境的危害是最低的。

（2）对参与实施灭杀服务的员工必须进行灭杀理论和实际操作的培训及考核，让其做到了解国家、地方、公司对灭杀的有关规定，了解灭杀药剂和器械的性能，并且会熟练操作灭杀器械以及正确使用灭杀药剂。

（3）在实施灭杀服务前，操作人员应检查灭杀剂、灭杀器械与灭杀方案是否一致：灭杀药剂的出厂日期、保质期是否与灭杀方案的要求一致：灭杀器械是否完好、能否正常使用等。

（4）灭杀药剂的运输应有安全措施，保证不洒落、不溅出、不丢失、不污染环境。如出现紧急情况，有处置办法和急救措施。

（5）操作人员必须安全着装，防护装备包括硬边帽、眼镜、护目罩或全面部的防护罩、抗化学药品的安全鞋、橡胶手套及橡胶袋。

（6）对已实施的灭杀服务，应做好详细记录。记录内容包括灭杀药剂；灭杀器械；施药方式、时间、地点；被灭害虫的种类、数量；安全运输的方式；操作人员的安全着装及服务登记。这些详细记录应妥善保存，可以使今后的害虫综合防治有据可查。

（7）对化学药品剩余物（包装器皿、包装袋箱、废旧器械、破旧安全服装）的丢弃，要在对其给予彻底清洗的情况下进行，同时要在指定的地点进行销毁，并做好销毁记录。

知识扩展

关于小区安放灭鼠屋温馨提示

尊敬的业主／住户：

为营造良好、舒适、整洁的居住环境，物业服务中心将在园区安放灭鼠屋进行诱杀，消除鼠害，现物业服务中心提醒广大业主以下事项。

（1）灭鼠屋安装时间：××年××月××—××月××日

（2）灭鼠屋安装地点：各楼宇夹角、地下车库、山体护栏周围等死角。

（3）物业服务中心已在灭鼠屋上张贴标识，内置毒稻谷，请留意标识内容并告知老人、小孩，请勿在灭鼠屋周围玩耍及取走灭鼠屋，注意安全。

（4）如您发现有死老鼠，请通知物业服务中心，物业服务中心将安排人员进行清理。

××物业服务有限公司

××年××月××日

测试训练

知识测试

（1）鼠害的防治方法。

（2）灭鼠的方法主要采取______、______。

(3)蚂蚁的危害主要包括两个方面的内容,分别是?

技能训练

实训 6-1 化学灭蟑

一、目的要求

了解化学灭蟑螂及后续清理的步骤,能够独立进行灭蟑螂实操。

二、材料及用具

药剂、记录本等。

三、内容与方法

(1)杀灭对象确定:蟑螂。

(2)地点选择:可在教室、寝室、办公室、食堂等。

(3)小组分区用目测法对选定区域蟑螂杀灭数量进行调查统计。

四、作业

写出灭蟑螂的步骤及后续清理工作,记录被杀死的蟑螂数量。

项目七 物业保洁安全作业

学习目标

(1)了解引发保洁事故发生的因素。

(2)掌握安全事故的防范措施。

(3)掌握保洁员各种意外受伤的处理要求。

内容提要

物业保洁工作中,安全至关重要。保洁员应当按照安全作业要求进行作业,不得违反相关规章制度,以保证保洁工作顺利进行。

任务导入

一、引发保洁事故发生的因素

1.保洁中事故发生的人为因素

在保洁工作中发生的事故许多是人为因素引起的,主要表现在保洁员违章操作和违反劳动纪律两个方面。

1)违章操作

违章操作的主要表现如下。

表现一:不按规定穿戴和使用劳动防护用品。在作业过程中,赤脚或穿拖鞋、凉鞋;进行高空洗墙壁作业时不系保险带;消毒时不戴口罩和手套等。

表现二:不按操作规程、工艺要求操作设备,如擅自在吸尘器、洗地机等机器运转时进行加油、修理、检查、调整和排除故障等工作。

表现三:不执行规定的安全防范措施,对违章指挥盲目服从,如带电操作,不设安全防护栏等;超负荷加班加点,疲劳工作。

表现四:擅自动用未经检查、验收、移交或已查封的设备和车辆,以及未经领导批准而随意动用非本人操作的设备和车辆。

表现五:易燃、易爆、剧毒物品不按规定进行储运、收发和处理。

表现六:发现设备或安全防护装置缺损、失灵,不向安全管理人员和领导反映,继续冒险操作,或者自作主张,将安全防护装置弃之不用,甚至随意拆除。

2)违反劳动纪律

不遵守规章制度的行为,就是违反劳动纪律,其表现如下。

表现一:上班迟到早退,中途离岗;上班时间干私活、办私事、聚集、闲谈、嬉戏、睡觉、看电视、看书报、下棋、打扑克等出工不出力现象。

表现二：工作中不听从管理者的安排，不听从指挥；无理取闹，纠缠领导，影响正常工作。

表现三：聚众闹事、打架斗殴、酗酒闹事。

表现四：不遵守劳动纪律和操作规程，如不按规定携带工具、设备等。

2. 造成事故发生的客观因素

保洁工作中发生的事故，除了人为因素外，还有一些客观因素，主要有以下内容。

(1)设备、设施、工具、附件本身存在缺陷，具体包含：

①设备功能上有缺陷，机械装置、用具配置有缺陷；

②设备带"病"运转，超负荷运转；

③设备、设施、工具等强度不够，有故障未及时修复。

(2)防护设施安全装置的缺陷：

①各种保洁设备未接地或绝缘不良；

②实施高空作业时，安全绳、吊板等有破损。

(3)工作场所的缺陷：

①没有安全通道，工作场所间距太小，不符合安全要求；

②物件堆置的方式或放置的位置不当；

③乱接电线，将生活用品堆放在工作场所；

④乱丢垃圾及烟头。

(4)作业环境、防护用品、用具的缺陷：

①作业环境的道路、交通不畅，照明太暗或太亮，通风换气差、噪声大；

②必备的劳动防护和消防、急救的用品、用具缺失；

③作业用品、用具的具体使用和操作的规定说明缺失。

二、安全事故的防范措施

1. 掌握技能保证安全

为了保证安全作业，保洁员必须做到以下几点。

(1)认真学习，掌握技能。

进入工作岗位后，面对新的工作环境、新的工作要求，认真学习和掌握正确的作业技能和安全操作规范。牢记安全事故教训，对安全隐患和事故发生区域要多问多记，做到心中有数，切不可擅自作业，尽快掌握作业技能。

(2)提高技能，保证安全。

在领导或同事指导下进行实践，自我检查、纠正，逐步掌握正确的作业技能和操作方法。在作业中加强实践，刻苦训练，提高作业水平。

2. 安全防护

预防安全事故，不仅要从知识技能的学习着手，更应采取具体的措施进行防护。表 2-9 对常见的安全防护措施进行简要说明。

表 2-9 保洁员的安全防护措施

序号	基本措施	具体说明
1	安全使用化学品	尽量使用低毒或无毒的保洁剂。所有盛装化学品的容器,都应贴上标签,说明危害性和防护方法
2	正确选用工具	(1)应选用较轻便的工具,如果工具或工具连同承载物较重,应能让操作人员同时使用两手操作; (2)工具和手部接触处应没有尖锐或突出的部分,但接触处也不能太光滑,以免工具滑脱
3	使用劳动防护用具	保洁员经常接触化学保洁剂及垃圾等,因此应该穿戴合适的个人防护用品,如手套、安全工作胶鞋、防尘口罩等

三、不同类型保洁作业的安全重点

1. 高空洗墙安全

(1)高空作业前检查现场和各种所需工具,确保处于安全状态。

(2)高空现场作业人员必须戴安全帽,系安全绳,严禁酒后作业。

(3)在高空作业现场的地面区域内设围栏作为安全区域,并安排一名地面安全员,阻止行人通行。

(4)高空作业时必须按照操作程序进行,如果发现异常要及时反映,并停止作业,待异常或故障排除后再进行作业。

特别提示:

高空作业完成后,将吊绳、安全绳收好,并检查一遍破损情况。如发现绳子破损,应做报废处理;如绳子完好,则送回仓库,放置于干燥通风的地方,并做绳子使用记录。

2. 公共道路保洁安全

保洁员在保洁公共道路时,由于来往车辆和人群较多,因此必须注意相关的安全要求,具体应做好以下事项。

(1)穿戴好劳动防护用品和反光衣,穿行道路要特别注意交通安全,遵守交通规则。

(2)检查环保车等是否保持在有效的工作状态。

(3)使用车辆清扫时必须遵守交通规则,要按车辆顺行方向清扫。

(4)清扫车辆应停在路边,必须要在车后适当距离设置安全警示标志,如三角牌。

(5)使用洒水车冲洗地面时,必须注意安全作业,配合得当,水花尽量避免溅及行人。

3. 消毒作业安全

保洁员在工作中进行消毒时会用到各种药剂,因此必须注意以下相关事项。

(1)做好防护,戴好口罩、手套等,必要时还需佩戴眼罩。

(2)消毒药剂必须按其比例要求进行科学配比,以绝对保证人体安全。

(3)消毒完毕要及时清洗各种工具,并将药剂封闭保存好。

四、保洁员意外受伤的处理

1. 保洁员意外受伤的基本处理要求

保洁员在工作中意外受伤,则要进行现场救治,伤势严重者应立即呼叫救护车,将伤者送往医院救治。在救护车到达前的时间里要对伤者进行正确处理,以减轻伤者的痛苦、减少抢救的困难、增加伤者复原的机会、降低伤残的概率。

2. 突然晕倒的处理

保洁员在烈日下工作突然晕倒,正确的处理方法是将其移到阴凉且空气流通的地方,由有经验的人员照顾,疏散围观人群,直到救护车到达。

3. 沙粒或其他异物入眼的处理

不能用手、纸巾或毛巾擦拭,以免擦伤眼角膜引起角膜炎而造成严重后果。正确的处理方法是用清水冲洗或及时送医院治疗。

4. 化学品入眼的处理

应立即用清水不停冲洗,直至眼睛恢复正常。

5. 化学品沾染身体其他部位的处理

最好的办法是用大量清水冲洗。

6. 高空作业坠落的处理

从高处坠下者倒卧在地上,在未了解清楚其受伤情况时,不应立即搀扶伤者。因为如果坠下者不幸跌伤腰骨,出现腰椎骨折,此时扶起伤者就会使其脊椎弯曲,骨折的腰椎就有可能切断脊髓,从而造成其下肢瘫痪;如果是胸椎或颈椎骨折,草率地一扶、一弯甚至会立即危及伤者的生命。

正确的做法如下。

(1)如果伤者还清醒,应该不断与伤者对话,尽量让伤者保持清醒。

(2)不要翻动伤者,但见到出血或衣服内有渗血,应及时压迫止血,注意伤者的呼吸,等候救护车到达。

(3)配合医务人员做好伤者的救护工作。

7. 跌断肢骨、断骨刺穿皮肉的处理

应用硬木板托住断肢,用现场可以找得到的干净布料包扎止血,尽量不要移动断件。

8. 铁钉或铁杆插入身体的处理

正确的处理方法是不要把铁杆或铁钉从伤者身体内拔出,应维护原状,将伤者直接送入医院,由医生处理。因为铁杆或铁钉有可能插着血管,如把铁杆、铁钉拔出则可能导致伤者大出血,如果伤及动脉血管,就会有生命危险。在搬动伤者时要确保铁杆、铁钉不移动。

9. 意外触电的处理

应该立即切断电源。如一时找不到电源,应该用干的竹、木等绝缘体将电线拨开或将触电者推离电源,然后立即为触电者抢救,才可能挽救其生命。

知识扩展(一)

"安全第一"是需要时刻牢记的警示名言,一线的保洁服务员工应该掌握安全知识,坚持从小事做起,从自我做起。

案例一:保洁服务人员在清扫卫生间时,由于未在门口放置"小心地滑"警示牌,结果在保洁过程中导致一名高龄业主不慎滑倒摔伤。就事故本身而言,看似应是业主个人行为所致，与公司员工无关，但业主将公司告上法庭，最终公司败诉，因负连带责任，公司需赔偿业主若干医疗费用。试想，若作业人员及时放置警示牌，公司就不会蒙受不必要的损失了。

正确做法：保洁服务人员在保洁卫生间时，要把“清洁进行中”的保洁牌挂在门把手上，放置“小心地滑”警示牌（图 2-17）。

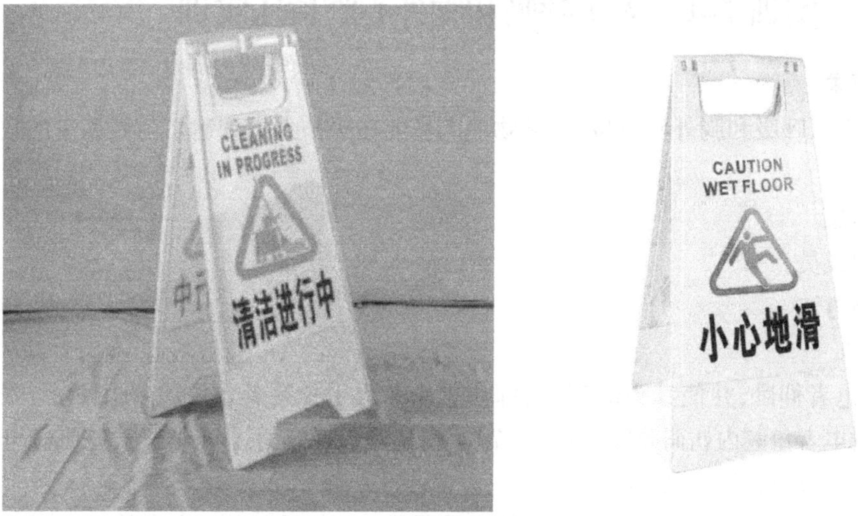

图 2-17　警示牌

案例二：由于需要使用保洁剂保洁的区域很多，所以，主管为了使员工用起来更方便，就将已经调配好的保洁剂用饮料瓶分装，但因疏忽大意而没有将原来饮料瓶的商标撕掉，下班后随手将这些瓶子放在工作区域。一名业主的小孩误以为这些保洁剂是饮料而饮用，幸亏这些都不是对人身体有害的保洁剂，否则将酿成大祸。

正确做法：保洁剂不能用饮料瓶来盛装，以避免他人因误饮而造成中毒。正确做法是使用专门的保洁剂喷壶，标签明确清晰。

案例三：某商业中心一辆电动车由于充电时间过长，造成墙壁插座接口处电源突然起火。一名保洁服务人员因为害怕而逃走，另一名保洁服务人员手忙脚乱，情急之下将一桶水泼向电线，结果导致电线短路。最后，那名逃跑的员工被公司开除，另一名员工受到公司处罚，还对公司形象造成了损害。

正确做法：每一位保洁服务人员都必须熟记火警电话，熟悉消防通道及出口位置，熟悉灭火器具的使用方法，在扑救过程中听从消防中心或保安部的指挥，无论火势大小都必须按相关规定和要求采取相应的措施。

测试训练

知识测试

（1）简述几种常用保洁剂的安全使用防护措施和注意事项。

（2）保洁服务人员在进行户外工作时应做好哪些防护措施？

（3）简述几种常见伤害的救护方法。

（4）高空作业安全常识和操作规范有哪些？

技能训练

实训 7-1　人工呼吸和胸外心脏按压实训

一、目的要求

通过实训人工呼吸和胸外心脏按压，使物业人员能在医护人员到达之前做简单的救助工作。

二、参与对象

患者、小组成员。

三、内容与方法

1. 人工呼吸

（1）使触电者仰卧，并使其头部充分后仰（可用一只手托在其颈后），鼻孔朝上，张开嘴，迅速取出触电者口腔内妨碍呼吸的食物、杂物等，使呼吸道畅通。同时解开衣领，松开紧身衣物，排除影响胸部自然扩张的障碍。

（2）用一手紧捏其鼻子（避免漏气），救护人员深吸一口气后紧贴触电者的口（或鼻）向内吹气，约为 2 s。吹完气后立即让其自行将气呼出，约为 3 s。照此步骤连续不断进行下去。

2. 胸外心脏按压

（1）使已脱离电源的触电者直接（不要用软垫）仰卧在木板或较坚实的地方，姿势与口对口（鼻）人工呼吸法基本相同。

（2）抢救者骑跨在触电人的腰部或跪在腰部一侧。

（3）抢救者两手相叠，手掌根部放在心窝上方、胸骨下 1/3 ~ 1/2 处。

（4）抢救者肘关节伸直，然后依靠体重和手臂力量向下垂直用力，向脊椎方向按压，对于成人使胸骨下陷 3 ~ 4 cm，间接按压心脏达到排血的目的。

（5）向下按压到位后，掌根突然放松，让触电者胸部自动复原，血液充满心脏。掌根放松时应注意不能完全离开胸部，以免发生按压点位移后造成伤害。按照上述步骤连续不断进行，对于成人每分钟按压 60 次；对于儿童可以用一只手的掌根压，用力适当轻些，以免损伤胸骨，每分钟按压 100 次左右。

四、作业

人工呼吸和胸外心脏按压实训报告。

项目八　保洁服务质量管理

学习目标

(1)掌握服务质量管理的基本方法。

(2)掌握PDCA循环的特点。

内容提要

保洁服务质量管理的目的就是建立符合实际情况的项目质量管理要求及符合企业运行状况的企业质量管理体系,通过质量管理体系和具体质量管理要求,保障企业运行和项目保洁服务符合预期目标。

任务导入

一、质量管理的定义与发展历程

1. 质量管理的定义

质量管理是指确定质量方针、目标和职责,并通过质量体系中的质量策划、控制、保证和改进而使其实现的全部活动。

2. 我国保洁服务质量管理的发展历程及各阶段特点

我国保洁服务质量管理的发展大致经历了三个阶段。

第一阶段:服务质量检查阶段。

改革开放以后,由于市场化的需求,我国涌现出大量的保洁服务公司,这些公司的保洁服务除了吸收国外的技术外,还需要结合国内实际情况,不断提高服务标准和服务质量,以满足客户对保洁服务的要求。由于国内从业人员的结构特点,提高人员能力和规范服务动作等并不是一朝一夕能够完成的,因此对于服务质量品质的检查和监督工作就是这个阶段保障客户要求的重要手段。

服务质量检查和监督是通过定期对服务现场的成果进行有效确认,通过合理的监督检查频次来提高服务质量的稳定性,从而发现服务从业人员的工作问题并及时进行反馈与纠正。

第二阶段:服务质量控制阶段。

随着保洁行业的逐步发展与竞争的加剧,促使提供保洁服务的企业为了提高行业竞争力,不断规范企业自身并建立标准化的管理制度。服务质量检查虽然可以及时发现问题,但属于事后解决措施,无法满足客户日益提升的服务要求,所以在质量检查的基础上,实行服务质量控制是规范服务和消除服务质量隐患的重要工作。

建立服务质量控制包括对关键业务动作的品质结果进行有效记录和统计,通过数据记录来保障服务成果的持续稳定,通过数据分析提前发现质量隐患和风险,将无法满足客户要求解决的问题从事后纠正提前至服务过程中的及时控制。

第三阶段:服务全面质量管理阶段。

进入 21 世纪以来,随着互联网技术的发展,保洁服务行业也发展到服务全面质量管理阶段。依托互联网 + 技术和运用项目管理等方法,对项目服务进行全面质量管理,以达到实时满足客户要求的服务效果。

行业中出现了提升客户满意度的相关技术和工具,如保洁服务管理软件、手机应用程序。通过服务标准化的实施进行监控和管理,建立服务双方快捷有效的沟通机制,以提升保洁服务企业的服务质量和竞争力。

二、服务质量管理的基本方法

1. 全面质量管理

全面质量管理是包括思想、目标、管理体制、技术在内的完整的科学管理体系和方法,凡是进入保洁保养行业的人员,都必须明确各部门、各工种的质量管理职责。在质量管理体系中,质检是十分重要的,包括保洁物料、保洁服务流程和质量、保洁服务师培训效果及客户满意度。

建立全面的质量管理体系通常包括以下制度的建立:实行"时时自查→现场管理人员全方位巡查→质量检验抽查"三级检查制度;实行日事日清制和责任追究制度,使保洁服务师形成目标具体、责任明确、调度灵活、管理高效的良好局面;制定奖罚制度,对检查不合格或客户投诉的保洁服务人员实行处罚,受到客户表扬的,则予以奖励。

2.PDCA 质量改进循环方法

1)PDCA 循环

PDCA 循环又叫戴明环,是美国质量管理专家戴明博士首先提出的。它是全面质量管理所应遵循的科学程序。PDCA 是由英语单词 Plan(计划)、Do(执行)、Check(检查)和 Action(处理)的第一个字母组成的。Plan 表示目标计划与方法计划; Do 表示教育训练与作业实施; Check 表示过程检查与结果检查; Action 表示改善与行动。PDCA 循环就是按照这样的顺序进行质量管理,并且循环下去的科学程序。PDCA 循环的四个阶段是一个环环相扣的有机整体,缺一不可,如图 2-18 所示。

PDCA 循环的实施需要搜集大量的数据资料, PDCA 循环要经历计划、执行、检查、处理四个阶段,又分为发现问题、分析原因、找到要因、制订计划、遵照执行、检查效果、总结经验、提出新问题八个步骤。PDCA 循环可以适用于所有过程,任何一个质量活动都要经过 P(计划)、D(执行)、C(检查)、A(处理)四个阶段,做好这四个阶段的管理,就可以控制好全过程。

2)PDCA 循环的特点

大环套小环,小环保大环,互相促进,推动大循环,周而复始地进行。一个循环结束了,解决了一部分问题,可能还有问题没有解决,或者又出现了新的问题,再进行下一个 PDCA 循环,依次类推,如图 2-19 所示。

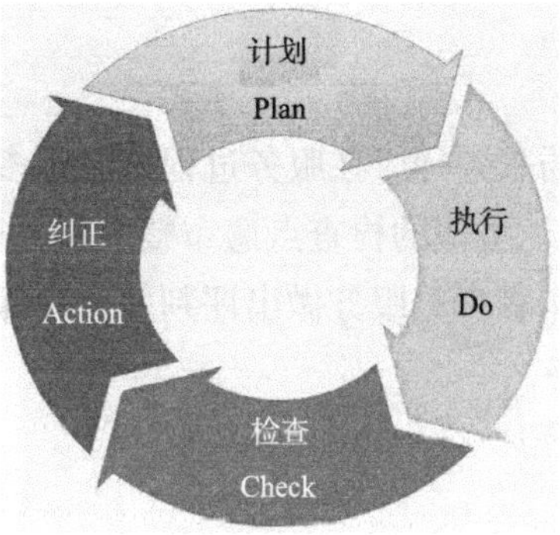

图 2-18　PDCA 循环

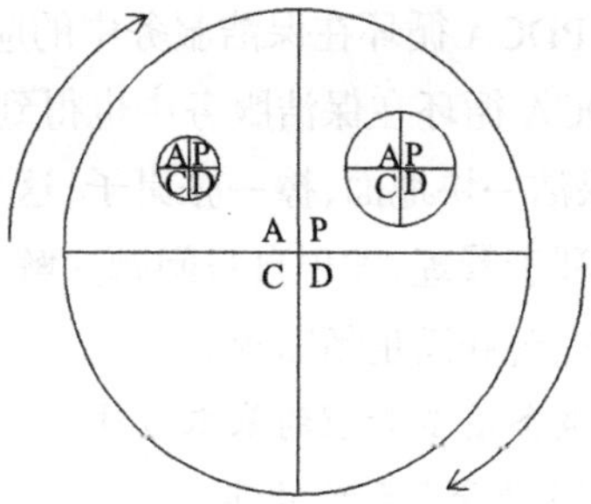

图 2-19　PDCA 循环周而复始地进行

PDCA 循环是爬楼梯式的上升循环，每转动一周，质量就提高一步，如图 2-20 所示。

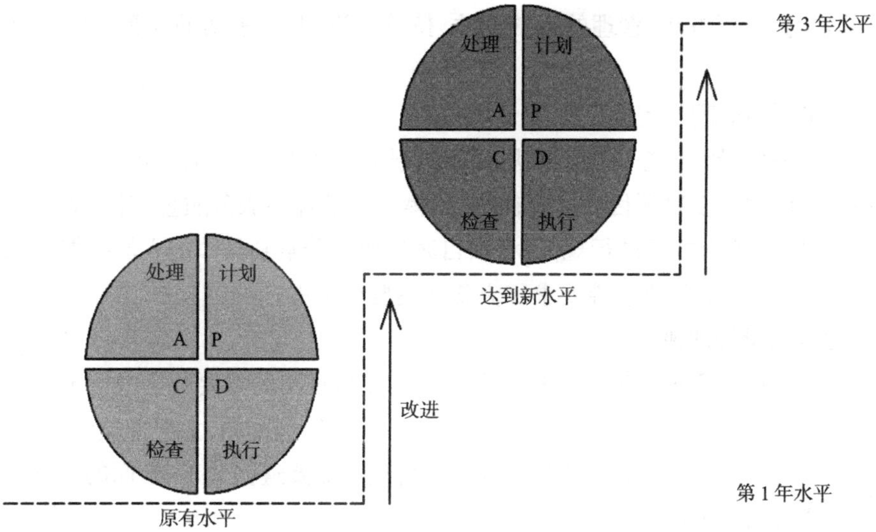

图 2-20　PDCA 上升式循环

PDCA 循环是综合性的循环，四个阶段是相对的，它们之间不是截然分开的，如图 2-21 所示。

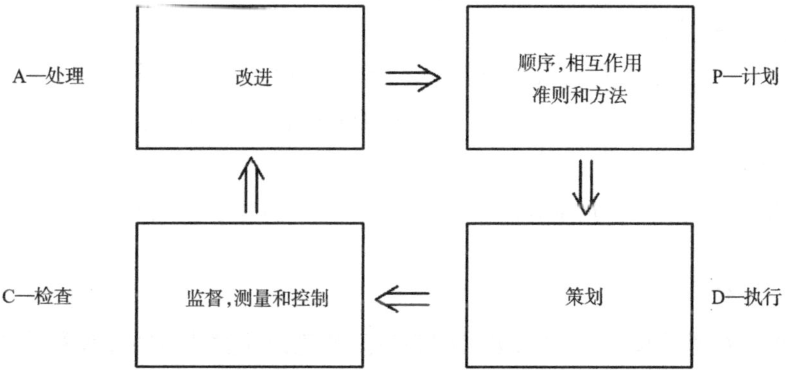

图 2-21　PDCA 的综合性循环

推动 PDCA 循环的关键是“处理”阶段。

3）PDCA 循环在保洁服务中的应用

PDCA 循环在保洁服务中也得到广泛应用。保洁服务师应在服务过程中设定多个检查点，如保洁一块地面，擦一张桌子，这就是两个检查点。类似的检查点遍布整个服务过程，这样既有利于管理，发现自身问题并解决问题，也有利于客户对服务做出评判并促使保洁服务不断地完善和满足新需求。

3. 服务质量管理的基本方法

1）质量管理系统的建立

保洁服务质量管理体系需要遵循 ISO 9001 标准的要点来建立，利用 ISO 9001 标准这个成熟的质量工具，结合 PDCA 循环，从企业运行和服务现状出发，依照八项原则进行诊断、规范、监控和持续改进。质量管理体系的八项基础原则是：以客户为关注焦点、领导作用、全员参与、过程方法、管理的系统方法、持续改进、基于事实的决策方法、与供方的互利关系。

2）服务质量管理控制点

制定服务质量管理控制点需要从具体的服务工作内容、范围和相应资源等方面综合考虑。现在保洁服务多以项目为单位，建立具体项目的保洁服务质量控制，需要从人、机、料、法、环（环节）这五个方面进行规范，将项目客户要求分解到具体的人员技能要求、服务过程要求、设备工具要求、管理监控要求和应急预案要求中去。

3）服务质量管理评价

保洁服务质量管理评价是对管理质量控制点呈现出的重要数据进行定期评估和分析，通过质量工具和分析方法，找出服务质量过程中的风险和问题，为服务质量的持续改进和品质稳定提供建议和方案。服务质量管理的评价过程需要遵循公正、全面的原则，对具体的保洁服务品质做出客观评判。

4）服务质量问题处理办法

保洁服务过程中的质量问题需要遵循 PDCA 循环原则，找出质量问题的本质，并结合项目服务中具体的人、机、料、法、环（环节）要求进行合理的调整和优化，通过工作的纠正、预防和持续改进，使项目服务质量稳定、可控并满足客户要求。

三、二次污染的防范

在保洁过程中，由于没有采取防护措施，导致污染物外溢至周围保洁区，出现了保洁区的人为损坏，从而产生了二次污染。二次污染的危害比一次污染更严重，由于形成机理复杂，其防治也比较困难。

二次污染的防范措施包括铺设防护材料、运送过程防止散落及养护完成彻底干燥后再使用。

1. 铺设防护材料

铺设防护材料通常起隔离作用，如果因为时间紧急，不能直接隔离，就采用加厚铺设，以减缓污染物渗透到底层。铺设防护材料还有防止外溅的作用，软布正好解决了保洁剂或污染物滑落外溅的问题。

保洁门窗时，应在作业处铺一块防护垫或废旧单子，用玻璃刮子刮去玻璃表面的水分，防止水渍下流造成二次污染，避免水流到地毯或石材地面上。

拖地时，要选用优质棉纱材料、质地柔软、纤细致密的拖把头，其不掉尘设计有效防止了二次污染所带来的保洁负担，能轻松保洁地板上的绒毛、灰尘。

清洗地毯时，用多功能吸尘器将地毯上的多余水分吸走，门口及走道处要垫上单子。遇到雨雪天气，除雪铲冰作业需使用融雪剂时，应防止清除的积雪（水）洒入绿化带花坛内。

大厅门口应放地垫，避免造成二次污染。

2. 运送过程防止散落

垃圾在从分散地运往集中地的过程中，垃圾运输车要加好防护栏，打好包以避免散落。垃圾袋应选用结实耐用的类型，垃圾桶应采用封闭较好的材料，防止垃圾在转运过程中因散落造成二次污染。

垃圾箱（桶）外表每周保洁两次，保证无垃圾外溢。垃圾箱（桶）应及时倾倒，垃圾集中存放并封闭管理，做到日集日清、专人管理、统一搬运，不污染周围环境，不沿途散落。对垃圾清运机动车辆进行集中管理，以规范生活垃圾运输秩序，杜绝垃圾散落对路面造成二次污染。每天收车后应对所有垃圾运输车辆、设备进行冲刷擦洗，同时要求司机在行驶中控制车速，采取密闭、遮盖、捆扎、喷淋等措施防止垃圾散落。

3. 养护完成彻底干燥后再使用

每天拖地完毕，用拧干的湿抹布抹净墙根踢脚板。保洁踢脚板时，要注意保洁方法，防止弄脏墙面。作业中要摆放“小心地滑”警示牌。

在清洗地毯后，要开窗通风或使用大功率吹风机使之快速干燥，并加铺白单，以避免地毯二次污染。

打蜡时要等地板表面和沟槽部的水分完全干燥后再进行操作。如果没有经过充分干燥，地板蜡将不会紧密附着在地板表面，并产生泛白现象，从而影响美观。

知识扩展

某大厦公共区域保洁保养标准实施细则

1. 正门和大厦周围一带

花坛：坛内无垃圾、无杂物，坛体侧面及坛边无污迹、无积尘。

地面：无污迹，无口香糖迹，无积水，无堆放的杂物。

阶梯：无污迹，无口香糖迹，无积水，无堆放的杂物。

扶手：无污迹，无尘迹。

墙面：无污迹，无杂乱张贴物。

门户：无污迹，无积尘，无杂乱张贴物。

指示牌（包括广场指示牌、大厦名牌等）：无污迹，无积尘，无杂乱张贴物。

地漏及水沟：无污物积聚、无堵塞。

2. 卫生间

地面:无污迹,无口香糖迹,无积水,无堆放的杂物。

墙面:无污迹,无杂乱张贴物。

天花板:无污迹,无积尘,无蜘蛛网,无霉迹,整洁。

光管罩:无污迹,无积尘,无蜘蛛网,无霉迹。

窗户:无污迹,无积尘,无杂乱张贴物。

镜台:无污迹,无积尘,无杂乱张贴物。

洗手盆:表面光洁,无污迹。

镜面:无污迹,无积尘,无杂乱张贴物。

排气口:无污迹,无积尘,无蜘蛛网,无霉迹。

尿槽:表面光洁,无尿迹,无污迹,无水锈迹,无烟头,无杂物,无异味。

坐便器:座盖及厕体内外表面光洁,其内无尿迹,无污迹,无水锈迹,无堵塞。

厕纸箱:无污迹,无积尘,无蜘蛛网,无霉迹,光亮。

手纸盒:无污迹,无积尘,无蜘蛛网,无霉迹,光亮。

门户:无污迹,无积尘,无杂乱张贴物。

地漏及水沟:无污物积聚,无堵塞。

3. 茶水间

地面:无污迹,无口香糖迹,无积水,无堆放的杂物。

墙面:无污迹,无杂乱张贴物。

天花板:无污迹,无积尘,无蜘蛛网,无霉迹,整洁。

光管罩:无污迹,无积尘,无蜘蛛网,无霉迹。

热水器:无水垢,无污迹,无积尘。

不锈钢洗杯盆:无污迹,无茶叶及杂物。

污水池:无污迹,无杂物。

垃圾桶:垃圾不可超过桶口。

门户:无污迹,无积尘,无杂乱张贴物。

地漏及水沟:无污物积聚,无堵塞。

4. 标准层电梯厅及走廊

地面:无污迹,无口香糖迹,无积水,无堆放的杂物。

天花板:无污迹,无积尘,无蜘蛛网,无霉迹,整洁。

光管罩:无污迹,无积尘,无蜘蛛网,无霉迹。

墙面:无污迹,无杂乱张贴物。

木牌及指示牌:无污迹,无积尘,无杂乱张贴物。

不锈钢牌:无污迹,无积尘,保持光洁。

门口、管井门、隔烟门、厕所门:无污迹,无积尘,无杂乱张贴物。

垃圾桶:桶体光洁,无污迹、无痰迹。烟灰缸盖上无烟头、杂物。桶内垃圾不得超过桶口。

消火栓:无污迹,无积尘,无杂乱张贴物。

5. 天台

消火栓:无污迹,无积尘,无杂乱张贴物。

地漏及水沟:无污物积聚,无堵塞。

6. 大厦玻璃幕墙

表面光洁,无污迹、无尘迹、无杂乱张贴物、无悬挂物,窗户关闭。

7. 铺面

地面:无污迹,无口香糖迹,无积水,无堆放的杂物。

墙面:无污迹,无杂乱张贴物。

天花板:无污迹,无积尘,无蜘蛛网,无霉迹,整洁。

光管罩:无污迹,无尘迹,无蜘蛛网,无霉迹。

阶梯:无污点,无口香糖迹,无积水,无堆放的杂物。

扶手:无污迹,无尘迹。

门户:无污迹,无积尘,无杂乱张贴物。

指示牌:无污迹,无尘迹,无杂乱张贴物。

窗户:无污迹,无尘迹,无杂乱张贴物。

排气口:无污迹,无尘迹,无杂乱张贴物。

垃圾桶:桶体光洁,无污迹、无痰迹。烟灰缸盖上无烟头、杂物。桶内垃圾不得超过桶口。

消火栓:无污迹,无尘迹,无杂乱张贴物。

8. 垃圾房

定期消毒,每日清除的垃圾不得隔夜,保持房内卫生,房门保持关闭。

知识测试

(1)简述质量管理的定义及我国保洁服务质量管理的发展历程。

(2)什么是 PDCA 质量改进循环方法?

(3)服务质量管理的基本方法是什么?

(4)保洁保养的方法与质量检查的标准是什么?

(5)二次污染的防范措施有哪些?